让法律被信仰

死刑的任意性

The Arbitrariness of the Death Penalty

本书出版受对外经济贸易大学『双一流』学科建设经费资助

贸大法学学术文库

总主编　石静霞

[美]巴里·内科尔　肯尼斯·A·哈迪　著

赖早兴　译

Barry Nakell　Kenneth A.Hardy

法律出版社
LAW PRESS·CHINA

著作权合同登记号
图字：01-2017-9343

献　给

琳恩、杰茜卡和斯泰西

南希和特拉维斯

致　谢

我们想对给我们提供了宝贵援助的许多人致以深深的谢意。加里·科克(Gary Koch)经常就最初的课题设计和统计分析给我们提供咨询意见。约翰·汉弗莱(John Humphrey)和安杰尔·贝渣(Angell Beza)在课题计划中与我们进行了合作。北卡罗来纳州法医R.佩奇·小赫德森(R. Page Hudson, Jr.)在研究中给予我们鼓励并为我们使用他办公室的档案提供了方便。戴维·华瑟曼(David Wasserman)在证据强度计分策略的设计中与我们通力合作。安东尼·阿姆斯特丹(Anthony Amsterdam)在资料收集措施上提出了建议。伊丽莎白·芬克(Elizabeth Fink)和弗兰克·芒格(Frank Munger)提供了北卡罗来纳大学社会学研究协会在管理和设备上的支持。

资料收集和编码工作主要由下列人员完成:罗恩·博伊金(Ron Boykin)、梅利莎·H.道林(Melissa H. Dowling)、莉萨·加拉佛罗(Lisa Garafolo)、沃伦·L.塔德洛克(Warren L. Tadlock)、约翰·B.穆泽(John B. Meuser)、约翰·G.布里特(John G. Britt)、贾尼丝·沃森·戴维森(Janice Watson Davidson)、凯瑟琳·普劳特(Cathleen Plaut)、莉萨·M.尼曼(Lisa M. Nieman)、爱德华·A.波恩(Edward A. Pone)、马克·纽拉里(Mark Nunalee)、鲁思·H.戈德史密斯(Ruth H. Goldsmith)、杰尔姆·布丁(Jerome Buting)、特蕾莎·G.莱因哈特(Theresa G. Rhinehart)、劳里·A.米勒(Laurie A. Miller)、罗伯特·M.福曼(Robert M. Forman)、史蒂文·斯滕伯格(Steven Sternberg)、玛丽莲·贝尔(Marilyn Bair)、克里斯托弗·J.约翰逊

(Christopher J. Johnson)、戴维·E. 韦布(David E. Webb)和C. 尼科尔森·莫罗(C. Nicholson Morrow)。

众多法庭书记员、警官、检察官和辩护律师与我们通力合作,这对于本研究能成功进行是至关重要的。北卡罗来纳州司法部门的警察信息网络使我们有机会获得被告人以前的犯罪记录。

艾里特·克拉默(Elliott Cramer)在统计分析方面给我们提出了中肯的意见。加里·科克(Gary Koch)、戴维·鲍尔达斯(David Baldus)、理查德·A. 罗森(Richard A. Rosen)、劳克林·麦克唐纳(Laughlin McDonald)、约翰·汉弗莱(John Humphrey)和罗恩·博伊金(Ron Boykin)阅读了本研究手稿的初稿,并提出了有益的修改意见。

在大量的手稿初稿和相关文件的处理过程中,保罗·谢勒(Paul Sherer)、博尼塔·萨默斯(Bonita Summers)、沙伦·布鲁克斯·莱尼(Sharon Brooks Laney)和乔伊斯·雷比(Joyce Raby)付出了大量的辛勤劳动,我们对此心存感激。

本研究由美国国家科学基金法律和社会科学项目提供资助,批准号为SES－7812178,本研究还得到了北卡罗来纳大学的赞助。本书中的研究结果、结论、观点和建议由作者负责,它们不一定反映提供资助者、提出建议者和给予帮助者的观点。

历史上,关于死刑问题方方面面的思考象征人道主义标准的显著进步。没有下列人员的努力,我们不可能在研究中对死刑问题花费这么多的时间:曾经对死刑问题进行了深入思考的学者们,在死刑问题上进行演说和著述的社会活动家们及力图解决质疑死刑问题的立法者、法官和律师们。我们对他们致敬,他们的贡献在本书中随处可见。

前　言

1971 年,美国联邦最高法院认为,一些州用以判定是科处一犯有死刑之罪的被告人死刑还是终身监禁的程序符合宪法的规定。一年后,美国联邦最高法院考察了实践中死刑程序的操作方式,认为死刑的适用方式太过任意,因而无法通过宪法性审查。死刑反复无常地适用使其成为残忍和异常之刑。

保留死刑的一些州对此作出了回应,它们制定了一些程序用以限制陪审团在作出生与死的判定时自由裁量权的行使。1976 年,美国联邦最高法院肯定了这些新程序的合宪性。仅对这些新规定进行"表面"的审查,在没有任何证据证明它们在实践中如何发挥作用的情况下,美国联邦最高法院认为这些新规定能够有效防止程序的任意性。

为检验这一设想,我们进行了一个关于法律规定中的死刑与实践中的死刑之关系的实证研究。我们对北卡罗来纳州的杀人案件进行了研究,这些案件均发生在该州颁布死刑法律新程序的第一年间。在收集了关于被告人、被害人、犯罪情节(包括双方的证据强度)和案件司法处理过程的相关资料后,我们对这些资料进行统计分析。我们发现,尽管这些法律标准是贯穿死刑程序所有阶段性结果的重要因素,但处理结果中的大量变化无法单纯以法律标准作出解释,因而出现了任意性。我们认定一些超法律的因素与几个自由裁量阶段的处理结果有很强的联系。在审前阶段,这些超法律的因素包括案件处理的司法区和被告人的种族;在陪审团裁决阶段,这一超法律的因素是被害人的种族。显然在案件提交审判时陪审团是一个很重要的自由裁量决定的作出者。然而,检察官通过控制指控和辩诉交易,决定某个案件究竟是否审理,在整个程序中行使了更大的自由裁量权。

我们的课题要求学科间的合作。它运用法学知识以确定实证研究的宪法问题的定义,运用社会科学方法收集资料和进行统计分析,然后再运用法学知识对研究结果的宪法意义进行评价。这一课题是用宪法理论和数据对死刑进行研究,它不是在特定案例中对死刑进行研究。这一课题是对案件普遍性的调查,旨在明确判决的事实前提,判断新的死刑程序是适当地限制了自由裁量权的行使,还是尽管有新的程序死刑判决仍以任意的方式作出。这样,这一课题并不评价任何特定案件,而应有益于宽广的宪法性政策问题的解决。因此,这一研究报告不包括对特定案件事实进行讨论或比较。

这一报告可能显得很复杂,因为它既有法律学说(采用了大量的注释),又有统计分析(使用了大量的表格)。然而,我们试图以满足两个领域专家要求的方式进行写作,同时又使在法律或社会学方面没有专业训练的读者能够读懂。在写作进程中,我们可能包括一些对专家来说不必要的解释和对专业外人士而言可能难以读懂的章节。我们希望这本书可以回馈读者的耐心和努力。

图与表

图

表

目录

第一章　死刑的选择过程

死刑执行在美国并非是经常发生的事，然而关于死刑的长期论战与其罕见的执行概率不成比例。很显然，公众的兴趣体现在死刑的道德尺度上，而非死刑的实际操作经验。公众争论的主要论点围绕于国家故意剥夺他人生命的伦理标准，它涉及报应与威慑基本原理。这一论点已成为哲学、社会学、实证主义和意识形态争论的主题。然而，死刑执行的罕有性也迫使我们调查对少数人命运悠关的适用死刑程序的公正性。

自死刑发生率有可靠记载以来，大概自19世纪监狱体系作为替代措施之后，死刑已是一个相对罕见的现象。[1] 自从1930年以来，美国联邦政府保留了国内所有死刑执行案件的记录。1967年死刑暂停执行令生效，以使美国联邦最高法院解决宪法对死刑的质疑。1930年至1967年，美国所有犯罪中每年死刑执行的平均数量为104例。[2] 没有哪一年的死刑执行数量超过200例。[3] 死刑的高峰期[4] 在20世纪30年代，平均每年死刑执行数为167例。[5] 在接下来的10年中，这一数目已下降至每年128例，20世纪50年代是每年71例。[6] 死刑执行数超过100例的最后一年是1951年，为105例。此后，死刑执行数逐年下降，死刑执行暂停令发布的前几年中，1963年美国执行死刑21例，1964年15例，1965年1例，1966年1例，1967年1例。[7]1976年死刑执行暂停令撤销后，直到1984年——在此期间杀人案数量每年平均数超过20,000起[8]——总共执行死刑32例：1977年1例，1979年2例，1981年1例，1982年2例，1983年5例，1984年21例。[9]

在1930年至1967年死刑执行总数最多的5个州是:佐治亚州、纽约州、得克萨斯州、加利福尼亚州和北卡罗来纳州。[10]这些州每年死刑执行的平均数分别为:10例、[11]9例、[12]8例、[13]8例[14]和7例。[15]自从暂停令撤销后,11个州执行了死刑。其中,佛罗里达州最多,1976年后的8年中执行死刑总数为10例;路易斯安那州次之,为6例;得克萨斯州在这8年中执行了4例;佐治亚州3例;北卡罗来纳州和弗吉尼亚州各2例;其他的州——密西西比州、亚拉巴马州、内华达州和犹他州——各州只执行了1例。[16]

如果说某些罪的死刑适用于某些人是正当,那么什么人和什么罪应当准予适用那么严厉的刑罚?即使对有些人可适用死刑,任何人可能认为他或她有清晰的应受死刑之犯罪或罪犯的观念,才可适用死刑;即使对有些人可适用死刑,任何人可能确信死刑只有在特别有价值的例子中,才可恰当地适用。然而,没有哪个人能在所有案件中作出生或死的判决,就此而言,也没有哪个人可以在具体个案中作出这样的判决。就死刑适用的合适案件达成共识,极精确地表达这一共识以使被召集参加裁判的每个作出判断者理解,并形成可靠的程序以使这一共识适用于特殊案件,是必要的。这一重要任务要求回答至少以下5个问题:

1. 立法应如何定义死刑的犯罪主体?

2. 死刑对犯有这些罪的所有罪犯都将是必然的吗?如果不是,那么立法应如何描述那些应当承受死刑的人?

3. 应由谁确定一特殊犯罪和罪犯是否满足法定标准?

4. 在作出判决的过程中,判决作出者应遵循什么程序?

5. 如何保证判决与法定标准的一致?

第一节 犯罪和罪犯

历史上,大量的犯罪都配置了死刑。早期,美国普通法7个重罪可由死刑惩罚:叛国罪、[17]杀人罪、[18]强奸罪、夜盗罪、纵火罪、抢劫罪和盗窃价值12便士的财物或更多的物品。[19]然而,在1769年,布莱克斯通(Blackstone)写道:“令人伤感的真相是,在人们日常可能做的各种行为中,至少有160种被议会法案宣布为不得庇护(benefit of clergy)的重罪。换句话说,应该立即执行死刑。”[20]这一数量后来估计达到了 200 种或更多,其中许多是财产犯罪,如伪造罪和商场扒窃。[21]然而,大量的这些犯罪曾是更普通犯罪的特例,这些普通犯罪很可能固化为一条现代的罪状。[22]

美国殖民地时期,曾有各种死刑政策。正如在英格兰一样,杀人犯以强制的死刑予以惩罚。[23]另外,死刑适用于大约 10 多种其他犯罪,特别包括叛国、海盗行为、纵火、强奸、抢劫、绑架、夜盗行为、火车事故和鸡奸。[24]罗得岛州只有 10 个死刑罪名,死刑罪名最少。[25]北卡罗来纳州死刑罪名可能最多。由北卡罗来纳州立法机构在 1836 ~ 1837 年会议期间通过的修正案汇编了死刑是下列犯罪的强制刑罚:谋杀,公路抢劫,夜盗,纵火,决斗(如果导致死亡的结果),阉割,重伤,强奸,反人性罪行(兽奸和兽欲),侵占或藏匿奴隶,将自由黑人带出本州贩卖为奴隶,受到死刑控告时逃匿,盗马,重婚,第二次伪造和煽动奴隶起义或为此散发传单。[26]这一法典汇编中,这些规定的 1/4 来自英国成文法,其余的来自 1745 年至 1833 年制定的本州的成文法。接下来一次相关成文法汇编由立法机构于 1854 年颁布。它对有与上述罪行目录基本相同事实的主犯或同谋规定了死刑。[27]再接下来一次汇编由立法机构于 1872 ~ 1873 年通过。它仅对四种犯罪的主犯或同谋规定了死刑:预谋恶意杀人、强奸、纵火和夜盗。[28]直到 1976 年北卡罗来纳州法律继续对这四种犯罪规定了死刑。

现代的趋势是,减少死刑罪名数量和限制仍保留死刑的那些犯罪的定义。在 1788 年,俄亥俄州率先将死刑的范围限为谋杀罪;宾夕法尼亚州于 1794 年采取了同样做法。[29]1847 年密歇根州首先废除了死刑,此后,几个州也废除了死刑;许多州后来恢复了死刑,其中许多州又再次废除了死刑。现在 10 多个州(阿拉斯加、夏威夷、爱荷华、堪萨斯、缅因、密歇根、明尼苏达、北达科他、俄勒冈、罗得岛、西弗吉尼亚和威斯康星)及哥伦比亚特区(和联邦政府)已无死刑规定。在其他的州,死刑主要限于杀人罪的加重情形。

杀人罪已是美国适用死刑判决中具有压倒性的主要罪行。[30]然而,杀人罪在各种情形下发生:可能是基于最卑劣的动机而残酷冷血地实施杀人行为;可能是在抢劫、强奸或夜盗行为实施过程中故意或意外地实施杀人;可能是情感战胜理智与判断的情况下实施杀人。在任何情况下,作为杀人罪必要因素的受害者之死是否归因于罪犯的暴力行为可能取决于偶然的环境,例如,拳头或子弹的准确性、受害人易受伤害性或救治努力的成功与否。尽管在不同的案例中,杀人行为可能相同,但应受非难的程度却完全取决于环境。杀人者的道德该罚性及与此相应的死刑的得当性,可能根据他或她当时的心理状态的不同而有差异。“美国刑法一直视被告人的故意——其道德罪过——为‘(其)犯罪该罚性程度’的关键。”[31]正如亚里士多德所说:“针对他人的两个错误行为中由较坏意图激起的那一个更严重。”[32]对大范围的杀人罪不加区分地施以死刑,将和刑罚的严厉性应反映罪行严重性的原则相悖。詹姆斯·菲特兹詹姆斯·斯特芬(James Fitzjames Stephen)于1883年描述了这一困境:

> 死亡事实与致死行为的道德过错或公共危险之间根本没有明确的联系。最蓄意、极端和残忍的侵害生命的意图可能并不会致人死亡,而最轻微的攻击可能导致死亡。死亡可能是在极大的暴行下故意造成的,也可能发生在对罪犯感到同情,而不是对犯罪产生恐惧的情形下,或者发生在蔑视法律但没有针对特定人的特殊恶意的情形下。犯罪所处情形和造成死亡的主观意图的极大不同,是在为不同形式的杀人案给出令人满意的定义时遇到极大困难的真正原因。[33]

为描述这一困难,我们设想一个青年人朝一个较年长的人的头部扣动了扳机,对此青年人可能会作如下判断:

· 如果他有理由相信(无论真假)这个年长的人将杀死他,他有必要以致命性的力量保护自己故而自卫开枪,则他没有犯罪。

· 如果他精神错乱,认为年长的人是图谋危害社会的邪恶的化身,上帝派他为特别差使(产生幻觉)通过破坏这一极端邪恶的力量而防止危害事件发生,那么他没有犯杀人罪。

· 如果他是个武器维修人员,年长的人刚给他一支枪请他维修,此年轻人没意识到枪已装弹药,粗心地使枪走火,他只是犯了疏忽大意的过失致人死亡罪。

· 如果在此年长的人愤怒地猛击此年轻人后,此年轻人在激情中行动,他仅犯了故意的非预谋杀人罪。

· 如果他喝醉了,他拔出他的枪仅仅挥舞枪作为虚张声势的举动,但非故意地扣动了扳机,他犯了二级谋杀罪。

·如果此年长的人是他生病的父亲,处于癌症晚期,父亲乞求他杀死自己以减轻其极端的痛苦,即使他极不情愿地做了,他很爱他的父亲,那么他也犯了一级谋杀罪。

·如果他是“职业杀手”,冷血地行动并意图杀死此年长的人,但受害者被紧急送进医院,熟练的外科医生运用最新的医疗技术挽救了他的生命,尽管受害者再也不能行走或讲话,他也没有犯杀人罪。

杀人罪法的发展一直寻求以定义来区分那些应以死刑惩罚的杀人行为和应以较轻的刑罚处罚的杀人行为。从本质上说,这种寻求首先导致杀人分为谋杀(死刑)和非预谋杀人;其次,在寻求一种标准来界定应当判以死刑的杀人行为时,谋杀分为一级谋杀和二级谋杀。[34]在确认无法找到一种纯客观标准[35]的情况下,赋予陪审团不明确、无限制的自由裁量权,在一级谋杀定罪后予以(一定程度)减刑,以将一些一级谋杀从死刑中排除。

划分为谋杀与非预谋杀人是英国历史的产物。后一发展则是美国创造的。杀人罪法的结构演变反映了这项任务的艰巨性。

英国普通法中谋杀与非预谋杀人的区分经过几个世纪的发展成为美国律师所熟悉的形式。[36]两者间的差别在于,谋杀被定义为预谋恶意的非法杀人,非预谋杀人则定义为没有预谋恶意的非法杀人。[37]在考虑“预谋恶意”的意思时,这一定义的明显区别消失了。这一区别是“由许多代的法官在特殊案件中解释‘预谋恶意’的意思而一步一步地以笨拙的方式提出的”。[38]这一短语成了一艺术术语,它既不意味着这些单词一般意义上的“恶意”,也不意味着一般意义上的“预谋”。[39]这一区别也不能归于故意杀人和非故意杀人间的差别。有些故意杀人仅构成非预谋杀人罪:在突然的、合法适当的挑衅下陷入狂热的激情中而实施的故意杀人是非预谋杀人。也有些非故意杀人构成谋杀罪:普通法将其称为“堕落心灵”谋杀,但这可以用术语粗心大意或严重疏忽来描述。

预谋的恶意包含几种心理状态,包括:(1)引起任何人死亡的故意;(2)导致任何人严重身体伤害的故意;(3)认识到其行为或致人丧命的疏忽对生命有显著的危险性,很可能导致任何人的死亡或严重的身体伤害;(4)犯任何重罪的故意;[40]

(5)在合法逮捕或维护安定中暴力反抗法律执行官的故意。[41]

上述列举的例外是,作为某些挑衅(如身体暴力)的后果,在激情中实施的杀人行为是没有预谋恶意的,因此仅构成非预谋杀人罪。非预谋杀人包括非谋杀的所有非法杀人,除挑衅中激情杀人外,还包括在以下心理状态中所实施的杀人行为:(1)导致身体伤害的故意,但伤害不严重除外,这种情况下被告人没有犯重罪,受害者也不是执法者;(2)严重的疏忽大意。[42]

在普通法中,谋杀和非预谋杀人都是重罪,且所有的重罪都可以判处死刑。[43]那么两者为何是不同的犯罪?

最初,杀人分为谋杀和非预谋杀人对死刑而言是有意义的,因为这一区分使其在赦免权方面有所差异。国王在赦免方面的特权是普通法灵活性唯一来源,非预谋杀人比较易于获得赦免。事实上,"预谋恶意几乎不可能"[44]被赦免。后来,在16世纪中叶至19世纪中叶,谋杀与非预谋杀人的区分变得更有意义,因为它影响神职人员的特权(benefit of clergy)的适宜性。[45]

神职人员的特权起源于12世纪,那时教会获得对其从事圣职的教士不受司法权管辖的特权,随后(1576年),神职人员又免受皇室法院的惩罚,但仍受教会法院的管辖。[46]教会法院的审判以更有利的方式进行,免罚宣誓或者起誓,程序上就没有死刑。这一特权日益扩大,以致到18世纪初期,所有人都可要求对其初犯之罪享受神职人员的特权,如果这一罪是"神职人员的特权之罪"。[47]这种特权的扩大与日俱增。在1350年教会世俗人员,如看门人、读经师、魔法驱邪者和副助祭,也被给予了神职人员的特权。[48]由于当时阅读写作能力受到限制,"尽管既非出自神圣秩序,也不是与神职人员齐平,每个能阅读(这在蒙昧无知和迷信的时代是有学问的标志)的人被赋予神职人员的特权"。[49]例如,通过一个阅读测试,给予一被告人教士资格,所读的通常是《圣经》中诗篇第51章第1节,即"神啊,求你按你的慈爱怜恤我,按你丰盛的慈悲涂抹我的过犯"。因此,这一节得到了一个"免罪诗"的别称。[50]倾向于限制死刑范围的法院[51]将通过敷衍对待阅读测试这一特权扩至每个能读或能记住这一诗节的人,[52]但妇女(除非是已受戒的修女)和已第二次结婚或与寡妇结婚的男人除外。这些"重婚的"男性直至1547年,女性直至1692年才获得了这一特权。[53]在1705年,一项法案废除了阅读的要求,普遍可获得这一特权,[54]尽管到那时这一特权要求可以使犯所有死刑之罪的被告人免受绞刑处死,以牧师为职的真教士可以经常获得此特权，但其他人只能给予一次。[55]

神职人员的特权包括免受绞死(也包括免于没收财产和不剥夺任何继承权)，[56]要求享受神职人员特权的人(除神职人员或同等人员外)可能被监禁一年以上，并被送到殖民地劳役7年。[57]在没有电子计算机记录或指纹识别的时代，为保留已享受神职人员特权一次限额的犯罪人的记录，如果被告人是个平民而不是议员或国内有爵位的贵族，他将被"以热铁在左拇指的肌肉上烙"[58]一个印。

至16世纪，与大多数重罪一样，大多数杀人罪无论是谋杀还是非预谋杀人，如果被告人适格，都可要求享受神职人员的特权。[59]在1496年至1671年，个别犯罪是不能享受神职人员特权的。[60]在1531年和1547年的法律中，谋杀罪不能享受神职人员特权，除非是职业的神职人员，而非预谋杀人罪仍能享受神职人员的特权。[61]其影响是，谋杀是死刑之罪，非预谋杀人是非死刑之罪，至少初犯是如此。

当然，神职人员的特权并非仅对杀人罪重要，对所有死刑重罪都很重要。它"使司法成为一种闹剧。直到1487年，任何能够阅读的人都可能会经常随意实施谋杀……几个世纪以来法律都是这样规定的，这让人难以置信，但毫无疑问的是法律确实曾如此。甚至在1487年后，能阅读的人可以犯一次谋杀罪，除受到在左拇指上已烙一个M的惩罚外不会受到其他惩罚……"[62]然而，在死刑代替监禁和流放中，这一制度预示着19世纪刑罚改革的到来。

在1827年到1841年，神职人员的特权被废除了，但法律仍为其保留了一些差别，创制出神职人员特权之罪不判死刑的做法。英国1965年在试验性的基础上废除了死刑，[63]1969年在永久性的基础上废除了死刑。[64]

殖民地时期的美国采纳了英国杀人罪法，包括谋杀与非预谋杀人的区分。[65]大多数殖民地中也在司法实践中采用了神职人员的特权，[66]并使其能普遍获得。独立革命后，尽管在南卡罗来纳州与北卡罗来纳州一直坚持至19世纪中叶，但大多数的州取消了神职人员的特权的做法。神职人员特权的废除使以前神职人员可免罚的罪行以监禁来惩罚。[67]

在1790年，议会制定的一项法律规定："神职人员的特权不应适用于或给予刑罚为死刑的任何犯罪。"[68]这一法律于1909年3月4日被废除，显然是因为这一理论过时了。[69]

杀人罪法发展的下一个阶段起源于宾夕法尼亚州，1790年费城监狱的核桃街监狱街区爆发的监狱运动。[70]在1794年,宾夕法尼亚州采取了将谋杀分成两个等级,仅保留对一级谋杀罪判处死刑的改革。[71]"主要的目的在于限制死刑的运用。"[72]宾夕法尼亚州将一级谋杀定义为所有"以毒杀、潜伏为手段或任何其他恶意、故意和预谋的杀人,或正在实施或企图实施纵火、强奸、抢劫或夜盗时所犯的谋杀罪";[73]二级谋杀罪仅限于普通法中的所有其他谋杀。[74]大多数州效仿了这一改革。[75]然而,预谋和故意的要求被如此狭隘地解释,以致几乎任何故意杀人都满足这一要求。[76]这样的结果使陪审团在判断指控能否被证明为预谋和故意时有很大的自由裁量空间,并因此判断该杀人行为是否为一级谋杀(是否判处死刑)。[77]

由于陪审团通常不愿确认死刑犯罪,甚至在许多后果为死刑的一级谋杀中也一样,对此难以令人满意。[78]田纳西州在1838年进入下一阶段。[79]该州"直接把陪审团在实践中早已应用的自由裁量权正式授予陪审团"。[80]一旦陪审团发现被告人犯有一级谋杀罪,通常作为相同故意的部分且无须任何附加的证据,接着要做的就是决定刑罚,而无须立法机构或法院的指导在生与死间作出选择。这种判断不以任何方式加以控制。直到美国联邦最高法院开始考虑其合宪性前这一制度一直占主导地位。

1971年美国联邦最高法院对各州适用死刑的程序进行了评估,认为这些程序是合宪的。在"迈克哥萨诉加利福尼亚州案"(McGautha v. California)中,[81]美国联邦最高法院法官赞成与反对票之比为6∶3。1972年,在"福尔曼诉佐治亚州案"(Furman v. Georgia)[82]具有里程碑意义的判决中,美国联邦最高法院考察了实践中这些同样的程序,但这一次认为它们的做法是违宪的。其赞成票与反对票之比相当接近,为5∶4。占多数的五个法官表达了五种不同的观点代表不同的基本原理。他们共同的观念是死刑是任意的。一个法官将死刑选择过程类比为"受到闪电的袭击"。[83]两个法官一致认为:"将少数适用死刑的案件与多数不适用死刑的案件区别开来缺乏富有意义的基础。"[84]另外,两个法官认为这是歧视的做法。[85]

"福尔曼案"的判决推动了杀人罪法最新的总体发展。保留了死刑的州对"福尔曼诉佐治亚州案"作出了回应,颁布了指导陪审团在生与死的刑罚之间作出决定的自由裁量的标准,并制定了新的陪审程序。两项措施都是试图消除它们死刑制度选择的任意性。这些新的标准采取了多种形式。基本上,它们要求陪审团认识到一个被告人在被判处死刑前,其一级谋杀案件的特征是具有加重情节固定名单中的一个情节；它们还要求陪审团考虑减轻情节，然后再判断在此案中死刑是否为适当的刑罚。

新死刑制度除这些新标准外，还在选择程序中引进了程序改革。此改革是采取两个阶段的审判程序：第一阶段审判的议题是有罪还是无罪。然后，如果裁判结果是犯有设置了死刑的谋杀罪，还有一个决定生与死的独立审判。这一新程序的优点在于，在第二阶段审判中只有与刑罚相关的证据可以被提交给陪审团，而不损害其首先作出的有罪或无罪裁定。在大多数适用死刑的州，除通常的有罪判决的上诉审外，另一个新程序是判决的复审，作为防止全州死刑判决上的悬殊与歧视的平衡器。

在1976年的五个判决中，美国联邦最高法院对这些新的标准与程序的评估方式与1971年“迈克哥萨诉加利福尼亚州案”中对早期程序的评估方式大致相同。美国联邦最高法院又一次确认这一制度的表面上的合宪性，认为这些新的标准和程序似乎能纠正曾使早些时候的制度违宪的任意性。这些判决自然引起了这样的疑问：实践中的死刑判决是否满足美国联邦最高法院对这些新标准和程序的期望？死刑适用的方式是否仍然违宪？这一问题与“迈克哥萨诉加利福尼亚州案”至“福尔曼诉佐治亚州案”新死刑制度的情况相似：是否实践中的死刑像法律书籍中的死刑一样公平；是否法律像被描述的一样充分地控制了死刑决定的程序；是否死刑程序中所作的生与死的判定事实上能够满足宪法上的法定标准？

第二节　程序和自由裁量

刑事审判程序包括一系列的自由裁量阶段。新法中的标准和程序明显与涉及陪审团自由裁量的阶段相关。其他的阶段也对判决作出的过程有重要意义。在适用死刑的典型州的死刑案中，自由裁量的阶段如下（见图1）。

- 是否因一级谋杀的指控而逮捕一被告人的决定；
- 是否将一级谋杀指控提交大陪审团或是否减轻或是否无罪释放的决定；
- 是否对被告人提起一级谋杀起诉的决定；
- 通过辩诉交易或不通过辩诉交易，是否将对被告人的一级谋杀起诉提交审判或是否减轻或是否放弃指控的决定；

- 是否将一级谋杀的指控提交陪审团的决定；
- 是否确认一级谋杀指控的决定；
- 是否判以死刑的决定；
- 是否批准定罪和死刑判决的决定；
- 是否执行死刑的决定；

在此过程中自由裁量的决定者包括：

- 警察：可能(1)没有认出罪犯；(2)没有逮捕罪犯；(3)确定此杀人是正当的或是可宽恕的；或(4)决定控告低于死刑的某一级别的杀人罪(例如，低于一级谋杀)。
- 检察官：在与被告人辩诉交易或不与被告人辩诉交易的情况下，可能(1)决定不寻求起诉，因为检察官认为关于杀人的证据或认定犯罪人的证据不充分，或此杀人是正当的或可宽恕的；(2)决定起诉低于一级谋杀的某级别的杀人罪；(3)起诉后决定接受低于一级谋杀的某级别杀人罪或被告人所犯其他罪(如武装抢夺)的有罪辩护；或(4)决定仅仅寻求对一个低于一级谋杀控告的审判。[86]
- 大陪审团：可能(1)决定驳回低于一级谋杀的某级别杀人罪的起诉；或(2)驳回杀人罪的控告。
- 审理法官：可能基于三方面作出裁判：(1)证据的可采性；或(2)如果存在杀人，允许陪审团考虑哪一级的杀人；和(3)在陪审团有罪裁定后是否予以一次新的审判。
- 审判中的陪审团：可能认为被告人(1)没有犯杀人罪；或(2)没有犯一级谋杀罪但犯有较轻级别的杀人罪。
- 科刑阶段的陪审团：它可能认为(1)没有加重情节存在；(2)减轻情节超过任何加重情节；或(3)基于加重和减轻情节，刑罚应当是终身监禁。
- 州高等法院：可能(1)撤销有罪判决；或(2)仅仅是死刑。
- 州长：可能行使其赦免或减刑的权力。

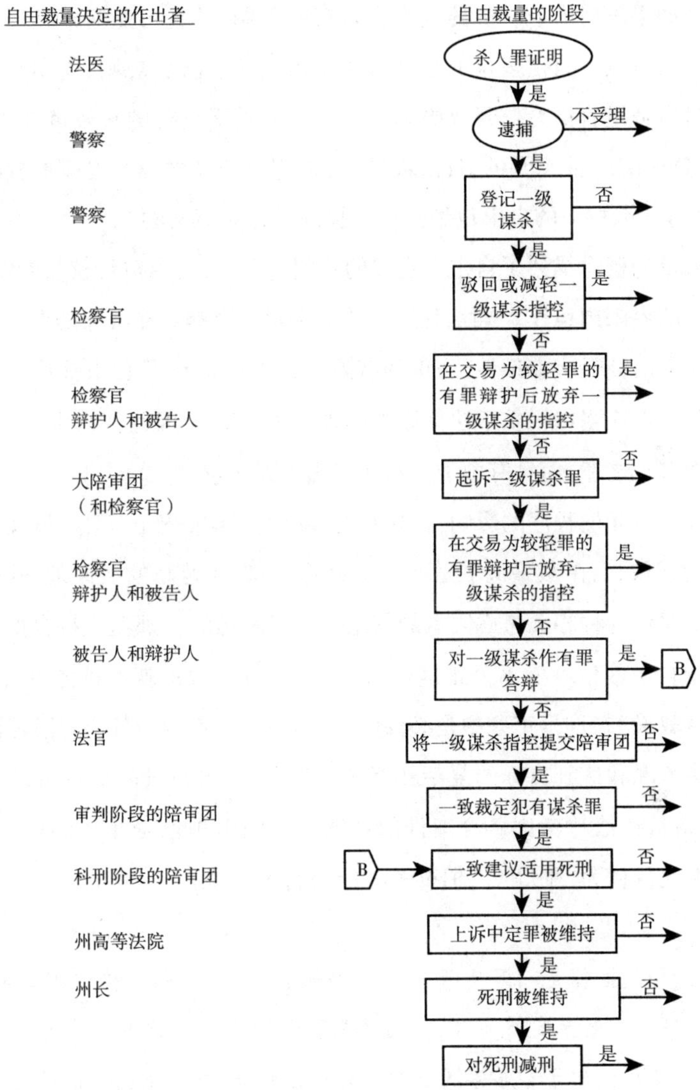

图 1　死刑程序中的自由裁量阶段

注：这一程序或者自逮捕阶段开始或自起诉阶段开始。被告人可能被逮捕后再被起诉，或被起诉后再被逮捕。

很显然，自由裁量权在死刑程序中发挥了主要作用。“公职人员只要能够对其权力进行有效的限制，使之能够在作为和不作为之间进行自由选择，其就拥有自由裁量权。”[87]公职人员的自由裁量权可能来自上级的慎重决定，也可能因为上级未作出决定。如果不对政府官员的权力进行有效限制,其也可能僭越其授权范围而行使其自由裁量权。自由裁量的程度取决于由法律、先例、规则、原则或其他法律标准及在自由裁量官员有监督或协调的权力的背景下进行的有效审查。[88]例如,正如德沃金(Dworkin)注意到的,自由裁量"是个相对的概念,对'在哪些标准下自由裁量?'或'对什么权力的自由裁量?'进行提问总是有意义的"。[89]

自由裁量的概念描述了自主决定权的范围。但是,自由裁量权与专制不同,只在法律划定的界限内运作。[90]司法程序中的自由裁量意味着在法律的引导下正确地自由裁量。自由裁量应在理性、公正和有效的标准内进行。[91]自由裁量不应当以个人喜好为基础而应当以根植于法律原则的理性为基础。[92]因此,"自由裁量"一词不仅具有处理自主之意,而且有敏于判断和正确判断之意。[93]

自由裁量对死刑程序的影响,正如它对政府的影响一样,一般是被视为赞成或反对。[94]或此或彼,自由裁量似乎是不可避免的,因为在客观的法律条件下,获取在审判过程中评估各种相关考虑因素的信息是相当困难的。[95]那些支持自由裁量的人认为:"尽管自由裁量可能不公正地进行,但没有自由裁量就不可能有公正。"[96]他们认为自由裁量"在刑事审判中是必要的,因为在刑事审判中各个阶段都面临大量不同的事实情况和达到目标的复杂相互关系"。[97]"自由裁量的优点可以用一句话概括:自由裁量使法律考虑各个案件的特征。"[98]正因如此,亚里士多德(Aristotle)称司法自由裁量权为"平等"。[99]柏拉图(Plato)曾教导说:

> 就定义而言,法律是一般规则;这是其本质,也是其缺陷。在生活复杂性面前,普遍性在颤抖。相对于实质而言,它们通常更关心形式。这就是为什么在柏拉图的观念中,法律远远次于哲学家国王的明智自由裁量,哲学家国王能给予每个人应得的——然而法律必须是以抽象、种类方式规定什么是应得的,而无视它们所包含的人和事的众多独特性。[100]

从这一观点可以看出,"任何准则或规则,尽管有其理想抽象的公式,但也有其可接受的灵活性"。[101]

相反地,帕克(Packer)宣称,"从这一术语字面理解,自由裁量主要的麻烦仅仅在于它是失去法律控制”。[102]富勒(Fuller)主张“法律内在道德”的要求之一是“法定行为与法律间一致”。[103]因此,自由裁量权的行使被视为对合法性原则或法治原则的背离,而合法性原则与法治原则对“制定法与其适用过程中任意性因素的逐渐减少”作出了突出的贡献。[104]戴维斯(Davis)认为:“我们法律制度中9/10的非正义来自自由裁量,可能只有1/10来自规则。”[105]帕克解释说:“如果警察或检察官发现他们自由地(或被强制地)在已知或可知的犯罪行为诉讼中作出抉择,他们据此作出判决,而这种判决在以法律为基础的社会应当只能由立法者委托的人才能作出。”[106]

在刑事程序中,自由裁量的意义在于它可以确定刻板法律与运用中的法律间的差异。因此,“法律”可能有四个层次:第一,成文法和上诉观念中宣布的法律;第二,审理法院适用的法律;第三,反映在“私人协商解决纠纷时在适用刻板规则过程中产生的规则”[107]中的法律。例如,辩诉交易(Plea bargain)*;第四,在没有辩诉交易的情况下,由官员作出的自由裁量决定。“法社会学的两个领悟在于,现代社会中的法律权利通常由官员决定,其结果与仅以正式法律为基础的可预测结论有系统性的区别。”[108]“法律是由立法者制定的,偶尔由上诉法院解释,但由无数个人适用,每个人基本上代理自己。在重要性上,法律如何适用比其制定或解释更为重要。”[109]

自由裁量的影响可有两种形式:它可能仅仅意味着刻板的法律而不是真正起作用的规则;政府官员受生效法律的统治,但这些法律是刻板的法律,我们可以理解得更复杂一些。[110]或者自由裁量权能产生更根本的缺陷,即“那些适用法律的人,以法律作为纯粹的把柄或借口,通过自由裁量实际起统治作用”。[111]

“许多人曾认为达到‘法治’的唯一途径是为政府官员规定其遵守的详细完善的法律,消除所有的自由裁量。其他一些人,其中最著名的是肯尼思·戴维斯(Kenneth Davis),曾主张自由裁量权不能也不应当完全取消,只能加以约束——构建、引导和核查。”[112]戴维斯采取三个必要的方法以控制自由裁量权的行使:首先,

---

* 辩诉交易,是指在刑事诉讼中,检察官与被告人进行谈判,说服被告人作有罪答辩,以换取检察官指控上的让步或法院判决上的让步。通常做法是,如果被告人承认犯有某一较轻的罪行,或者承认控方多项指控中的一项罪行,检察官可以对被告人降格指控,或者撤回对其他罪项的指控,或者建议法庭对被告人减轻处罚。检察官与被告人达成的协议经法庭批准后即可执行。——译者注

通过立法、行政法规，或者是执行政策的公布，以清晰的界线确定自由裁量的边界，从而“限制”自由裁量；其次，通过开放公众审查自由裁量权行使的程序，“构建”自由裁量；最后，通过将自由裁量行使过程提交上级官员复审以“核查”自由裁量权。[113]关于陪审团裁定的作出，新死刑程序使用了这些方法。这些新程序通过颁布引导陪审团的标准，以限制陪审团在决定作出刑罚的生与死的自由裁量；通过对生或死的问题提供一个独立的审判来构建自由裁量权。因此，与决策过程相关的证据能以对抗的方式提交陪审团，而自由裁量权则通过对判决的上诉复审来核查。

第三节　歧视与任意性

自然地，公平问题集中在从符合死刑最低标准的案件中选择适用死刑的适格被告人这一过程中自由裁量权的行使。公平问题可能涉及两个不同的问题：其一为歧视，其二为任意性。歧视问题是自由裁量权是否可以允许死刑故意不均衡地指向某些适格的被告人，原因不在于其犯罪的性质，而在于其属于特殊阶层或集团，这基于诸如种族、性别、民族、宗教或财富等因素的考虑。任意性问题是自由裁量权是否允许死刑在无视用以确定死刑选择所规定的法定标准，在适格的被告人中随意地、反复无常地、无规律地或不均衡地适用。歧视要求展现影响判决的特殊个别因素，而任意性则有其不同特点。如果有证据表明判决不符合法律标准，那么判决的任意性就表现出来了。任意性可能仅仅通过表现判决不受法定标准控制而存在。任意性可能导致判刑太轻或太重，或两者兼而有之。[114]除了法律认可的因素外，可能有大量的因素影响判决。如果判决不忠于法律标准，或如果一些案件中的判决与其他案件的判决不相称，在不考虑超法律因素可认定的情况下，它们可能是任意的。只要判决不符合法律标准，达到了影响作出判决的程序的程度，此程序就是任意的。因此，任意性可以由判决不能用法律标准加以解释的证据加以证明，这就足够了，无须证据表明超法律因素确实影响了判决。确认这些因素的证据可能增强法律标准不是决定性的这一结论，但这种证据对结论而言不是必不可少的。[115]

因而，一般认为，歧视是任意性的对立面：歧视是故意的，而任意性是随意的；歧视遵循歧视的方式，而任意性无须清晰可见的决定原则；歧视是制度性的，而任意性完全不必组织。假设一群死刑适格的被告人，他们在接受自由裁量选择的种类范围内，权力的自由裁量行使，故意选择有色人的概率可能双倍于白人，或故意选择在州的某地区人的概率可能双倍于州的其他地区的人;权力的任意行使可能在没有任何可预见的方式下作出选择。

在对死刑制度进行定性时,歧视性制度是一个故意根据不允许的标准作出判决的制度。任意性制度是一个缺乏充分的控制以保障选择符合法律标准的制度。透视这一制度,任意性制度不仅是选择完全随意或反复无常的制度,而且是一个没有充分保障以防止选择随意或反复无常的制度。如果一个制度不能控制随意性或无常性,可能也不能控制歧视性。在这个意义上,一个任意的制度可能与具有任意选择标准一样也具有歧视性选择标准。正因如此,在死刑讨论的背景中歧视性和任意性趋于结合为一个单一的受批判的概念。

在死刑制度中,歧视或任意性是令人不安的。尽管歧视可能有更令人反感的含义,如果法定标准公平地代表了死刑制度的目的,死刑适用中即使不带任何歧视性特征的任意性也必然损害这一制度达成这一目的的信心。无论死刑所提倡的基本原理是报应还是威慑,都无法通过一套不适合在实践中达成的制度来实现。[116]随意、反复无常、不相称或歧视性执行死刑不能达到法定目的。报应和威慑都要求被执行死刑的人是"该受"死刑的人。[117]

对法律制度的尊重取决于法律制度是根据法律原则而平等地执行。死刑制度合法性的条件当然在美国宪法中有其基础。宪法两个相关的规定是平等保护条款[118]与残忍和异常刑罚条款。[119]为确定对此的违反,美国联邦最高法院解释了平等保护条款,以便确立该条款的一违反行为,要么是法律在其条款上具有歧视性,[120]要么是以歧视意图加以执行。[121]因此,如果法律表面上是中立的,单以美国联邦最高法院持有的此法执行中有歧视倾向的证据不足以在平等保护条款下使其无效。在这一理由下,在执行此法的官员方面因歧视故意而产生的歧视倾向的证据将是必不可少的。而且,证明这种歧视故意适用于特殊案件也是必要的。[122]

尽管歧视态度或陈规老套可能会影响非有意识歧视的判决作出的过程,[123]但"证明官员行为后的动机通常是问题的关键"。[124]即使是检察官、法官或陪审员也作歧视性评价,而这种评价的证据难以获取。调查证据不可能在某一特定案件中显示故意的歧视。[125]这些信息描绘了案件的整体模式。它并不意在证明某一特定案例在何种模式下可以适用。它的贡献在于明确一般性情况下适用的情况,这一点在孤立地审查任何一个案件时并不明显。这对了解个别案件的任何方面都不太有用。因此,死刑执行不太容易受基于平等保护条款的歧视理论的影响。

然而,任意性理论似乎更适合于准确地描述对死刑的潜在违反。在宪法基础上,不与法定标准相符的任何阶段的决定都是任意的,不管应负责任的事实是被告人种族或性别,或被害人的种族或性别,或犯罪发生地司法区的知名人物,或那一地区的警察或检察官,或不能确定的其他因素。特殊案件中歧视的证据可能有助于发现制度的任意性,但这种证据对于一个任意性标准而言不是必不可少的。大部分相关案件的抽查资料可能表明了法院判断死刑是否正被以任意的方式适用的事实前提。

尽管平等保护条款下的任意性理论可能因确认歧视故意的需要而被取消,但任意性恰好是"福尔曼案"的基础。那一判决不是基于平等保护条款,[126] 而是基于残忍和异常刑罚条款。相对于为评价立法政策的执行而普遍适用平等保护条款而言,残忍和异常刑罚条款在更有力的标准下检测了死刑的适用。因为死刑与其他所有刑罚的不同是在种类上而不是程度上,这是残忍与异常之刑条款所特别关注的事。

注释

1. Lewis, *The Development of American Prison and Prison Customs 1776 – 1845* at 16 (Patterson Smith 1967); McKelvey, *American Prisons: A Study in American Social History Prior to* 1915 at 2, 7, 16 – 17 (University of Chicago 1936); Rothman, *The Discovery of The Asylum: Social Order and Disorder in the New Republic* 61, 79 (Little, Brown 1971).
2. U. S. Department of Justice, *National Prisoner Statistics*, Capital Punishment 1979 at 18, reprinted in Bedau, *The Death Penalty in America* 56 (3d ed. Oxford 1982). See also Bowers, *Executions in America*33 – 35, 200 – 401 (Heath 1974). 这一著作有一个由悌特斯与济布卡起草的关于各州从根据州的权威而不是根据地方的权威执行死刑的第一天始的死刑执行的汇编。
3. U. S. Department of Justice, *National Prisoner Statistics*, Capital Punishment 1977 at 12 (1978).
4. 蒂特斯与齐布尔卡的汇编比联邦资料早,因为它是基于各州的信息。然而,不同的州集中了它们在不同时期的死刑执行,所以汇编也没有包括约 1930 年以前所有州的资料。根据这一说明,其数据也不全面,其表明的20世纪30年代前的4个10年间每年死刑平均执行率分别如下:20世纪20年代为116例;20世纪第2个10年间为110例;20世纪第1个10年间为118例;19世纪90年代间为121例。Bowers, supra note 2, at 40; see also Bye, Capital Punishment in the United States 1, 56 – 58 (Committee of Philanthrolpic Labor of PhiladelphiaYearly Meeting of Friends 1919); Hartung, "Trends in the Use of Capital Punishment," 284 *Annals of the Am. Acad. of Pol. and Soc. Sci.* 8, 13 (1952).

在同一时期,英格兰和威尔士的死刑执行率也很低:在20世纪前10年间,每年平均执行16例;20世纪的第2个10年间,每年平均执行12例;20世纪30年代,每年平均执行14例;20世纪40年代,每年平均执行13例。Great Britain Royal Commission on Capital Punishment, Report 298 – 301 (1953).

5. U. S. Department of Justice, *National Prisoner Statistics*, supra note 3, at 12 (1978).
6. Id.
7. Id.
8. U. S. Department of Justice, Federal Bureau of Investigation, Uniform Crime Reports, Crime in the United States 1983 at 43 (1984).
9. U. S. Department of Justice, Bureau of Justice Statistics, *Capital Punishment 1984*, at 7 (1985).
10. Id.
11. 根据悌斯特与济布尔卡的汇编,佐治亚州在1917年至1964年执行死刑417例,每年平均执行死刑少于9例。
12. 根据悌斯特与济布尔卡的汇编,纽约州在1890年至1963年执行死刑695例,每年平均执行死刑超过9例。
13. 根据悌斯特与济布尔卡的汇编,得克萨斯州在1924年至1964年执行死刑361例,每年平均执行死刑接近9例。Bowers, supra note 2, at 372.
14. 根据悌斯特与济布尔卡的汇编,加利福尼亚州在1893年至1967年执行死刑500例,每年平均执行死刑少于7例。
15. 根据悌斯特与济布尔卡的汇编,北卡罗来纳州在1910年至1961年执行死刑362例,每年平均执行死刑少于7例。这一信息得到来自北卡罗来纳州矫正委员会资料的证实。Behre, *A Brief History of Capital Punishment in North Carolina* (Office of Correction, Sept. 1973). 北卡罗来纳州的资料表明,在北卡罗来纳州只有3年死刑执行数每年达到20例:

1934 年 20 例,1936 年 23 例,1947 年 23 例;只有另外的 6 年中这一数目超过 10 例:1925 年 12 例,1935 年 11 例,1937 年 12 例,1939 年 15 例,1944 年 15 例和 1946 年 13 例;在 1912 年、1915 年和 1958 年各只有 2 例;1910 年、1924 年、1952 年、1955 年、1956 年和 1961 年各只有 1 例;1913 年、1954 年、1959 年和 1960 年没有执行死刑。在此期间,对这些被执行死刑的人的种族分析为:非白人 209 人(其中黑人 285 人,印第安人 5 人),白人 72 人。See also Hartung, supra note 4, at 15.

16. U. S. Department of Justice, Bureau of Justice Statistics, supra note 9, at 7.

17. 叛国罪包括构成反叛领主、违反忠贞契约的各种犯罪:杀死他、与他的妻子通奸、侵犯他的女儿、伪造他的印章及从战场逃跑或支持敌人。后来,背叛领主为轻微的叛国,背叛国王为叛国。对轻微叛国的惩罚包括在死刑执行前用马拖;而对叛国罪的处罚包括拖、绞、烧、开膛、砍头和分成四块。2 Pollock and Maitland, The History of English Law 500 – 508 (2d ed. 1899).

18. 早期普通法没有区分谋杀与非预谋杀人。Id. at 485.

19. 1 Stephen, *A History of The Criminal Law in England* 463(1883); 1 Radzinowicz, *A History of English Criminal Law* 4(Macmillan 1948); 2 Pollock and Maitland, supra note 17, at 470.

20. 4 Blackstone, Commentaries 18(1769).

21. 1 Radzinowicz, supra note 19, at 4; 1 Stephen, supra note 19, at 466; Report From the Select Committee on Capital Punishment vii – viii(House of Commons 1931)["正是在那时期,艾德蒙·贝克(Edmund Burke)宣称,他能获得下议院的同意对任何法案规定死刑。那时我们的法律在古希腊执政官德拉古(Draco)的精神中发展,德拉古宣称'最轻微的犯罪都应当处以死刑,他不能为最严重的犯罪找到其他刑罚方法'"]; Laurence, *A History of Capital Punishment*, 13 – 14(Sampson Low, Manton & Co. 1932)("财产甚至比人更受绞刑架的保护")。

22. 1 Stephen, supra note 19, at 470 – 471; see also 1 Radzinowicz, supra note 19, at 5 – 6 and n. 14.

23. Hartung, supra note 4, at 10, 12.

24. Bedau, supra note 2, at 7; Bye, supra note 4, at 2 – 3; Hartung, supra note 4, at 10; Filler, "Movements to Abolish the Death Penalty in the United States," 284 *Annals of Am. Acad. of Pol. and Soc. Sci.* 124, 124(1952).

25. Bye, supra note 4, at 2.

26. Revised Statutes of North Carolina, Ch. 34, § §1 – 8, 10 – 15, 17 – 18, 20 – 23(1837). 盗马和重婚是仅有的两个可以获得教士特权的犯罪。

27. Revised Code of North Carolina, Ch. 34, § §1 – 8, 10 – 12, 14, 16 – 17(1855).《北卡罗来纳州修正法典》,第 34 章, 1 – 8, 10 – 12, 14, 16 – 17(1855 年)。

28. Battle's Revisal of the Public Statutes of North Carolina, Ch. 32, § §1 – 2, 4(1873).

29. Bye, supra note 4, at 5.

30. 在 1930 ~ 1967 年 3859 个被执行死刑的囚犯中,大约 86% 是因谋杀罪而被处死的, 12%(455 人)是因强奸罪而被处死, 2% 的人是因 6 种其他犯罪而被判处死刑:武装抢劫(25 人)、绑架(20 人)、夜盗(11 人)、严重人身伤害(6 人)和间谍罪(2 人)。See U. S. Department of Justice, *National Prisoner Statistics*, supra note 3, at 12(1978).

31. Mullaney v. Wilbur, 421 U. S. 684, 698(1975).

32. Aristotle, The Rhetoric, Bk. I, Ch. 13.

33. 3 Stephen, supra note 19, at 17; see also *Great Britain Royal Commission on Capital Punishment*, supra note 4, at 6.

34. McGautha v. California, 402 U. S. 183, 197 – 199(1971).

35. Id. at 199.

36. "整个这个时期,法律仅是试探性地朝这一分类方向发展……这一完美图景的产生将需要几个世纪的司法努力,并需获得立法方面的不断帮助。" See 3 Holdsworth, *A History of English Law* 256(1909).

37. 3 Stephen, supra note 19, at 21; Kaye, "The Early History of Murder and Manslaughter", 83 *L. Q. Rev.* 365(1967).

38. 3 Stephen, supra note 19, at 22; Plucknett, *A Concise History of the Common Law* 446(5th ed. Little, Brown 1956).

39. Wechsler and Michael, "A Rationale of the Law of Homicide", 37 *Colum. L. Rev.* 701, 707(1937).

40. 今天,这可能被限于危险重罪或列举的重罪。See LaFave and Scott, *Criminal Law*, 623 – 625(West 2d ed. 1986).

41. 3 Stephen, supra note 19, at 22; Wechsler and Michael, supra note 39, at 721. 今天,这并不会为预谋杀人恶意提供一个独立基础。See LaFave and Scott, supra note 40, at 641 – 642.

42. 3 Stephen, supra note 19, at 22 – 23; Wechsler and Michael, supra note 39, at 721.

43. 3 Stephen, supra note 19, at 44.

44. Plucknett, supra note 38, at 446; 3 Stephen, supra note 19, at 42 – 43.

45. Plucknett, supra note 38; 3 Stephen, supra note 19, at 44; Perkins, "The Law of Homicide," 36 *J. Cr. L. & C.* 391, 444(1946).

46. 1 Stephen, supra note 19, at 459 – 460; Plucknett, supra note 38, at 439.

Blackstone reported:

在监狱中这种审判由主教或其他代理人主持,由12个教士组成陪审团:在这种审判中,首先,要求当事人自己就自己无罪进行发誓;其次,由相信当事人所说是真的,12个宣誓断讼证人宣誓;然后,证人验证誓言,但只代表刑事被告人的利益;最后,陪审团对誓言作出裁判,通常宣告被审人无罪,否则,如果是教士,他将被降职,或要求以苦行赎罪。在17世纪初,一个知识渊博的法官愤慨地对此虚假审判的闹剧中假证和贿赂作假证的极混乱情况进行了评价:证人、宣誓断讼证人和陪审团都是这些罪行的参与者;违法当事人也一样,尽管在最为清晰的证据面前也发誓称自己无罪;也不是主教本人好心,但在他的支持下,这种不良场面每日发生。通过这一净化,当事人重新获得了他的信誉、自由、土地和他的购买能力,完全成了一个新的和无罪的人。See 4 Blackstone, supra note 20, at 361; see also 1 Pollock and Maitland, supra note 17, at 443 – 444.

47. 1 Stephen, supra note 19, at 462 – 463; Plucknett, supra note 38, at 440.

48. 1 Stephen, supra note 19, at 461.

49. 4 Blackstone, supra note 20, at 360.

50. Dalzell, *Benefit of Clergy in America*, 24(Blair 1955).

51. 1 Radzinowicz, supra note 19, at 8, 83 – 86.

52. 1 Stephen, supra note 19, at 461; Dalzell, supra note 50, at 24.

53. 1 Stephen, supra note 19, at 461; see also 1 Pollock and Maitland, supra note 17, at 445.

54. 4 Blackstone, supra note 20, at 363; 1 Stephen, supra note 19, at 462.

在美国,神职人员的特权可普遍获得。案件报道记载了给予奴隶这一特权的情况。See Dalzell, supra note 50, at 100 – 109, 125 – 127, 248. 在1806年,北卡罗来纳州高等法院裁定:"当今没有拒绝像男性一样给予女性神职人员的特权的理由。" See State v. Gray, 5 N. C. 147, 147(1806). 北卡罗来纳州后来的一个法案明确地给予女性这一特权:"男性犯有任何重罪的任何案件都可要求给予其神职人员的特权,如果一个女性犯有同样或相似罪行,基于其请求,不应当对其作出死刑判决,但她将承受与获得神职人员的特权相似案件中男性同样的惩罚。" See Revised Statutes of North Carolina, Ch. 34, § 29(1837).

55. 4 Blackstone, supra note 20, at 365.

仍在美国,没有人能要求享受神职人员的特权一次以上。See Dalzell, supra note 50, at 138, 221. 北卡罗来纳州一法律明确规定:"曾享受神职人员特权一次的人,再犯任何可享此特权之罪将被起诉或定罪,任何人对此后所犯之罪不得给予特权。"北卡罗来纳州修正法案第 34 章, § 25(1837)。"依法给予某人神职人员的特权,是对行为人在此前他所犯的所有可享受此特权重罪的一种宽恕。" See State v. Carroll, 27N. C. 139, 143 (1844).

56. 4 Blackstone, supra note 20, at 374.

57. Id. at 362, 364, 365, 367; 1 Stephen, supra note 19, at 463; Plucknett, supra note 38, at 440.

58. 4 Blackstone, supra note 20, at 360, 365; 1 Stephen, supra note 19, at 463; Plucknett, supra note 38, at 441.

北卡罗来纳州法律规定了获取神职人员特权成功干预的后果:

任何人,基于任何重罪被给予神职人员特权的情况下,如果所犯之罪是非预谋杀人,他将被在左手大拇指肌肉上烙一个 M,如果是其他重罪,则在同一位置烙一个 T 字。在这人被释放前这些标记是在法庭上的法官面前由治安官来烙的;或在这种判决作出前,由法院决定不在这种罪犯手上烙印,而是命令和判决他或她接受一次或更多的公众鞭打,或支付适当的罚金。在该法院的自由裁量中,在这一案件的所有情况下,这种判决的记载可针对所有的故意和目的,如同犯有同样罪行的人在法庭上在手上烙印具有同样的法律效果和后果。

任何人,应当被允许或批准享有神职人员的特权,在被给予这样的神职人员的特权和在手上烙印或其他刑罚后,根据本法前部分,应当着具有神职人员身份的人的面由法院立即释放并送出监狱。然而,除非法院在具有神职人员身份的人面前,为进一步对此种人进行矫正,应当和可以对他监禁一段时间,正如该法院在其判断中应正确考虑一样,只要同样的情况监禁不超过一年。

《北卡罗来纳州修正法案》,第 34 章, § § 26 - 27(1837)。

此法典汇编将这些部分的起源归于英国成文法,"4Hen. 7, c. 13 - 1816, c. 918; 18Eliz. c. 7, s. 2 and 3."1854 年法典汇编明确规定,非预谋杀人的刑罚应当是烙印或罚金和监禁一年以上。

59. 4 Blackstone, supra note 20, at 366.

60. 1 Stephen, supra note 19, at 465 – 467.

61. Id. at 463 – 465; 3 Stephen, supra note 19, at 44 – 45; Plucknett, supra note 38, at 446.

62. 1 Stephen, supra note 19, at 463 – 464.

63. Murder (Abolition of Death Penalty) Act, 1965, 13 & 14 Eliz. 2 (Nov. 8, 1965) Deb., H. L. 1317 – 1322 (1969).

64. See 793 Parl. Deb., H. C. (5th Ser.) 1294 – 1298 (1969); 306 Parl. Deb., H. L. 1317 – 1322 (1969).

65. See generally LaFave and Scott, supra note 40, at 605.

66. Friedman, *A History of American Law*, 61 – 62 (Simon & Schuster1973). "康涅狄格州的区别在于它是唯一一个完全无神职人员特权的殖民地。" See Dalzell, supra note 50, at 215, 233.

67. See Commonwealth v. Gable, 7 Sergeant & Rawle 422, 424 (Pa. 1821).

68. Act of April 30, 1790; 1 Stat. L. 119; sec. 5329 R. S.

69. See Dalzell, supra note 50, at 234 – 235.

70. Lewis, supra note 1, at 25 – 32; McKelvey, supra note1, at 6 – 7.

71. Wechsler and Michael, supra note 39, at 703; Friedman, supra note 66, at 249; Hartung, supra note 4, at 10.

72. Id.

73. Id. at 704.

74. Id. at 705.

75. McGautha v. California, 402 U. S. 183, 198 (1971); LaFave and Scott, supra note 40, at 642. North Carolina did so in 1893. State v. Benton, 276 N. C. 641, 657, 174 S. E. 2d 793 (1970).

76. Wechsler and Michael, supra note 39, at 707 – 708; see State v. Daniels, 134 N. C. 671, 676, 46 S. E. 991, 993 (1904):

区分非预谋实施的杀人重罪与那些伴有称为"预谋"附加的心理条件的重罪杀人罪的界限是模糊的和难以确定的。法律难以在那方面安全地规定统一的和普遍的标准。正如疏忽和类似问题一样,它只能定义这一术语,并将其存在的问题提交陪审团。

77. McGautha v. California, supra note 75, at 198 – 199; see aslo Cardozo, *Law and Literature*, 99 – 101 (Harcourt, Brace 1931); Geimer, "The Law of Homicide in North Carolina: Brand New Cart Before Tired Old Horse," 19 *Wake Forest L. Rev.* 331, 334 – 379 (1983).

78. Woodson v. North Carolina,428 U. S. 280,290 – 299(1976);McGautha v. California,supra note 75,at 183,199;Friedman,supra note 66,at 250. Consider State v. Fuller,114 N. C. 885,19 S. E. 797,802(1894)(Justice Avery):

1893 年法案(将谋杀分为两级)的通过在田纳西州司法史上标志着一个新纪元……以此理论为基础已发生的变化在于,当法律与法官开明观念相一致时,法律将总会得到更忠实地执行。

到目前为止,舆论一直赞同和欢呼陪审团无视法官关于致命性武器使用中专门性影响指导的做法。其后果是,这些案件中法律不严肃地执行被接受了,当证据已表明存在相当严重犯罪时,其他陪审团人员将他们自己任命为法律的判断者,正如事实的判断者一样。正如其他地方一样,这里几年的经验可能表明,在与公众正义感一致的法律下逃跑的罪犯,比在对道德卑鄙程度差异极大的犯罪之间不作任何区分的法律下逃跑的罪犯要少。

布莱克斯通(Blackstone)认为死刑的严厉性对法律的执行有有害影响:

受害者,出于怜悯,通常会克制告发;陪审团,由于怜悯,有时会忘记他们的誓言,或者宣告无罪或者缓和犯罪本性;法官,出于怜悯,可能对半数罪犯延期处理,或建议从轻量刑。有如此多的逃避机会中,贪婪顽固的罪犯忽略了可能遭受巨大的痛苦;为缓解其欲望或补充其罪恶,他大胆地进行铤而走险的攻击,如果正义之手意外及于他,他认为自己特别不幸,最终成了这些长期免受处罚教会他蔑视法律的牺牲品。

4 Blackstone,supra note 20,at 19.

79. McGautha,402 U. S. at 200.

80. Id. at 199.

1949 年,北卡罗来纳州给予陪审团从轻量刑的自由。See Patrick,"Capital Punishment and Life Imprisonment in North Carolina,1946 to 1986:Implications for Abolition of the Death Penalty",6 *Wake Forest L. Rev.* 417,419(1970).

81. 402 U. S. 183(1971).

82. 408 U. S. 238(1972).

83. Id. at 309(Stewart,J.).

84. Id. at 313(White,J.);291 – 295(Brennan,J.).

85. Id. at 257(Douglas,J.);364 – 366(Marshall,J.).

86. 在北卡罗来纳州,如果陪审团从已有的证据中能发现一个或更多的排除合理怀疑的加重情节,如果是一级谋杀罪,检察官必须寻求死刑。See State v. Jones,299 N. C. 298,308,261 S. E. 2d 860,867(1980). 当然,关于工作中的效力程度,检察官可以行使自由裁量权。

87. Davis, *Discretionary Justice: A Preliminary Inquiry* 4 (Louisiana State Univ. 1969). This definition has been criticized in Pepinsky, "Better Living Through Police Discretion", 47 *Law & Contemp. Probs.* 249, 250 (1984); Fletcher, "Some Unwise Reflections About Discretion", 47 *Law & Contemp. Probs.* 269, 274 – 275 (1984); Reiss, "Research on Administrative Discretion and Justice", 23 *J. Leg. Ed.* 69, 73 (1970).

88. Allen, "Foreword; The Nature of Discretion", 47 *Law & Contemp. Probs.* 1, 13 (1984).

89. Dworkin, *Taking Rights Seriously* 31 (Harvard 1978).

90. "就像炸面圈的那个孔,自由裁量权除非作为一个由环绕的限制带留下的一个开放领域,否则自由裁量权是不存在的。" Id. See 4 Blackstone, supra note 20, at 372:

我们的成文法通常没有确定罚金的数量,普通法曾经也一样,它指出这样一个罪行应由罚金惩罚,通常没有指定确定的数量。当我们思考时,这足见法院权力是多么的无限制,它完全是任意的,但其自由裁量权是由法律规定的。因为《权利法案》已特别宣告,不应施以过分的罚金,也不能判以残忍的和非常的刑罚。

91. Dworkin, supra note 89, at 33.

92. See Wright, "Beyond Discretionary Justice", 81 *Yale L. J.* 575, 594 (1972); Fletcher, supra note 87, at 283 – 284.

93. Fletcher, supra note 87, at 270.

94. 布莱克斯通(Blackstone)反思了这一矛盾态度:

所有犯罪刑罚的特征(尽管不总是总量或程度)被确定下来。改变一个判决不是委托给任何法官甚至陪审团的情绪,它早已在法律中作出规定,所有的同类对象都一样,一视同仁。这是英国法律的荣耀所在。因为,如果判决是法官私人意见,那么人们将成为他们法官的奴隶,人们将生活在一个不确知社会给他们设定了什么条件和义务的社会中。此外,正如这一方面防止压迫一样,另一方面它抑制所有的不受处罚或减轻处罚的幻想。如果对罪犯的处罚取决于法院的人道或自由裁量,那么因为这种幻想,罪犯可能自认为可以逃避处罚。相反,如果确定性刑罚附随犯罪,罪犯可以在法律中了解到犯罪的确定后果,这应当是不变的规则,因为客观存在是他行为不变的法官。

我们法院能施加的自由裁量罚金和监禁刑自由裁量刑期,似乎是这一规则的例外,但这些案件中刑罚(罚金和监禁)的一般特征是确定的和明确的,尽管每个的期限和数量在犯罪的加重或轻微、当事人的身份地位和条件及无数其他情节方面通常不同。特别是,罚金的总量既不能也不应该由任何恒定的法律加以确定。金钱本身价值因上千个原因而变化,并且,无论如何毁损某人的财富,可能是他人漠不关心的。

4 Blackstone, supra note 20, at 371. But see 1 Radzinowicz, supra note 19, at 89:但罗米莉(Romilly)拿不准它是否可以表述为:"每种犯罪都确定了刑罚种类,而在如此大量的重罪中,实践中仍由法官决定罪犯是否应当判以死刑、流放或监禁。"他谴责选择部分罪犯执行死刑而其他人则减刑的做法,并进而讲,因为法官将他们的判决奠基于加重情节的强度上,而加重情节是变化的和不可预测的,因此,死刑法律的适用变得更不确定,其威慑价值也变得值得怀疑。

95. Cf. Great Britain Royal Commission on Capital Punishment, supra note 4, at 173.

96. Pepinsky, supra note 87, at 253.

97. Vorenberg, "Narrowing the Discretion of Criminal Justice Officials", 1976 *Duke Law J.* 657, 662.

See Bacigal, "Some Observations and Proposals on the Nature of the Fourth Amendment", 46 *Geo. Wash. L. Rev.* 529, 559 – 560(1978):

然而,完全取消自由裁量权和潜在的任意性既不明智,也不可能。不明智是因为法律的机械适用通常导致不公正;不可能是因为法律总是缺乏充分的细节以解决每个问题。官员们可以正确使用其自由裁量权以实现正义,也可以不恰当使用其自由裁量权而毁坏正义。自由裁量权潜在滥用的补救方法在于以限制和平衡抗制自由裁量权的行使和防止任意行为。

See also Breitel, "Controls in Criminal Law Enforcement", 27 *U. Chi. L. Rev.* 427, 428 (1960)("犯罪控制,至少在犯罪控制的某些阶段,不可避免地要求自由裁量权的行使。"); Goodheart, "The Rule of Law and Absolute Sovereignty", 106 *U. Pa. L. Rev.* 943, 949(1958)("很明显任何可信的法律制度下都没有完善的法治,正如大范围的行动自由必定由行使政府权力的人享有一样。另外,几乎没有任何政治制度,无论多专制,能在不对其官吏权力加以法律限制的情况下起作用。")。See also Frank, *Law and the Modern Mind* 129(Anchor Books 1963); Pound, *An Introduction to the Philosophy of Law*, 70 – 71 (Yale 1961).

98. Pattenden, *The Judge, Discretion, and the Criminal Trial* 35(Clarendon Press 1982).

因为随着时间的变化，公众的态度也发生了变化，自由裁量权的需要也随之而生，使成文法律立即适应这些变化通常是不可能的。自由裁量权的行使也可作为检验公众对法律执行实践变化态度的一个非正式手段，这一变化可能导致该领域法律的修订。See Abrams，"Internal Policy：Guiding the Exercise of Prosecutorial Discretion"，19 *U. C. L. A. L. Rev.* 1，3（1971）.

99. Aristotle，The Ethics，Bk. V，Ch. X：

下面我们要讲到的是个案公正、个案公正与公正之间关系、个案公正与正义之间关系问题。当我们讨论这些问题时，他们似乎并不绝对的相同，也非完全相异。我们有时赞扬"个案公正"，并将它作为人的本性，以致我们甚至为赞扬之目的而以公平来称道其他的事情，用"个案公正"一词代替"善"，以表明个案公正优于善。另外，如我们注意这一定义，个案公正值得赞扬就显得荒唐，因为如果个案公正不同于公正，要么公正不是善，要么个案公正不是公正；或者，如果它们都是善，那么它们必定是同一的。

基于上述考虑，公平问题就出现了一个几乎难以作答的难题。但公平、个案公正和正义都是正确的，并且相互间并非不一致。因为"个案"是公正，优于某一种"公正"；但总体上，个案公正并不优于"公正"，尽管它是不同的种类。因此，个案公正与公正本质上是一致的，两者都是善，虽然"个案公正"更有力一些。模糊不清的原因在于，"个案公正"是公正，但它并非法律的公正，而是对法律公正的纠正。其原因在于，法律总是普通性的，但在某些问题上，只说一些普通的道理不能称为正确。因为法律是针对大多数的，尽管都意识到法律的正确性。因此，法律并非不正确，因为过错不在法律本身，也不在于立法者，而在于事物的本性。行为的质料就是错误的直接来源，就是对法律所规定的原则出现了例外。

因此，法律是针对普遍情况，当不同于普遍性情况的事物发生时，那么当立法者说了一些笼统的话，有所疏忽和出现失误，对这些缺点进行纠正就是正当的，正如如果立法者在场，他自己也会这样做，或者如果他已意识到这种情况，他也会对此作出规定。因此个案公正就是公正，它之所以优于公正，并不是优于一般的公正，而是优于由于普通性规定而带来缺点的公正。

See also Aristotle，supra note 32：

不成文法弥补了成文法法典的不足。这就是我们称为个案公正的东西，人们称之为正义。实际上，这是一种超越成文法的公正。其存在部分是（部分也不是）由立法者的故意。说不是立法者的故意，是因为他们没有注意到法律中的缺陷；说是立法者的故意，是因为他们发现他们自身无法准确地限定这些东西,他们又不得不立法;或者因为这难以完全归责于可能出现的无尽案件,如可能用于伤害的武器的种类、尺寸等,终身都无法对此作出详尽地列举。

然而,如果详细陈述无法实现,而立法又是必须时,法律必须以宽泛的词汇加以表达。因此,如果一个人手中只有一个戒指,当他准备用它攻击别人或事实上已攻击别人时,根据成文法语言表达,他因该行为而已构成犯罪,但事实上他是无罪的,宣告他无罪的是个案的公正。从个案公正的这一限定,什么种类的行为、哪种人就公正而言是有效的或相反,就十分明显。个案公正必须适用于可宽恕的行为,它必须使我们一方面能区别犯罪行为,另一方面能对错误行为或意外事件作出判断……个案公正要求我们对人类本性的弱点加以宽恕;要求我们更多地思考立法者而不是他们制定出来的法律,更注重探究他们的意图而不是他们在法律中作了什么规定;更多地考虑行为人的主观意图而不是其行为,也不要过于关心整个事件的这个或那个细节;要求我们考察行为人曾经的一惯表现,而不过于注重行为人的现状。个案公正要求我们记住的是利益而不是伤害,而且这种利益是得到的利益而不是给予的利益;当我们受到误会时,应当有耐心;通过协商而不暴力解决争议;仲裁优先于诉讼,因为仲裁者受案件公正性的指引,而法官受严格法律的约束。

100. Schmidhauser, "Judicial Discretion", 8 *Int. Ency. of the Soc. Scis.* 320(1968).

101. Gulliver, "Negotiations as a Mode of Dispute Settlement", 7 *Law and Soc. Rev.* 667, 684 (1973); see also Hoebel, *the Law of Primitive Man* (Harvard 1961).

102. Packer, *The Limits of the Criminal Sanction* 290(Stanford 1968); see also Lord Camden in Hindson v. Kersey (1680), reported in The King v. Alman, 8 *Howell St. Tr.* 54, 57 n. (1765)("法官的自由裁量是暴君的法律:它总是未知的。对不同的人它是不同的。它是偶然性的,取决于性格、脾气和激情。用最好的话来说,它通常是反复无常的;用最坏的话来说,它对本质易变的人而言是罪恶、荒唐和激情"); United States v. Wunderlich, 342 U. S. 98, 101(1951)(Douglas, J., dissenting)("绝对的自由裁量是一个残忍的大师。它对自由的破坏胜过人类其他任何发明创造。")。

103. Fuller, *The Morality of Law* 81(Yale 1964).

104. Selznick, "The Sociology of Law", 9 *Int. Ency. of the Soc. Scis.* 50, 52(1968).

105. Davis, supra note 87, at 25.

106. Packer, supra note 102, at 290; see also Vorenberg, supra note 97, at 655, 671, 673.

107. Ross, Settled Out of Court, *The Social Process of Insurance Claims Adjustments*, 6 – 7 (Aldine 1970).

108. Ross, "Insurance Claims Complaints: A Private Appeals Procedure", 9 *Law and Soc.* 275, 275(1975).

109. Baker, "The Prosecutor: Initiation of Prosecution", 23 *J. Crim. L. & C.* 770, 796(1933).

110. Friedman, "Legal Rules and the Process of Social Change", 19 *Stan. L. Rev.* 786, 789 (1967).

111. Id. at 789 – 790.

112. Wasby, *Small Town Police and the Supreme Court* 6(Lexington 1976).

113. Davis, supra note 87, at 52 – 161.

即使这些程序不可能充分考虑决定作出者个人目的在自由裁量权行使上的影响和他们工作的机关的需要。费利(Feeley)认为尽管这些程序改革将有所帮助,但它们不可能使决定作出者"对这些制度的合理目标和规则承担更多的承诺并依此而行动"。See Feeley, "Two Models of the Criminal Justice System: An Organizational Perspective", 7 *Law and Soc. Rev.* 407, 421 – 422(1973). 费利认为,他们提出的建议倾向于低估个人和小团体的最为真实和强烈的动机、目标和价值,也低估了"犯罪控制模式",将其作为一些人的的理想。Id. at 422. 他说:"制度化改革的任务取决于某些机制的产生,这些机制增强了与相竞争的小群体和个人目的相对的组织化的目标与标准的地位。" Id.; see also, Mayhew, "Institutions of Representation: Civil Justice and the Public", 9 *Law and Soc.* 401, 410(1975).

珀宾斯基(Pepinsky)现在已转而主张限制自由裁量的方法可能达不到预期的目的。他认为更详细的法律增加了自由裁量。Pepinsky, Crime and Conflict 13(Academic Press 1976). 他推论,每一法律规范通过提供更多可供选择的行动方式为公共官员增加了自由裁量的领域。Id. at 14 – 23. 这一推理似乎仅仅是语义上的。所有在更详细的法律中可得到的选择在更概括的法律中也可得到;增加自由裁量体现得并不明显。

114. "没有一个客观的标准(以它来评价应罚性和减轻情节),比较的分析方法可能是最可选择的方法。这样,一些相似的杀人行为,一个量刑机构比另一个量刑机构认为更具应受谴责性,这样的案件中的死刑可能被认为是不相称的。" See Dix, "Appellate Review of the Decision to Impose Death", 68 *Geo. L. Rev.* 97, 107(1979).

115. See generally Arkin, "Discrimination and Arbitrariness in Capital Punishment: An Analysis

of Post-Furman Murder Cases in Dade County, Florida, 1973 – 1976", 33 *Stan. L. Rev.* 75, 76 (1980); Bowers and Pierce, "Arbitrariness and Discrimination Under Post – Furman Capital Statutes," 26 *Crime and Delinq.* 563, 572 – 573 (1980); Messinger, "Introduction", in *Aldine Crime and Justice Annual* xxi (1973); Paternoster, "Race of Victim and Location of Crime: The Decision to Seek the Death Penalty in South Carolina", 74 *J. Crim. L. and Crim.* 754, 758 n. 27 (1983).

116. See generally Lempert, "Dessert and Deterrence, Assessment of the Moral Bases of the Case for Capital Punishment", 79 *Mich. L. Rev.* 1177 (1981).

117. Radin, "Proportionality, Subjectivity, and Tragedy", 18 *U. C. Davis L. Rev.* 1165 (1985), 认为:"某人是否犯在某罪或是否应当为此而死不是纯功利主义所关心的。在正常心态下没有人是纯功利主义者。" Id. at 1170. 任意地执行死刑将形成恐怖的统治,但它们不能因为威慑而将特定的非所要求的行为设定为目标。如果不考虑犯罪而将一个公民处以死刑,死刑将与犯罪控制或任何合法功利目的无关。See Bentham, *An Introduction to the Principles of Morals and Legislation*, Ch. XIII (1780).

118. U. S. Const., Amend. XIV.

119. Id., Amend. VIII.

120. 在英国,死刑的历史包括一些权利歧视的例子。甚至在教士特权的可得性被扩大到超出教士范围后,教士特权在很长一段时间都拒绝适用于女性。而且,真正的教士可以无限地主张这一特权;地主和贵族限于对其第一次犯罪主张这一特权,但他们并不因为行使这一特权而被烙印;平民也只能主张此特权一次,但如果他们行使这一特权,他们将被烙印,以表明他们用尽了他们限额。See 4 Blackstone, supra note 20, at 365. 特权与官办教堂的关系可能将其他宗教信仰的成员从特权享受者中排除出去了。但布莱克斯通不同意这一观点:

据说犹太人、其他无信仰者和异教徒不能享受教士特权,直到安妮(Anne)女王一项法律的颁布。但在尊重这一值得尊敬的权威的情况下,我要质问的是,自从犹太教在奥利弗·克伦威尔(Oliver Cromwell)时代再引传入英国,这是否受到法律的规制。因为,如果事实如此,犹太教现在仍处于同样的困境,这将与每日的经历相矛盾:安妮女王的法令当然没有在这方面作出变更;她仅仅在这些人中分配了阅读的必需品,万一他们能读,他们将有资格享受他们教士的特权。

Id. 自从内战以来,在美国,似乎没有歧视的任何记录明确地写进死刑法律。Cf.

Dalzell, supra note 50, at 126; Bowers, *Executions in America* 173 (Heath 1974). 当然，在19世纪后期，南方私刑是在“赤裸裸的种族主义”下实施的。Friedman, supra note 66, at 506; Bowers, supra, at 175; Bye, supra note 4, at 68–69.

121. Hunter v. Underwood, 105 S. Ct. 1916, 1920 (1985); Village of Arlington Heights v. Metropolitan Housing Development Corp., 429 U. S. 252, 265–266 (1977); Washington v. Davis 426 U. S. 229, 240 (1976).

122. See Prejean v. Maggio, 765 F. 2d 482, 486 (5th Cir. 1985).

123. See Turner v. Murray, 106 S. Ct. 1683, 1687 (1986); McCleskey v. Kemp, 753 F. 2d 877, 925 n. 24 (11th cir. 1985) (Clark, J., dissenting) cert. granted 106 S. Ct. 3331 (1986):“主导观点认为，这一研究(the Baldus study)忽视了案件中的定量上的差异：‘外表、年龄、个性、教育、职业、工作、衣着、行为……’然而，正是这些差异通常故意或非故意地用以掩饰种族偏见。”

124. Hunter v. Underwood, 105 S. Ct. 1916, 1920 (1985).

125. Cf. Castaneda v. Partida, 430 U. S. 482, 493 (1977):(“有时，甚至当立法的法律规定上显得中立时，从国家行为的后果中出现了基于非种族不能解释的清晰模式。”)在Castaneda，证据表明在一个西班牙人口占79.1%的县中，11年中要求大陪审团的人中仅有39%的人是西班牙人。证据也表明大陪审员的选取制度极为主观。美国联邦最高法院认为这一证据足以表明这些案件的歧视性是不明自言的。430 U. S. at 496–497.

126. U. S. Const., Amend. Ⅷ.

第二章　死刑任意性标准的发展

在特权时代，由美国联邦最高法院创造的宪法环境中，法院面临死刑合法性问题是很自然的事。美国联邦最高法院在美国唤起的关于歧视和程序正义的宪法意识，将死刑作为详细审查的对象之一。它激发了死刑是否构成残忍和异常之刑而违反美国《宪法》第 8 修正案和第 14 修正案的问题，以及第 5 修正案和第 14 修正案中正当程序条款是否被公正地执行的问题。[1]尽管这些问题相互独立，但也互相纠缠：死刑无比的严厉性突出了程序缺点的敏感性；抨击死刑判决的被告人，不会忽视他们案件中的程序问题。美国联邦最高法院在明确刑事程序宪法性改革对死刑本身有效性的意义之前，审查了程序问题。程序问题暗含着死刑判决中存在任意和反复无常模式这样一种不言而喻的观念，美国联邦最高法院在没有掌握这种模式充足的实证数据的情况下开始着手审查这些程序。

第一节　"福尔曼诉佐治亚州案"的序幕

在 1968 年，美国联邦最高法院判决了两个死刑案件，在这两个案件的程序中检察官与陪审团自由裁量起了重要作用。在"合众国诉杰克逊案"（United States v. Jackson）[2]中，美国联邦最高法院认为《联邦绑架法》的死刑规定不合宪。因为这一法律规定，只有基于陪审团的建议才能适用死刑，而放弃陪审团审判这一权利的被告人或进行有罪答辩的被告人则自动不适用死刑。美国联邦最高法院认为这一程序不当地使被告人冒着死刑判决的风险将权利的行使赋予陪审团的审理。在"威瑟斯庞诉伊利诺伊州案"（Witherspoon v. Illinois）[3]中，美国联邦最高法院认为不能仅仅因为预期陪审团成员反对死刑就免除其死刑。

"威瑟斯庞案"因在决定一级谋杀罪刑罚中陪审团不正常的自由裁量权而被提起上诉。当时陪审团在行使其自由裁量权时没有任何标准引导,也没有制定相关程序以限制、构建或核查自由裁量权的行使。随着死刑适用中的任意性观念的形成,陪审团自由裁量权通常被视为歧视做法之所在。在解决这一问题的努力中,美国法学会在1959年建议在《模范刑法典》(Model Penal Code)中为陪审团设置引导制度,让其在作出生与死的裁决中遵守。[4]

在1971年"迈克哥萨诉加利福尼亚州案"(McGautha v. California)中,美国联邦法院认为允许"陪审团在没有任何控制标准的情况下适用死刑"不违反宪法。[5]美国联邦最高法院没有对作为其调查基础的任何特别宪法规定作任何详细的说明。相反地,美国联邦最高法院抽象地裁定:不能说"授予陪审团不受限制的自由裁量权,在死刑案中宣告生与死违反了宪法中的某些规定"。[6]美国联邦最高法院也认为陪审团在作出"相同程序中的死刑决定和作出犯罪问题的裁定所遵守的程序合宪"。[7]

美国联邦最高法院的判决之基本原理在于其得出的结论,即"在事实查明前,要确认杀人者应因其杀人行为而被处死,是不可能的"。[8]正如美国联邦最高法院的解释说:

> 在事实查明前,确认杀人行为的特点,并确定行为人为需判处死刑的实施者,用能被合理理解的语言表达那些特点,并被审判人员采纳,似乎是超出现在人类能力的任务。[9]

美国联邦最高法院考虑了《模范刑法典》关于陪审团指导规则的建议,并将其作为一个附录包括在其法院判决意见书中。然而,美国联邦最高法院认为这一建议更坚定了无法为陪审团作死刑裁定设计出切实可行的标准的判断:

> 很明显,这些标准并不意味着提供了对判决作出者自由裁量权的最大控制。这些标准并没有给出相关的考虑因素的穷尽目录,或这些标准受其他情节出现或缺失的影响。这些标准甚至没有排除违宪考虑因素。当然,这些标准没有为防止陪审团基于随心所欲或反复无常而作出裁定提供保障。总之,这些标准仅仅建议陪审团在其思考中考虑一些问题,这些标准证明了"标准"问题难于操作的特征,而

死刑的历史一开始就表现出了这一点。因此,这些标准实际上是警告法院不要自己制定这些标准,或自由宣布这一领域的标准是宪法的要求。[10]

在"戈弗雷诉佐治亚州案"(Godfrey v. Georgia)[11]中,马歇尔(Marshall)法官和布伦南(Brennan)法官一致认为美国联邦最高法院在"迈克哥萨案"[12]中是正确的,"消除死刑适用中的任意性在我们刑事审判制度中——可能是任何刑事审判制度中不能实现的任务"。[13]然而,在"迈克哥萨案"中,他们与道格拉斯(Douglas)法官意见相左。他们的分歧意见由布伦南法官著述,表述在之后盛行的1976年维护死刑的判决中。然而,在1976年,布伦南法官和马歇尔法官均拒绝对他们的迈克哥萨理论签字。[14]

在"迈克哥萨案"中作为持异议者,布伦南法官的观点包括两部分:其一,他主张毫无标准可言的陪审团裁决程序使权力"没有引导地、不受约束地和不受审查地行使",否则就违反了正当程序,[15]除非确实不可预防。[16]然后,他认为"美国联邦最高法院没有为其死刑判决天生不能理性对待之结论作出解释"。[17]他说,大多数人夸大了被告人倾向于正当程序标准的要求。根据布伦南法官的观点,被告人并没有要求"预先确定的标准如此精确以致能纯机械地适用,在其使用中完全消除灵活性或完全消除自由裁量权的任何痕迹"。[18]相反,布伦南法官写道,正当程序应当忍受一定范围的自由裁量,但这种自由裁量应当"受理性的引导,并控制在一定范围内。"[19]国家至少应当立法规定为死刑判决服务的刑事政策——报应、威慑、隔离或矫正。[20]其二,国家也应当制定合适的标准。[21]布伦南法官认为,"在任何案件中,任何一个因素的重要程度"可能"难以预先确定,但这绝不是拒绝告知决定的作出者他是否应当考虑一个特殊因素的借口"。[22]

布伦南法官试图阐明宪法的主要关注点在于防止任意性。[23]仅一年以后,在"福尔曼诉佐治亚州案"(Furman v. Georgia)[24]中,布伦南法官和马歇尔法官透露他们对死刑的忧心远远不止于死刑被任意地执行。他们认为死刑是过分和不必要的刑罚,它违反了美国《宪法》第8修正案,但这并不完全是因为他们关于死刑制度任意性的观念。[25]然而,在"迈克哥萨案"中赞成大多数观点的斯图尔特(Stewart)法官和怀特(White)法官,在投票决定反对当时所适用的死刑制度时,将注意力放在了任意性上,正如首席法官伯格(Burger)后来抱怨的,"在'迈克哥萨案'中,在美国

《宪法》第14修正案正当程序下所许可的,在'福尔曼案'中,成了美国《宪法》第8修正案和第14修正案所禁止的"。[26]

第二节 "福尔曼案"的基本理论

美国联邦最高法院在"福尔曼案"中的判决中写道:"美国联邦最高法院认为这些[27]案件中死刑的判处和执行构成残忍和异常之刑,违反了美国《宪法》第8修正案和第14修正案。"[28]五个法官赞成这一观点,各自写出了他们独立的观点,以独立表达他们的意见。布伦南法官和马歇尔法官认为死刑是违宪的刑罚形式,[29]道格拉斯法官、斯图尔特法官和怀特法官认为死刑违宪,正如他们在其适用中所感受到一样。美国联邦最高法院在"福尔曼案"法律适用中考虑了他们的集体观点。[30]而这一观念又通常集中于斯图尔特法官的观点上。[31]五种观点共同的主题是任意性基本理论。斯图尔特法官几乎完全基于此理论;怀特法官基于任意性和相关的死刑稀罕适用理论;布伦南法官认为任意性基本理论是他认定死刑是违宪的四原则之一;道格拉斯法官集中于任意性的歧视因素,因为它"打击了人们的正义感和良心"。[32]

一、斯图尔特法官

斯图尔特法官集中阐述了其观点,以适应美国《宪法》第8修正案的文学语言,该修正案禁止"残忍和异常之刑"。在法庭上,所有案件中的死刑都是"残忍的",他写道,"因为它们不是在程度上而是在种类上过分超越州立法机构认为必要的刑罚"。[33]他解释到,一些州没有使死刑成为谋杀和强奸的强制刑罚,只是提供了死刑或生命刑作为那些罪的选择之刑。[34]死刑是"异常的",斯图尔特法官继续写道,"因为死刑非经常性地适用于谋杀罪,死刑也极少适用于强奸罪"。[35]

然后,斯图尔特法官写道:"但我不将我的结论独自置于这两个问题上。"[36]仍旧引用宪法语言,他解释道:

> 死刑判决与遭到闪电袭击一样的残忍和异常。因为,在1967年至1968年犯强奸罪和谋杀罪的所有人中,许多人正受到如此的惩罚,申诉者是那些因任意选择而被实际适用了死刑的少数人……我简单地得出结论,即美国《宪法》第8修正案

和第14修正案不能容忍在法律制度允许死刑被肆意、反复无常地适用的情形下判处死刑。[37]

二、布伦南法官

布伦南法官认为：

当死刑适用于数量极少的案件时，法律规定这类案件可以适用死刑，实质上结论必然是死刑被任意地适用。这确实有点抽签制度的味道……当死刑的适用率处于低水平，只有最坏的罪犯或犯下最严重罪行的罪犯被选择适用死刑，这很让人难以置信。然而，没有人提出一个理性的基础以区分被判死刑的少数人与被判监禁的多数人。这界限划得如此清晰以至于可用以解释那些应得死刑的极少数例子，单纯考虑犯罪或罪犯无法看出其区别。当然，规定了这一刑罚的法律没有试图划清这一界限，所有适用这一法律的案子必然是"极端的"。……我们死刑案件的程序不是导致选出适用此刑的"极端的"案件，实际上是鼓励任意的选择。正因如此，美国联邦最高法院认为陪审团可能与他们所做的一样，决定该不该完全不受判决标准的控制而作出死刑判决……换句话说，我们程序的设置不是为防止完全任意选择罪犯以判处死刑。[38]

三、道格拉斯法官

道格拉斯法官的投票是基于这样一种理论，即在死刑适用中给予法官和陪审团的自由裁量权使这些程序"充满了歧视，而歧视是一个与明确禁止'残忍和异常'刑罚的法律平等保护观念不相容的因素"。[39]道格拉斯法官对死刑适用中可能存在的任意性[40]表示担忧，但他更多地认为死刑的适用并非完全的任意，而是对"少数人、处在社会边缘的人及不受欢迎的人"的歧视。[41]

至于这种歧视的证据，道格拉斯法官引用了四个来源：(1)法律执行与司法审判总统委员会，它曾得出这样的结论，即有证据表明死刑被不相称地适用于"穷人、黑人和不受欢迎的群体的成员"；[42](2)1924～1968年得克萨斯州死刑案例研究表明："大多数被执行死刑的人是穷人、年青人和无知者"；[43](3)新新监狱前任狱长刘易斯·劳斯(Lewis Lawes)的一份声明中说,尽管法律是公正的,陪审团不故意偏袒富人,但事实上死刑是留给穷人的;[44](4)前任总检察长拉姆齐·克拉克(Ramsey Clark)的一份声明表明:"被执行死刑的是穷人、病人、无知者和被仇恨的人。"[45]道格拉斯法官对他的观察补充道:"为了解社会富裕阶层任何成员死刑的执行,有人徒劳地研究我们的编年史。利奥波德(Leopolds)和洛布(Loebs)被判以监禁刑,而没有被判处死刑。"[46]

四、马歇尔法官

马歇尔法官,在他独立的观点中写道:

> 研究表明,虽然黑人较高的死刑执行率一部分来源于其较高的犯罪率,但是仍有证据证明种族歧视的存在……也有大量证据表明死刑针对男性而非女性……同样明显的是,死刑的重担落在了穷人、无知者和社会弱势群体身上。[47]

首席法官伯格不同意这一观点,他反驳道:"引用的这些证据并没有包含决定陪审团在特别极端案件中适用死刑的一般前提。"[48]他也指出,这些证据是以一些资料为基础的,这些资料来自种族歧视的官方政策系统地将黑人排除于享受陪审团权利之外的时期。[49]

斯图尔特法官认为"种族歧视尚未得到证明,我将其搁置一边"。[50]对他来说,死刑适用中的任意性是其致命的缺陷。然而斯图尔特法官反过来又指出没有证据表明任意性存在。[51]而且,他一般性地讨论了死刑的任意性。他没有特别提及佐治亚州和得克萨斯州死刑的适用,这两个州的程序都在受美国联邦最高法院的审查。抽象的任意性使斯图尔特法官总体上谴责死刑制度和在此基础上对两个特定州的三个案件投票死刑判决无效。他的观点被用于解释当时各州的死刑判决制度就可以理解了。[52]

五、怀特法官

怀特法官以与斯图尔特法官相似的基本理论站在多数人一方。基于其10年处理案件的经验，怀特法官得出结论，即"即使在最残忍的犯罪中死刑也极少适用，区分适用了死刑的少数案件与没有适用死刑的多数案件并不具备有意义的基础"。[53]怀特法官明确地将他的结论奠基于联邦和所有各州的案件，而不限于死刑判决中受联邦法院审查的这两州的刑事案件。

怀特法官从他的观察中得到一个结论，即死刑的适用是在缺乏任何明确的法律政策的情况下进行的。他说，法官和陪审团"经常根据法律赋予他们的自由裁量权来决定是否判处死刑，而不是依据立法机构制定的死刑标准"。[54]

怀特法官从他的观察中得到的第二个也是最重要的结论是，"正如我们面前法律的执行，死刑适用如此罕见，以至于执行死刑的威慑力太过微弱，因而不能对刑事审判产生实质帮助"。[55]怀特法官推论，如果死刑服务于一社会目的，如威慑或其他任何合法的刑罚目的，死刑就是合宪的。[56]否则，死刑的适用将是违反美国《宪法》第 8 修正案。因为那样，死刑"将是毫无意义和毫无必要的生命剥夺，只能对任何可能具备的社会或公共目的作出微小的贡献"。[57]怀特法官认为我们的死刑就是这样，因为"就任何认罪的谋杀犯或强奸犯而言，适用并执行死刑的机会极小"。[58]

结果，道格拉斯法官、斯图尔特法官和怀特法官在下列两派中投票决策，即认为死刑总是违宪的布伦南法官和马歇尔法官与认为作为谋杀或强奸罪刑罚的死刑是合宪的首席大法官伦奎斯特（Rehnquist）、前任首席大法官伯格、布莱克姆（Blackmun）法官和鲍威尔（Powell）法官。他们认为死刑是违宪的，正如他们感受到的死刑适用一样。斯图尔特法官认为死刑适用太任意、太罕见，道格拉斯法官认为死刑适用过于歧视。[59]布伦南同意死刑适用太任意的观点，马歇尔同意死刑适用太歧视的观点，尽管他们声明即使在那些情节具备的情况下，他们不支持死刑。

第三节　新死刑程序

在对福尔曼作出判决的同一天，美国联邦最高法院在一判决意见书中和一系列撤销施以死刑的裁决中，[60]认为福尔曼除违反了得克萨斯州和佐治亚州的死刑法律外，还违反了其他几个州的死刑法律，但没有对这些法律和其执行作任何讨论。[61]所有有死刑的州都认为"福尔曼案"违反了他们的死刑法律，尽管他们没有卷入这些案件。[62]同时，他们认识到"福尔曼案"给了他们改革其死刑判决程序的机会，以解决由三位温和派法官所提出的宪法上的异议。他们都认为陪审团自由裁量权的作用是压力点所在,[63]但在补救努力上出现了分歧。一些州努力消除自由裁量权。北卡罗来纳州与路易斯安那州采取了这一做法,后来美国联邦最高法院审查并否决了他们的法律。然而,绝大多数的州选择对自由裁量权加以引导,美国联邦最高法院后来赞同了这一做法。

北卡罗来纳州首先在司法判决中作出回应,后又在法律中被采纳。在 1973 年"北卡罗来纳州诉沃德尔案"(State v. Waddell)中,[64]北卡罗来纳州最高法院回顾了该州死刑史,并得出这样一个结论,即与直到 1949 年才在法律中增加了限制性条款,允许陪审团的自由裁量权将死刑减为终身监禁的做法相比,立法机关优先考虑保留死刑(它已规定死刑达 2 个世纪)。虽然撤销了根据该程序判处的所有死刑,[65]但法院为之后的案件中断了该限制性条款的效力,将死刑作为当时存在的一级谋杀、强奸、一级夜盗和纵火死刑罪名的强制性刑罚。[66]第二年,北卡罗来纳州修订了其法律,将死刑作为这些犯罪的唯一刑罚。[67]

那些决心保留自由裁量权但试图控制自由裁量权的州采用了各式各样的程序。美国联邦最高法院后来赞同他们的尝试。佐治亚州、佛罗里达州和得克萨斯州成了突出的典型。佐治亚州和佛罗里达州都引入了美国法学会在模范刑法典中推荐的改革方案:[68]如果在有罪无罪问题上的审理结果是认定犯有死刑之罪,那么就有一个独立的刑罚问题的证据审判程序;在做出死刑判决前要求刑罚审判程序确认法定目录中一个或更多加重情节。[69]佐治亚州还要求考虑减轻情节。[70]佛罗里达州更是依照美国法学会的模式设置其新的程序,[71]包括了引导陪审团的减轻情节的法定目录。[72]佐治亚州和佛罗里达州都制定了一项新的保障措施——判决的上诉审查,[73]它是当时各州罕见的程序。

得克萨斯州采取了不同的方式。它将可判处死刑的杀人罪限制为五种具体的杀。正如美国联邦最高法院对得克萨斯州程序的描述,将可判死刑的谋杀缩小为 5 种仔细规定的情形,使一些与在佐治亚州和佛罗里达州制度下法定加重情节目录中相同情况不受死刑处罚。[74]另外,得克萨斯州还规定,如果陪审团认定被告人犯有五种死刑情形之一的罪行,则需要启动独立的证据审判程序。在这种审判中,要求陪审团回答关于被告人的责任能力和被告人将继续实施危害社会罪行的可能性方面的额外附加问题。[75]得克萨斯州规定了死刑判决加速审查,但没有授权上诉法院自己审查这一类案件。[76]

这些州通过了他们死刑制度新的程序,但没有着手做任何这些程序效果的报告性研究。[77]当然,他们选择的新程序没有穷尽可能的保障措施。[78]例如,他们没有对检察官的诉前自由裁量权加以任何限制;他们没有制定任何自由裁量权行使的全州范围内的标准或将其置于全州范围内审查或其他标准程序;在定罪阶段,除了得克萨斯州的法定方案,他们没有明晰一级谋杀与二级谋杀的差别;在量刑阶段许多新的引导规则是模糊的;在上诉阶段,他们并非都规定了全州范围综合的均衡审查,几乎没有州规定审查是基于所有杀人案(包括那些不会导致死刑的杀人罪)。因此,以合理的措施来改进死刑判决程序仍存在广阔的空间,即使这些新程序是适当的。

第四节　1976 年的几个死刑判决

当佐治亚州、佛罗里达州、得克萨斯州、北卡罗来纳州和路易斯安那州的新法律通过 3 年后,在没有任何人在此程序下被执行死刑的情况下(自"福尔曼案"前暂停令公布以来的美国任何地方均没有执行死刑),美国联邦最高法院决定审查在这些程序下对谋杀罪适用死刑判决的合宪性问题。[79]美国联邦最高法院没有这些州或其他州新法执行的证据,正如没有"福尔曼案"前死刑法律执行新实证成果一样。尽管正式程序发生了变化,但关于死刑实际适用频率没有新的发展——关于死刑的规律性和公正性也没有新的进展。

在那种态势下,美国联邦最高法院别无选择只能对法律进行审查。没有美国联邦最高法院对新程序的认可,几乎不可能有任何死刑的执行。尽管"福尔曼案"没有宣告死刑不合宪,但它引起了关于美国联邦最高法院可能会批准何种死刑制度的不确定性。除非美国联邦最高法院允许在新法规合法性通过之前执行死刑,否则就必须先确定新程序的宪法充分性,然后才能积累像大法官斯图尔特,怀特和道格拉斯关于"福尔曼案"的意见这样的历史经验。唯一中间过程可能在于暂停这些法律下死刑的执行、研究这些州给以死刑惩罚的方式,但不是研究他们执行这些死刑判决的实践。但美国联邦最高法院显然不愿仅仅发布另一个死刑执行暂停令。因此,美国联邦最高法院选择了对其面对的法律进行审查。一旦它做出决定,美国联邦最高法院也加速了这些案件的进程,使其能在目前的任期内完成对这些法律的思考。[80]

自从“福尔曼案”以来,美国联邦最高法院在成员组成方面发生了变化:史蒂文斯(Stevens)法官取代了道格拉斯法官。如果在“福尔曼案”中属于少数的两票加上三票到四票,这一变化将具有决定性的影响。这种个人影响没有实现。

美国联邦最高法院在1976年6月2日对五个案件宣告了其裁定。这五个案件是:“格雷格诉佐治亚州案”(Gregg v. Georgia)[81]、“普罗菲特诉佛罗里达州案”(Proffit v. Florida)[82]、“朱瑞克诉得克萨斯州案”(Jurek v. Texas)[83]、“伍德森诉北卡罗来纳州案”(Woodson v. North Carolina)[84]和“罗伯特斯诉路易斯安那州案”(Roberts v. Louisinana)[85]。在“格雷格案”“普罗菲特案”“朱瑞克案”中,赞成自由裁量权引导制度。在“伍德森案”和“罗伯特斯案”中,美国联邦最高法院反对强制制度。在“格雷格案”“普罗菲特案”“朱瑞克案”中,多数派得出了这样一个结论:奠基于新程序的法律规定似乎解决了在“福尔曼案”中的担忧。[86]因此,多数派坚持这些案件的判决是与“福尔曼案”一致的。

自“福尔曼案”以来,法官间的结盟继续着“2-3-4”模式。2个法官投票主张撤销5个州所有的死刑法律,4个法官投票赞成5个州所有的死刑判决制度,[87]这次3个法官转而投票赞成3个自由裁量权引导制度,反对2个强制制度。结果,7个法官投票批准死刑通过合宪性审查,并批准三个法律制度对之予以执行。

尽管法官间的票数比例重复了“福尔曼案”投票模式,但它代表了一个主要变化。怀特法官在所有五个案件中都投票赞同死刑程序。假设1976年“福尔曼案”[88]中反对派人数不变,怀特法官的投票将使其成为多数派,像赞成死刑判决自由裁量权引导制度一样赞成强制制度。然而,反对派的人数发生了变化。鲍威尔法官离开了这派而加入斯图尔特法官和史蒂文斯法官中,在五个案件中均形成了相对多数,而且在“普罗菲特案”中表达了他们统一的观点。在这种情况下,北卡罗来纳州和路易斯安那州的强制性制度受到宪法性谴责。在这变化不定的阵营中,史蒂文斯法官取代了道格拉斯法官。道格拉斯法官是否会投票赞成自由裁量权引导制度,正如史蒂文斯法官所做的一样,只能是个猜测。斯图尔特、怀特和鲍威尔法官投票赞同,但是,道格拉斯法官可能会将比例从7∶2转变为6∶3,但对表决结果不会有影响。因此,他离开美国联邦最高法院对这一表决结果并非决定性的。

在“福尔曼案”中,任意性基本理论主要是斯图尔特、怀特、布伦南、马歇尔及道格拉斯法官协商的结果。道格拉斯法官于 1976 年几个死刑判决前离开了美国联邦最高法院。斯图尔特法官参与了这些判决，但他现在也离开了美国联邦最高法院。自 1971 年的最初几个死刑判决案件直接涉及任意性问题，美国联邦最高法院已考虑了任意性问题。美国联邦最高法院判决的其他死刑案件有助于对其一般死刑理论的理解。任意性立场能在现在的美国联邦最高法院获得多数票吗？

第五节　死刑是不同的

控制自由裁量权问题不是死刑独有的；总体来说，它是刑事审判制度的特点。判刑中的任何任意性，只要存在，就可能是死刑案件和非死刑案件程序的产物。[89]任意性不是死刑唯一的特征，严厉性也是其特征。首要问题在于这是否会造成什么影响。

在“福尔曼案”中，持异议的鲍威尔法官拒绝以他曾声称的死刑被不均衡地适用于“相对穷困和社会地位低下的人”为由而宣布死刑无效。[90]他解释说：“以同等的说服力和逻辑，对那些被判处监禁之刑者可以得出具有同样歧视性影响的论点。正当程序条款认为对‘生命’的剥夺与对‘自由’的剥夺之间不存在差别，如果歧视性影响使死刑变得残忍和异常，那么它同样会使对暴力犯罪规定的大部分刑罚无效。”[91]

然而，就在他表达异议的同一天，鲍威尔法官在“莫里西诉布鲁尔案”（Morrissey v. Brewer）中赞同了美国联邦最高法院的观点。在该案中，美国联邦最高法院总结道：一旦确定适用正当程序，什么程序是正当的这一问题就出现了。正当程序是灵活的，并在特定情况下要求采取程序性保护。美国联邦最高法院和其他法院经常这样说，以致无须对此引经据典。[92]正当程序的要求可能根据犯罪的严重性或配置的刑罚的严厉性不同而变化。基于这一明确原则，对鲍威尔法官而言，“福尔曼案”的答案在于“死刑是不同的”学说；根据美国宪法的规定，死刑不能以某种可接受的方式，如监禁、缓刑和罚金来替代执行。[93]死刑要求最高限度的正当程序。

除前任首席法官伯格、法官斯图尔特和道格拉斯外，现在美国联邦最高法院的 9 名法官中有 7 名也认为，就正当程序目的而言，死刑是独一无二的。尽管相当长时期以来，这一思想已体现在美国联邦最高法院的判决中，[94]但只是在“福尔曼案”

后,这种思想才上升到理论的高度,[95]即在死刑案件的处理过程中要求特别的程序性预防措施。美国联邦最高法院基于合宪性分析,现在明确地规定,死刑"是在种类上而不是在程度上与其他所有制裁方式不同的刑罚方法"。[96]"从被告人的角度看,死刑在严厉性和终局性方面都是不同的。从社会的角度看,剥夺其公民生命的主权行为也完全不同于其他任何合法的国家行为。"[97]

美国联邦最高法院逐步对此达成一致。法官布伦南、道格拉斯和马歇尔首次在1970年"帕克诉北卡罗来纳州案"的赞同和反对意见中持异议地采纳了这一观点。[98]在1971年"迈克哥萨诉加利福尼亚州案"中,他们重复了这一观点,认为这是在死刑判决中要求程序性保护的基础,而这在普通案件中是不必要的。[99]法官布伦南、斯图尔特和马歇尔在1972年"福尔曼诉佐治亚州案"中共同表达了他们"死刑是不同的"之观点。斯图尔特法官以后来基本上成了流行学说的方式表达了这一观念:

> 死刑不同于所有其他犯罪惩罚方式,这不是在程度上不同而是在种类上的差异。在其完全不可挽回性上,死刑是独一无二的。在拒绝对罪犯进行矫正作为刑事审判的基本目的上,死刑也是独一无二的。最后,在绝对放弃所有体现在我们身上的人道观念上,死刑也是独一无二的。[100]

布伦南法官更详细地解释了为什么他认为"死刑在美国是一种独特的刑罚"。[101]他的观点不同于斯图尔特法官之处仅在于他给予其结论的法律后果上。对布伦南法官而言,死刑无与伦比的严厉性证明寻求对死刑适用的道德和实践理论基础进行检验是正当的。[102]他认为严厉刑罚的任意适用违反了他认为对美国《宪法》第8修正案的分析至关重要的四项原则之一,也与其他三个原则相冲突,这两点结合起来共同形成了死刑违宪的基础。斯图尔特法官同意这种分析,但不同意将其关于死刑合宪性问题的观点"独自"置于这一基础之上。[103]相反,他认为美国宪法不能忍受死刑适用中他感受到的任意模式,表明这可能与其他惩罚形式相关。布伦南法官当然同意这一主张。[104]然而,斯图尔特法官认为,正如他在之后的判决中阐明的,任意性不是死刑的内在特征,而是一个可纠正的状态。[105]

马歇尔法官在"福尔曼案"的观点中认为,死刑较终身监禁更严厉。[106]然而,在其宪法理论中他并不认为这一观念的作用无处不在,他主要用它来解释为什么威慑理论不能证明死刑的正当性:“问题……不仅在于死刑是否具有威慑性,而是在于死刑是否较终身监禁更具威慑性。”[107]在“科尔曼诉巴尔坎姆案”(Coleman v. Balkcom)[108]中,马歇尔与布伦南法官一起表达了死刑独一无二的不可挽回性仅是他们认为死刑违宪的一个理由。[109]在“考德威尔诉密西西比州案”(Caldwell v. Mississippi)[110]中,在给美国联邦最高法院写的法院意见书(Opinion)*中,马歇尔法官援引了撤销一个死刑判决的理论,因为检察官曾告诉陪审团“不要视自身为被告人是否将处死的最终决定力量,因为州的最高法院将对判决的正确性进行审查”。[111]

1976年,斯图尔特法官为两个死刑裁决写出了意见,他在“格雷格案”中重申了“死刑作为一种刑罚在其严厉性或不可挽回性上是无与伦比的”这一点;在“伍德森案”中[112],他重申了“死刑是在种类上而不是在程度上有别于其他制裁方式的刑罚方法”这一点[113]。鲍威尔法官——他表达了与“福尔曼案”不同的反对意见[114]和斯特文法官——在“福尔曼案”的判决时已离开美国联邦最高法院,同意了那些观点。第二年,在“戈德勒诉佛罗里达州案”中,史蒂文斯法官表达了与此三个法官相同的意见,并考虑了布伦南和马歇尔法官的观点,也注意到了“美国联邦最高法院的五个成员现在已明确认识到死刑是与其他任何在本国可能适用的刑罚不同的刑罚种类”。[115]鲍威尔法官在非死刑案——“索利姆诉赫尔姆案”(Solem v. helm)[116]中明确表示接受这一理论。

前任首席大法官伯格在“洛基特诉俄亥俄州案”(Lockett v. Ohio)中[117]加入了这一阵营。在为斯图尔特、鲍威尔、斯特文法官及他自己所写的多数人的意见中,他说:“伍德森案”是“基于死刑是在质上不同于任何其他刑罚的刑罚方法的断言。我们相信死刑和其他刑罚这种质的差异要求死刑适用中具有更大程度的可靠性”。[118]

在“贝克诉亚拉巴马州案”(Beck v. Alabama)[119]中,布莱克门法官(以及首席大法官伯格及法官斯图尔特、鲍威尔)赞同美国联邦最高法院斯特文法官的观点。引用他在“戈德勒案”中的观点,他重申“死刑和较轻刑罚之间存在重大的宪法性差异”。[120]然后,在“巴富特诉埃丝特尔案”(Barefoot v. Estelle)[121]中,布莱克门表达了不同的意见。他明确表明,就程序问题而言,死刑是不同的;“当某人生命处于危险

---

* 由作出判决的法庭或法官就其审理的案件所作的阐释其如何达成该判决的书面意见,内容通常包括案件事实、本案所适用的法律及判决基于的理由、附带意见等。——译者注

时——无论他的罪行如何十恶不赦——有更高可靠性的要求应当被采纳”。[122]

奥·康纳(O. Connor)法官在她取代斯图尔特法官在美国联邦最高法院的席位后立即加入了这一派。在“埃丁斯诉俄克拉何马州案”(Eddings v. Oklahoma)[123]中,奥·康纳法官引用了斯图尔特法官在“伍德森案”中的观点表达了她独立的赞同意见,她写道:“因为死刑判决与监禁判决有质的差异,美国联邦最高法院已着手采取特别措施以确保被判处死刑的囚犯尽可能人道地获得保障其判决不是出于一时兴致、激情、偏见或错误的程序。”[124]然后,在美国联邦最高法院审理“加利福尼亚州诉拉莫斯案”(California v. Ramos)的意见中,奥·康纳法官写道:“与大多数各个法官的独立观点一样,美国联邦最高法院已认识到死刑与所有其他刑罚间质的差异性,要求对死刑判决进行相应地更大程度地仔细审查。”[125]

尽管在“格雷格案”中,怀特法官含蓄地反对“死刑是不同的”之观点,[126]但在“特纳诉默里案”(Turner v. Murray)[127]中,他明确接受这一观点。安东尼恩·斯卡利亚(Antonin Scalia)法官最近才加入美国联邦最高法院,以致并没有机会在这一理论中表达自己的观点。首席大法官伦奎斯特是美国联邦最高法院唯一反对这一理论的成员。他认为死刑作为一种刑罚与其他刑罚的不同仅与刑罚与各个犯罪是否相称这一合宪性问题相关。他赞同这种差异可能促使立法机构为死刑决定程序制定出比其他案件更多的安全保障,但在他看来,这些差异与死刑程序合宪充分性问题无关。在“戈德勒案”的异议中,首席大法官伦奎斯特写道:

> 在适用死刑的案件中,对特定量刑程序的适用从未被认为是正当程序条款下的不公正。在这种情况下,死刑判决不能将其转化为残忍和异常之刑。……美国《宪法》第8修正案涉及刑罚的性质,而不涉及其适用的程序。[128]

早些时候,在“伍德森案”所持的异议中,首席大法官伦奎斯特更充分地解释了他的立场:

> 在我看来,对于死刑不同于可能适用于罪犯的其他刑罚的考虑似乎并没有成立宪法要求判刑个别化的主张。
>
> 死刑之所以不同的一个主要原因是死刑是无法挽回的……这无疑会支持对死

刑适用中审判公正性、事实调查程序的正确性和判决程序公正性进行特别细致审查的法定条款。但死刑判决的所有这些特征都不是这里讨论的问题所在。

使死刑不同的第二个方面是,死刑结束人的生命的事实。这可能涉及死刑是否为"残忍和异常"之刑的判断。但既然在这种情况下所犯罪行是一级谋杀,那么就无须更进一步的特别调查。[129]

然而,美国联邦最高法院其余的法官都已接受这一理论,[130]且其对死刑审判和判刑程序及对死刑判决上诉审产生了深远影响。[131]例如,美国联邦最高法院在16年*期间禁止各州在审判开始时因反对死刑而排斥那些有资格的人员作为陪审团成员,除非"准确无误地弄清(1)他们会不考虑在案件审判中展现于他们面前的任何证据,自动投票反对死刑的适用;或(2)他们对死刑的态度会阻止他们作出关于被告人罪行的经验判断"。[132]美国联邦最高法院如此严格地执行这一要求,以致违反这一标准排斥一个可能的陪审团成员者就要求撤销死刑判决。[133]宪法一般不会禁止各州拒绝给予反对者或甚至对用于这个案件的法律持保留意见的人从事陪审团工作,[134]尽管这位可能成为陪审团成员的人否认他个人的观点"会阻碍或实质上损害他根据他的誓言作为一名陪审团成员的义务的履行"。[135]最近,美国联邦最高法院放宽了死刑陪审团成员偏见的标准,这一标准为,"陪审团成员的见解是否'会阻碍或事实上损害根据其誓言作为一名陪审团成员义务的履行'"。[136]美国联邦最高法院指明,新的标准不要求陪审团成员的偏见如此强烈以致"自动地投票"反对死刑,也不要求偏见准确无误被证明出来。[137]

在对死刑案件的陪审团甄选过程中,法院还要求对种族偏见进行特别防范。它一直认为,被指控犯有种族间杀人罪行的被告人,根据宪法有权要求将被害人的种族告知可能成为量刑阶段陪审团成员的人,并对他们的种族偏见问题提出质疑。[138]美国联邦最高法院认为,在非死刑案件中,在缺乏涉及民事权利或种族问题特别情节的情况下,宪法没有作出与死刑案件相类似的要求。[139]它的理由是:"因为在死刑判决中,赋予陪审团一定范围的自由裁量权,种族偏见就有机会起作用,却难以察觉。"[140]并且"因为死刑判决完全不可改变性",故而这一危险"特别严重"。[141]

---

* 指美国联邦最高法院1971年判定死刑程序合宪,本书英文版出版于1987年,期间共16年。——译者注。

在"贝克尔诉亚拉巴马州案"[142]中,美国联邦最高法院规定,如果被告人要求,那么死刑案的审判庭必须就有证据支持的较轻的非死刑案件的法律问题指示陪审团。它遗留了是否同样的规定适用于非死刑案的问题。[143]同时,美国联邦最高法院禁止强制性死刑判决,[144]即使是在谋杀警官的案件中;[145]并且要求死刑案中的判决者"考虑减轻的事实,如被告人提供的作为轻于死刑判决基础的被告人个性或记录的任何方面和犯罪情节"。[146]然而,它没有限制"州的当局或议会对非死刑案配以强制性的、最低科刑"。[147]

美国联邦最高法院指出:"如果某州希望规定死刑,那么就应根据宪法的要求以避免死刑任意和反复无常适用的方式设计和适用其法律。"[148]美国联邦最高法院赞同一些州的程序,如陪审团判决引导、科刑的特别审判和判决的上诉审,这些程序就明显可以防止任意性,[149]尽管它没有明确要求在任何特别死刑判决制度中适用任何这些程序。[150]美国联邦最高法院要求任何判决指南足以"以清晰而客观的标准引导科刑者的自由裁量权,这些标准提供了'具体而详细的引导'且'使适用死刑判决的程序可受理性地检验'"。也就是说,它们不应是模糊的。[151]

美国联邦最高法院反对强制性自证有罪(compulsory self-incrimination),[152]为此而支持米兰达规则(Miranda)、[153]双重危险条款(the double jeopardy clause)[154]和获得律师的有效帮助的要求,[155]这些规则以不会适用于普通案件科刑程序的方式运用于在死刑案件的科刑阶段。[156]这样做,是因为美国联邦最高法院认为死刑科刑程序是种类上不同于普通科刑。它推断,死刑程序的量刑阶段与普通审判的定罪阶段极为相似,有必要采用同样的措施。有趣的是,美国联邦最高法院认为审判中常见的死刑程序的特征基本上被其视为宪法强制,仍然是因为死刑是不同的。

美国联邦最高法院也要求将死刑科刑中对控告的答辩公开,而它承认同样的要求不适用于普通案件的科刑。[157]除此之外,美国联邦最高法院对死刑案件的辩诉交易程序进行控制,[158]而对其他案件则不是这样[159]。

但是,只有在美国联邦最高法院的法官认定特别程序对死刑判决更大需求的可靠性作出了有意义的贡献时,才要求特别程序。美国联邦最高法院已接受这样一种建议,即"政府权力用于适用死刑的案件中不可能有完善的作出判决的程序"。[160]因此,"并非审理程序中的每个不完善之处都足以撤销州法院的判决,即使在死刑案件中也一样”。[161] 例如,在“斯特里克兰诉华盛顿州案”(Strickland v. Washington)[162]中,美国联邦最高法院认为因律师提供无效援助而提出索赔的标准在死刑案件和其他任何犯罪案件中是一样的。

在“伯富特诉艾斯特案”[163]中,美国联邦最高法院赞同被告人可能进一步实施暴力行为的精神证据[164]的使用,尽管美国精神委员会提供的证据表明这样未来危险的预测有2/3可能是错误的。针对关于“死刑是不同的”学说的反对意见,[165]美国联邦最高法院认为:“尽管诸如涉及死刑的案件,我们认为适用支配专家证据*(expert testimony)使用的普通证据规则没有宪法障碍”。[166] 在“多伯特诉佛罗里达州案”(Dobbert v. Florida)[167]中,在审前舆论剥夺了被告人正当程序的情况下,美国联邦最高法院适用了与非死刑案件同样的规则。在另一个案件“出版事业公司诉高等法院案”(Press-Enterprise CO. v. Superior Court)[168]中,美国联邦最高法院对六周的陪审团预先审查表达了极度的不满,尽管这案件涉及的是种族间的强奸和谋杀,被告人最终被判处死刑,美国联邦最高法院说:“预先审查程序延及如此长的期间令人难以置信”。[169]

相似地,在“巴克利诉佛罗里达州案”(Barclay v. Florida)[170]中,美国联邦最高法院的多数意见赞同“无害错误规则”**(harmless error doctrine)的适用,以维持死刑判决[该判决部分地基于违反州法律(尽管不是联邦法律)的加重情节]。然而,这一观点强调这一判决是由国家对上诉死刑判决的比例审查所“支持”的,从而挽回了一些对案件特殊性质的考虑。[171]

美国联邦最高法院也展现了“死刑是不同的”理论在死囚联邦人身保护令***(habeas corpus)申请程序设定中使用的限制。在“伍达德诉哈钦森案”[172]中,美国联邦最高法院撤销了由巡回审判法官发出的死刑执行中止令,因为被告人没有能在早些时候的联邦人身保护状申请中提及这一问题,而它是中止令的基础;在“伯

---

* 专家证言,指专家提供的意见证据。在法律上,如果科学、技术或其他专业知识能够帮助陪审团理解证据或确定争议事实,那么,在知识、技能或教育等方面具有专家资格的证人可以用意见或其他方式作证。——译者注

** 依据这一规则,上诉法院不会因审判过程中的轻微或无害的错误而撤销原审法院的判决。所谓无害错误是指任何轻微的、形式上的或纯理论上的、没有侵犯当事人的实质权利和对判决没有影响或仅有极小影响的错误。它不构成准予对案件重新审理,或撤销陪审团裁断,或撤销、变更法院判决或裁定的根据。——译者注

*** 本词原意为“控制身体”。人身保护令为一系列令状的名称,其最初目的在于将当事人带至法庭或法官面前。16世纪,英国王座法庭开始签发“解交审查令”,以对拘押的合宪性提出异议。该令状的基本功能在于释放非法拘禁的人。——译者注

富特诉艾斯特案”中,美国联邦最高法院说死刑案件并不是一般规则的例外,即审查定罪的主要途径是直接上诉,而不是间接攻击。[173]然而,美国联邦最高法院认识到“死刑是不同的”理论在这一背景下生命力有限。标准的人身保护令状规则规定,在地方法院拒绝某一申请后,上诉审可能被驳回,除非地方法院或上诉审法官证明存在“可能的理由”上诉。[174]美国联邦最高法院裁定,“在死刑案中,在决定是否签发可能的理由的证明书时,刑罚的性质是适当的考虑因素……”[175]然而,美国联邦最高法院警告“刑罚的严厉性并不足以确保证明书的自动发布”。[176]如果一证明书被发出,上诉法院必须审理其法律依据,从而准予死刑执行中止。[177]但美国联邦最高法院认为,上诉法院可以使用加急程序处理上诉。现在关于“死刑是不同的”另一方面开始起作用。“与几年前的规定不同,国家不能在实质性的法律问题仍然存在的情况下执行死刑判决。”[178]相应地,上诉法院可能将死刑案件置于其备审案件表中,可能加速律师陈述和辩论的进程,可能在审查中止申请的同时基于法律依据审查其证据并给以判定,对中止令申请审查后可能认为上诉无意义而驳回上诉。[179]在上诉法院行动后,如果申请者在最高法院寻求审查,他或她并不会自动地被给予死刑执行中止令。[180]申请人必须根据法律表明存在合理的可能性,即无论获得调取案卷令状(certiorari)许可方面还是在获取美国联邦最高法院撤销人身保护令状的拒绝给予方面都将成功,并明确表明他或她如果没有中止令将遭受不可弥补的损失。[181]申请者失败后为获得联邦人身保护令状,重新开始一个新的申请,那么完全相同的连续申请的标准规则将适用。[182]

这些判定标志着,死刑的概念是国家权力在质上不同的行使,但它并不必然意味着与最后判决可靠性相关的死刑程序的每个方面都要求特殊的程序保护,甚至不意味着可能提高可靠性的每个注重实效的程序都是宪法要求的。只要死刑可能存在,自然要限制“死刑是不同的”这一理论的广度。然而,这些判定并没有使他们试图去探讨一个合理的考虑,即死刑的不同何时足以使正义的天平偏向于某一特定程序,而何时不会如此。当然,例如,在“伯富特案”中布莱克门法官观点中表达的有效性的尺度,尽管可能言过其实,认为“貌似合理的精神病专家(关于未来危险问题)的证词,对于戴着有色眼镜且易受影响的陪审团来说,医学专家必定不可捉摸的话语就等同于死刑本身了”。[183]因此,“伯富特案”似乎是特别规则的一个理想案例,然而,美国联邦最高法院允许使用专家证词,既不是基于对被告人的审查,也不是基于一个能够根据暴力行为历史预测未来暴力行为的陪审团无法获得的特殊专业技能。在该判决中,不援引"死亡是不同的"理论而比普通案件更仔细地筛选专家证词可能是极好的做法。然而,美国联邦最高法院只是告诉我们,在本案中,没有适用这一理论。它没有给我们一个原则性的基础以区分哪些程序用于死刑案件,哪些程序不用于死刑案件。美国联邦最高法院似乎有理由拒绝在死刑案件中适用普通案件中可接受的程序,但美国联邦最高法院尚未确认这一点。

第六节　程序与实践

与当前调查更相关的问题是,美国联邦最高法院是否会运用"死刑是不同的"理论评价死刑在实践中的任意性,正如在此情况下要求更谨慎的程序一样。1976年几个死刑判决中,法官们态度的表达是否已经导致死刑案件中坚持程序保护的政策?首席大法官伯格在"霍伯诉伊万斯案"(Hopper v. Evans)[184]中的模棱两可的意见中可能表明了这样的理解。他说,美国联邦最高法院在过去10年中与美国《宪法》第8修正案有关的几个判决"涉及确保死刑案件中科刑自由裁量权受到引导以避免任意性的、反复无常结果的出现"。[185]陈述的第一部分(确保死刑案件中科刑自由裁量权受到引导)可能意味着引导死刑判决自由裁量权的这些程序符合宪法标准,不管它们实践中如何起作用。陈述的第二部分(避免任意性、反复无常结果的出现)可能意味着这些程序必须事实上达到非任意性、非反复无常的结果,以符合宪法性标准。

一般而言,对一个法官关于作出判决的程序是否任意的判断,是基于制度是否缺乏必要的程序的判定。[186]因此,任意性标准的宪法性补救方法仅仅在于保障程序的建立。对作为自由保障措施的程序之功效的信任是我们正当程序法学的特性。一旦程序合适,美国联邦最高法院便习以为常地认为它们将起作用,而且一般不对它们的运作进行检验。

"迈克哥萨案"已认定死刑科刑中程序性保障缺乏合宪性。"福尔曼案"发现了实践中的任意性。[187]该案认为,因为死刑是不同的,传统程序救济方法是不充分的。既然美国联邦最高法院在1976年的判决中已赞同他们面对的新程序,正如"迈克哥萨案"赞同以前的程序一样,那么,"死刑是不同的"理论应当要求美国联邦最高法院在实践中重新检验这些程序,正如"福尔曼案"对之前程序的检验一样。

正如美国联邦最高法院最近特别提到的,在同等保护的背景下,“宪法要求……我们超越法律的表面陈述”以评价“执行中的中立法律”的效果。[188]

不管这些程序是否达到了与其实际结果相关联的目的,它们都可能在宪法上是充分的。这一观点可能与“福尔曼案”不一致,也与 1976 年几个判决中多数意见相悖,当时他们仅“从表面上”判断这些新程序。自从 1976 年以来,美国联邦最高法院一直清晰地表明,某州不仅必须在其死刑法律中同时制定适当的程序,而且必须“以避免死刑任意和反复无常适用的方式适用其法律”。[189] 为实现这一任务,必须规定充足的程序。当然,不满意的被告人可能会要求法院拒绝一个存在明显不足的程序。

美国联邦最高法院继续在比“福尔曼案”和“格雷格案”中更狭隘的观点的背景下评价实践中的死刑程序。例如,在“伯德文诉亚拉巴马州案”[190] 中,美国联邦最高法院审查了亚拉巴马州强制性的死刑科刑程序中的做法。在“伍德森案”中,美国联邦最高法院撤销了一个一级谋杀罪的强制死刑判决,因为考虑到陪审团仍然可能通过宣告被证明犯有死刑之罪的被告人无罪而任意地废除强制死刑,而在没有任何指引的情况下,陪审团对不应当受死刑惩罚的人裁定适用死刑。[191] 然而,美国联邦最高法院在“伯德文案”中基于实践中的结果而认为亚拉巴马州的程序合宪。

然而,亚拉巴马州程序没有导致死刑判决的任意,在 1975 年的法律下,通过拒绝在大量案件中定罪,陪审团故意不采取行动废除强制的“判决”。实际上,在 1975 年法律实施中,首先的 50 个因死刑案而被审判的被告人中,只有 2 个实际上被宣告无罪。[192]

第二个例子是“顾德弗雷诉佐治亚州案”(Godfray v. Georgia)。[193] 尽管美国联邦最高法院在该案件中撤销了死刑,因为这一死刑是基于一不合宪的模糊的加重情节。斯图尔特法官赞同四个法官的观点,也评估了这一事实。美国联邦最高法院以怀特法官在“福尔曼案”中任意性的描述总结道:“没有什么原则性方式区别适用死刑的案件和大多数不适用死刑的案件。”[194] 怀特法官不同意这一观点,因为他认为事实比大多数人认识到的更严重。

然而,首席大法官伦奎斯特和前任首席大法官伯格一直拒绝任意性理论。[195] 斯卡里亚法官没有机会表达对此的意见。布莱克门法官直到最近一直抵制这一理论。在“卡巴拉诉布洛克案”(Cabana v. Bullock)[196] 中,在包括布伦南和马歇尔法官在内的不同意见中,布莱克门写道,在 1976 年的几个死刑判决中“清晰地将他们对死刑科刑程序的赞同置于科刑者和上诉审查受引导的事实调查的基础上”。[197]至于最近对死刑案件的严格程序要求是否赞同也表明布莱克门法官会考虑程序工作是否只是推测性的证据。布伦南法官和马歇尔法官是任何死刑制度可靠的反对者。

鲍威尔、史蒂文斯和怀特法官的立场需要进一步研究。[198]这一研究有必要从分析斯图尔特法官的观点开始,尽管他已不在美国联邦最高法院了。

法官们的图表说明,不熟悉这些法官或他们关于死刑的判决的读者可能会发现,这一略图在接下来讨论他们观点中是有帮助的。

“迈克哥萨诉加利福尼亚州案”(1971年)

投票赞成“福尔曼案”前死刑程序是合宪的有:

首席大法官:伯格

法　　官:哈伦(Harlan)

布莱克(Black)

斯图尔特

怀特

布莱克门

投票要求在死刑案件中,进行独立科刑审判和要求为科刑陪审团制定引导标准的有:

法　　官:道格拉斯

布伦南

马歇尔

“福尔曼诉佐治亚州案”(1972年)

投票赞成死刑执行是违宪的、任意的有:

法　　官:布伦南(任意性是死刑违反的四原则之一)

斯图尔特(任意性)

道格拉斯(歧视与任意性)

马歇尔(歧视作为废除死刑的次要原因)

怀特(任意性和罕见性)

投票赞成死刑执行是合宪的有:

首席大法官:伯格

法　　官:布莱克门

鲍威尔

伦奎斯特

1976 年的几个死刑判决中

投票赞成为死刑法律设定新程序(假定它们能防止任意性),但不赞成强制性死刑法律的有:

法　　官:斯图尔特

鲍威尔

史蒂文斯

投票赞成为死刑法律设定新程序且赞同强制性死刑法律的有:

首席大法官:伯格

法　　官:怀特

伦奎斯特

布莱克门

投票主张在死刑法律中设置新程序,并认为强制性死刑法律违宪的有:

法　　官:布伦南

马歇尔

当前美国联邦最高法院中可能接受任意性理论的有:

法　　官:布伦南

马歇尔

怀特

可能拒绝任意性理论,除非他们能被说服,因为死刑是不同的,新死刑程序的出现不应防止任意性的挑战;在残忍和异常刑罚条款下的任意性和平等保护条款下的歧视,应是宪法对死刑质疑的令人信服的基础的有:

法　　官:鲍威尔

史蒂文斯

不确定的有：

法　　官：布莱克门

奥·康纳

斯卡里亚

可能拒绝任意性理论的有：

首席大法官：伦奎斯特

一、斯图尔特法官

在1976年的几个死刑判决中，斯图尔特法官撰写了他与鲍威尔法官、史蒂文斯法官在几个重要案件（“格雷格诉佐治亚州案”和“伍德森诉北卡罗来纳州案”）中的多数意见书。鲍威尔法官表达了他在“普罗特诉佛罗里达州案”和“史蒂文斯法官在“朱瑞克诉得克萨斯州案”和“罗伯特斯诉路易斯安那州案”中的观点。他们的观点在“福尔曼案”[199]中更坚定了，并认为他们的判决是基于该案中的三个摇摆不定的观点。

在陈述了事实和描述了佐治亚州新法律后，斯图尔特法官在“格雷格案”中表达了他的观点，他认为“死刑并非不可避免地违反宪法”。[200]在解释了他的结论的基本理论后，斯图尔特转向佐治亚州新死刑科刑程序的有效性问题。他认为，“从法律规定上看，[201]这些程序似乎解决了‘福尔曼案’所担忧的事。”[202]他通过不遗余力地修改他在“福尔曼案”中的立场开始解释他对这些程序的赞同。引用他自己和怀特法官在“福尔曼案”中的观点，斯图尔特在“格雷格案”中写道：“因为死刑的独特，‘福尔曼案’认为在死刑可能被以任意和反复无常的方式适用的量刑程序中，死刑不得被适用。”[203]但在“福尔曼案”中，斯图尔特法官没有批判死刑程序；他批评了死刑结局模式。实际上，在“迈克哥萨案”中，斯图尔特加入了哈伦法官一派多数意见，认为“根据人类历史、经验和人类当前知识的限制，我们发现，那种认为在死刑案中将宣告生与死的权力委托给陪审团而不受限制的自由裁量权违反宪法的规定的观点是不正确的”。[204]并且，在“福尔曼案”中，斯图尔特法官坚持认为，宪法“不能容忍在法律制度下如此肆意和反复无常地判处死刑这种独特刑罚”。[205]这不是建立在对程序充分性的抽象评估上,而是建立在对这一事实的观察上:“死刑很少适用于谋杀罪,适用于强奸罪也极少发生……因为,在 1967 ~ 1968 年所有犯强奸罪和谋杀罪的人中,许多人应受如此严厉的惩罚,事实上被判处死刑的,是任意性选择的少数人。”[206]

与“迈克哥萨案”相反,与其在“福尔曼案”中所主张的实践评价理论一样,斯图尔特法官在“格雷格案”中写道:“‘福尔曼案’仅仅认为,为了使死刑适用于任意选择的罪犯群体危险最小化,适用死刑的判决必须由一些标准加以引导,以使判刑机构集中精力于被特别列举的犯罪情节和被告人。”[207]当然,“福尔曼案”和斯图尔特在“福尔曼案”中的观点,并未言及任何这样的标准要求。实际上,美国联邦最高法院就在一年以前的“迈克哥萨案”中,与斯图尔特法官观点一致,拒绝了这样的要求。斯图尔特引用了怀特法官以及他自己在“福尔曼案”中的观点以支持其在“格雷格案”中观念的变化。然而,怀特法官在“福尔曼案”中的观点明确地基于他“10 年以来几乎每天都与成百上千的规定了死刑法定刑的联邦和州刑事案件的事实和情节打交道”。[208]确实,在“格雷格案”中,怀特法官写道,在“福尔曼案”中三个法官执行了“确定死刑是否在事实上以歧视,无标准或罕见的方式适用于任何特定类型的犯罪的任务”。[209]

在斯图尔特法官将他在“福尔曼案”的基本理论从对实践中死刑的判断,转为对死刑法律中程序表面充分性的判断后,他赞同佐治亚州新法律。因为新法独立的死刑程序中科刑机构明确了与科刑相关的信息,并规定了引导信息使用的标准。[210]

仅仅在 5 年前,在“迈克哥萨案”中,美国法学会建议相似的程序,而斯图尔特法官与哈伦法官声称它们不可能有效。[211]然而,在“格雷格案”中,斯图尔特法官特别提道:“在陪审团被授权判断案件的是非曲直前,他们总是被给予关于法律和如何适用法律的指导。”[212]现在,他认为,“遵循法律制度中其他做法简直是不可想象的,因为这种法律制度传统上一直通过遵循先例和固定的法律规则而运作。对陪审团在考虑问题时给予仔细、充分地引导是我们法律制度相当明了的特性”。[213]斯图尔特法官具体引用了在“迈克哥萨案”与他自己观点不一致的布伦南的观点,继续写道:

尽管这些标准有些普通,但它们确实给科刑机构提供了引导,并因此而减少了刑罚适用中任意或反复无常的可能性。在科刑机构被要求详细说明在其得出结论中据以依靠的事实的情况下,为确保死刑不被反复无常地适用或以捉摸不定的方式适用,就可使用意义重大的上诉审的进一步安全保障措施。[214]

在“伍德森诉北卡罗来纳州案”中,斯图尔特赞成多数人的意见,反对北卡罗来纳州强制性死刑法律,因为它有三个宪法性缺陷。[215]第一个缺陷是强制性死刑将是残忍和异常之刑。[216]另两个缺陷与当前的调查联系更紧密。其中之一是,在过去,强制性法律并没有证明其实践中的强制性,因为陪审团通常简单地拒绝对死刑犯定罪,并因此而运用“无指导和不受约束的陪审团的自由裁量权”。[217]另一个是,宪法要求死刑判决仅在“仔细考虑每个犯罪人的记录和个性的相关的方面”和特定罪行的犯罪情节后才能作出。[218]因此,宪法要求死刑适用中自由裁量权允许“考虑到同情心或源于不同人类弱点的减轻因素”。[219]

在“福尔曼案”中,斯图尔特区别了“迈克哥萨案”和“福尔曼案”,他认为“迈克哥萨案”依据于技术性和令人难以信服的基础,诉讼主张仅仅涉及正当程序条款和平等保护条款,而“福尔曼案”则是基于残忍和异常刑罚条款。[220]基础是技术性的,因为“迈克哥萨案”实际上认为“我们发现陪审团在死刑案件中作出生与死的判决的不受限制的自由裁量权不可能违反宪法的任何规定”。[221]基础是令人怀疑的,因为程序保护至少与残忍和异常之刑分析一样与正当程序相称。[222]一点都不令人惊讶的是,在“福尔曼案”中首席大法官伯格[223]和法官鲍威尔[224]、在“伍德森案”中的法官伦奎斯特[225]均宣称美国联邦最高法院否决了“迈克哥萨案”。

在“格雷格案”中,斯图尔特法官认识到他的观点与“迈克哥萨案”中观点“实质性的不一致”。[226]他认为“迈克哥萨案”中“对陪审团科刑考虑进行引导的标准”的建议“不可能制定出来”。[227]但是他又说:“事实上是这些标准已经产生。”[228]他特别提及《模范刑法典》中的建议作为一个成功的例子,但没有提到这就是“迈克哥萨案”宣称不起任何作用的具体的例子。斯图尔特也写道,“‘迈克哥萨案’关于不可能设计标准以引导和规范陪审团在死刑案件中的科刑的假设已被后来的经验推翻了”。[229]他没有确认这一“经验”,除非它是在“福尔曼案”的压力下,几个州简单地采纳了《模范刑法典》建议的变化了的形式或相似的方案。

死刑程序法律规定上的恰当性与其实践中运用间的差异可能是不被重视的。法律中的经验可能影响实现其目的能力的评估:法律适用中的一致性可能有利于反映其明显的适当性;任意的执行可能反应其不恰当性。例如,在“伍德森案”中,斯图尔特认为强制性的死刑表面上给任意性留下了太多的机会,他不是单纯基于强制性的语言而是基于强制性法律的历史经验得出结论的。在后来“戈弗雷案”[230]的观点中,斯图尔特继续表明检验实践中死刑法律的意愿。在一死刑判决的撤销中,他写道:“没有原则性的方法以区别适用死刑的案件与大多数不适用死刑的案件。”[231]尽管在其观点后补充了那一陈述,但斯图尔特法官并没有将其判断置于其上。他运用了一个基本理论直指程序而不是结果的任意性特征,他发现作为判决基础的加重情节模糊因而违宪。然而,在判断程序性问题中,他考虑了程序产生的结果。[232]正如曾在“福尔曼案”中一样,他凭直觉的方式这样做,而没有提到任何类似的没有适用死刑的案件。[233]

对这些判决的追踪明显伴随个人对主要道德问题和为判决而承担的司法责任的极大痛苦。斯图尔特在寻求良心冲突的满意答案中,挣扎于前后矛盾的痛苦中。[234]

二、鲍威尔法官

鲍威尔法官的观点看起来有点莫名其妙。在“福尔曼案”中,他是反对意见派的一员,当他加入多数意见派一边时,他没有解释他想法的明显变化。解释之一可能是他放弃了他在“福尔曼案”中支持任意性理论的反对意见。这一反对意见拒绝对死刑进行任何与监禁刑不同的宪法分析,但鲍威尔法官后来接受了“死刑是不同的”理论。另一个可能的解释是他视“福尔曼案”是对法律的阐释,并且遵循了这一法律。再一个可能的解释是,美国联邦最高法院支持宪法对死刑科刑过程加以严格的程序保障,但不可能因保障程序的缺乏而对死刑制度宣告全部不适用。他不赞同告知某些州它们的死刑制度违宪,但同意告知这些州它们有必要在这些死刑制度中设置特殊保障,或多或少地作出特别规定。[235]

在“斯蒂芬斯诉肯普案”(Stephens v. Kemp)[236]中,鲍威尔为四个法官拒绝一死刑执行中止令写出了一个意见,在这一意见中,他似乎说,程序性保障的规定消除

了法律实施中任何歧视主张。在一“脚注”中,他写道:

当然,整个佐治亚州各个层次的法院系统在所有案件中都产生歧视,这是毫无争议的。关于这一影响的争议可能已指向“福尔曼案”提出的法律类型……正如我们随后的案件所表明的那样,根据“格雷格案”所赞同的法规,这种论点不能被认真对待。[237]

在文中他补充道:

自从“格雷格案”判决以来,从美国联邦最高法院的判决中可明显看出,仅仅基于一般统计数字提出的主张可能在诸如佐治亚州这样的法规下很少或根本没有价值。[238]

这些引证并非没有歧义。至少有三种解释:鲍威尔法官可能打算表达他对新法不会产生任意性结果有信心;或者他的意思是,无论这些新法是否产生任意性结果,在这个问题上,一般统计证据不可能有说服力;第三种解释是,他相信州的宪法责任是规定最可能公正的程序,只要它们遵守这些程序,它们的死刑制度就会通过仔细的宪法性审查:美国联邦最高法院将审查的是这些程序而不是其结果。[239]这一态度似乎与布伦南法官在“迈克哥萨案”中的异议相一致,鲍威尔法官作出该案判决后不久就加入美国联邦最高法院。难点在于,鲍威尔在“迈克哥萨案”中赞同多数人的意见而在“福尔曼案”中持反对意见。鲍威尔指出斯图尔特法官在“福尔曼案”中的理论“提倡重新考虑美国联邦最高法院在‘迈克哥萨案’中的判决的‘标准’”,[240]他写道:“在我看来没有理由重新评估标准问题,该问题在‘迈克哥萨案’中已考虑得相当仔细……最近再次肯定了我们将科刑功能委托给陪审团‘不受限制的自由裁量权’历史性的贡献,美国联邦最高法院现今如何在美国《宪法》第 8 修正案下把握整个程序的宪法性缺陷是很难的事。”[241]鲍威尔法官必定重新评价了他对“迈克哥萨案”解决“标准问题”方案的支持,也必然同意死刑判决的更严厉的程序审查。问题在于他是否会同意对它们结果的审查。尽管在 1976 年几个判决中,鲍威尔接受了“死刑是不同的”理论,但他没有明确给出宪法对不同刑罚任意性影响的容忍程度的不同意义。

尽管在1976年的几个判决中,鲍威尔、斯图尔特和史蒂文斯法官一起形成了多数派意见,但在死刑问题上他仍比他们稍微消极一些。在“科克尔诉佐治亚州案”[242]中,美国联邦最高法院——包括斯图尔特和史蒂文斯法官——认为对强奸罪适用死刑是违宪的。鲍威尔法官写出了他个人的意见,其中他同意这一特殊案件的结果,但他写道他将允许对诸如以极端残忍手段实施的严重强奸罪适用死刑。[243]与此相似,在“恩姆德诉佛罗里达州案”[244]中,当美国联邦最高法院(包括史蒂文斯法官和现已退休的斯图尔特法官)认为死刑对重罪谋杀罪共犯而言是违宪的不相称的刑罚时,[245]鲍威尔法官与奥·康纳法官表示对此持异议。这一异议建议将案件发回原审法院重新进行科刑审判,理由是在第一次科刑审判中法官错误地认为被告人积极参与了谋杀,而没有充分考虑被告人作用的次要性,没有将其作为一个减轻情节。[246]

在斯图尔特法官退休后,在“埃丁斯诉俄克拉荷马州案”[247]中,鲍威尔法官给美国联邦最高法院写了一个意见,这一意见包括了史蒂文斯的观点。在这意见中,他写道,死刑法律必须满足两个相似的目的:它们必须“同时具备一致性和原则性,而且必须对独特的个体仁慈且敏感”。[248]在“巴克利诉佛罗里达州案”[249]中,他也同意了由史蒂文斯法官所写的赞同意见。这一意见同意作为多数的四个法官的意见,即死刑科刑中法官考虑的证据尽管与被告人的个性或犯罪情节相关,但与任何法定加重或减轻情节无关,并不违宪。该观点认为:

> 自从“福尔曼案”以来,美国联邦最高法院的几个判决已清楚地表明,只有在各州遵守为确保科刑判决的可靠性而制定的程序,各州才可以适用这极端的刑罚……我们案件的永恒主题……已突出强调程序性保障,这些程序性保障措施的目的在于确保死刑以一致的理性的方式适用。正如在“赞特案”中所表述的一样,我们已强调“普遍地缩小可适用死刑的人的范围”和确保一律适用上诉审的必要性。[250]

然而,除了“恩姆德案”外,在另外三个案件中,鲍威尔法官不同意史蒂文斯法官的观点。在“布林顿诉密苏里州案”(Bullington v. Missouri)[251]和“加利福尼亚州诉拉莫斯案"(California v. Ramos)[252]两个案件中,他的主张没有表明任何关于任意性理论的争论。在"布林顿案"中,他写了一个反对意见,不同意双重危险条款适用于死刑科刑程序。在"拉莫斯案"中,与其他人一起形成了多数意见,赞同一项指令(instruction)即告知陪审团,州长能减轻不得假释的终身监禁的判决。史蒂文斯法官赞同马歇尔法官的反对意见。另外,在"伍达德诉哈钦森案"(Woodard v. Hutchins)[253]中,美国联邦最高法院撤销了一个死刑执行中止令。鲍威尔法官写出了赞同另四位法官意见的观点,认为被告人后来三个请求的提出构成了人身保护令状的滥用。然而,史蒂文斯法官与怀特法官持异议立场,反对这一严苛的程序判断。

此判决表明鲍威尔对由"死刑是不同的"理论要求的程序改革的支持。它们并不必然表明如果死刑制度仍包含任意性鲍威尔将否定死刑制度。

鲍威尔法官给出了一些线索,即"死刑是不同的"理论可能导致他在死刑程序中考虑任意性或歧视的实证证据。在他对相称性原则的接纳中可以发现一个线索。这一原则为实践中的任意性提供了一个视角。他要求有意义地区分因为死刑目的而不同对待的案件。在"福尔曼案"中,鲍威尔法官承认了美国《宪法》第 8 修正案下相称性原则的合法性。[254]尽管在这案件中,他可能仅仅认识到对特殊犯罪而言死刑是不合宪的极端的刑罚方法,[255]但他后来也明确接受相称性。在"科克尔诉佐治亚州案"中,他认为死刑对一些强奸罪(而不是其他罪)而言是不相称的。[256]并且,在"恩姆德诉佛罗里达州案"中,他同意奥·康纳法官的异议,该异议的理由是:相称性激发了"每个案件的独特性思考……它要求……死刑案件中死刑的适用与造成的损害和被告人的罪过程度相称"。[257]

两个非死刑案件提供了更进一步的支持。在第一个案件即 1976 年死刑裁定作出后 4 天作出判决的"斯通诉鲍威尔案"(Stone v. Powell)[258]中,鲍威尔法官写道:"相称性的观念对正义观而言是必不可少的。"[259]另一个案件是"索利姆诉赫尔姆案",[260]在该案中,最高法院认为不得假释的终身监禁的判决违反了美国《宪法》第 8 修正案,因为该判决明显与被告人的罪行不相称。在将相称性原则适用于监禁刑判决时,美国联邦最高法院承认在死刑背景下该原则更显有力:

当我们在死刑案件中运用相称性原则时,我们没有把监禁刑案件与之区分……"死刑是在种类上而不是在程度上不同于所有其他的惩罚形式"是事实。……结果,我们在死刑案件中的判决在判断非死刑案的刑罚合宪性时帮助有限……因此,我们同意,“在死刑背景之外,对特殊判决的相称性质疑将很难成功”。……然而,这并不意味着在非死刑案中,相称性分析完全不实用。[261]

鲍威尔法官为美国联邦最高法院写了这一观点,从而为在死刑背景下重新分析“福尔曼案”而没有将整个刑事审判制度的合宪性置于风险之中奠定了基础。[262]与程序审查一样,在相称性方面死刑也是不同的。

在“埃丁斯诉俄克拉荷马州案”[263]中,鲍威尔法官给美国联邦最高法院撰写了法院判决意见书,从其中可能可以找到第二条线索。在这一意见中,他强调“美国联邦最高法院以合理的连贯性坚持死刑公正地适用”。[264]此语言中似乎包括程序性保障的要求(“死刑被公正地适用”)和结果非任意性的要求(“以合理的连贯性”)。

三、史蒂文斯法官

在1976年的案件中,史蒂文斯法官与斯图尔特法官、鲍威尔法官一起形成了一致意见。在他们一起在美国联邦最高法院工作期间,史蒂文斯法官与斯图尔特法官在美国联邦最高法院判决的几个死刑案件中,表现出相同的立场。[265]在斯图尔特离开美国联邦最高法院后,史蒂文斯法官在“普利诉哈里斯案”(Pulley v. Harris)[266]中写出了相同的意见。在这一意见中,他独自解释了他对斯图尔特法官在“福尔曼案”和“格雷格案”中观点的看法。

在“格雷格案”中,史蒂文斯法官认为死刑本身并不违宪。因此,他在大量的案件中投票赞成死刑判决。[267]同时,他支持为防止死刑科刑判决中的任意性而制定特别程序。在“罗伯特斯诉路易斯安那州案”中,他为多数派写了意见,谴责路易斯安那州的强制性死刑,因为它“没有规定防止死刑任意和反复无常适用的保障措施”,[268]这将导致陪审团无视他们的誓言,“当感觉到死刑不相称时,他们选择一个较轻罪行来裁定”。[269]在“朱瑞克诉得克萨斯州案”[270]和“戈德勒诉佛罗里达州案”[271]中,他也为多数派写出了意见。

在“普利诉哈里斯案”中,史蒂文斯法官写出了单独的赞同意见,以主张“某些意义深远的上诉审形式是防止各个陪审团和法官任意和反复无常地适用死刑的一个必要保障措施”。[272]但他赞同多数人的意见，即没有必要进行相称性审查。[273]在得出结论的过程中，史蒂文斯法官解释了他对斯图尔特在“格雷格案”中意见的赞同。他将该意见描述成理解“福尔曼案”前死刑科刑法律两个缺陷（过于宽泛的死刑种类和无拘无束的科刑自由裁量权）的基础。他写道，“假设这些缺陷，任意性和反复无常性在死刑适用中不可避免，假设刑罚的极端性为宪法所不能容忍，在‘格雷格案’‘普罗菲特案’‘朱瑞克案’中，我们所赞同的法律就是为消除这些缺陷而设计的。”[274]史蒂文斯法官是否会基于现实任意性证据而与在“福尔曼案”中一样谴责为防止这两个缺陷而制定程序性保障措施的法律，还很难说。[275]

四、奥·康纳法官

奥·康纳法官加入美国联邦最高法院的时间太晚了，因而无法参与讨论直接与任意性理论相关的任何判决。尽管她支持她所参与的死刑案件中的死刑适用，奥·康纳法官也表明她支持要求死刑案件适用特别程序的宪法性政策。

在“埃丁斯诉俄克拉荷马州案”中，奥·康纳法官写了一个赞同意见“以更充分地说明为什么这个案件必须根据‘洛克特诉俄亥俄州案’发回重审……该案要求审判庭应当考虑和权衡关于申请者家庭背景和个人历史的所有减轻证据”。[276]在赞同死刑科刑者必须将被告人的年龄作为减轻因素时，她将她的观点解释如下：

> 美国联邦最高法院已促成特别措施以确保被判处死刑的囚犯获得尽可能人道的程序保障，防止判决不会由于一时的兴致、热情或错误而施加。当然，当被告人是一个未成年人时，也会作出同样的要求。[277]

奥·康纳法官在另外两个案件中投票赞成撤销死刑判决。在“亚利桑那州诉拉姆齐案”（Arizona v. Rumsey）[278]中，她给美国联邦最高法院所写的意见中认为，在监禁刑判决因上诉而撤销之后，双重危险条款禁止对其适用死刑，因为科刑法官错误理解了加重情节以致他错误地认为它没有适用。在“考德威尔诉密西西比州案”（Caldwell v. Mississippi）[279]中，她写了一个赞同的意见，同意在本案中死刑应当被撤销，因为检察官告知陪审团，其裁定的正确性将受到州最高法院的审查，但她极力主张对陪审团关于审后程序的正确指导是合宪的。奥・康纳法官参加了另外15个死刑案件,在其中的13个案件中她赞同多数人的意见。[280]在"加利福尼亚州诉雷默斯案"中,[281]她给美国联邦最高法院所写的意见中赞同一项指令,即准确地告知死刑判决中的陪审团,州长有权将一不得假释的终身监禁减轻为一可以假释的刑罚的权力。在"恩姆德诉佛罗里达州案"中,[282]奥・康纳法官写了一个受到鲍威尔法官(及首席大法官伯格和法官伦奎斯特)赞同的反对意见,主张死刑对重罪谋杀的从犯而言不是过重的刑罚。奥・康纳法官极力主张,因为审判案件的法官错误地认为被告人杀死了被害人,他没有对被告人参与犯罪的从属性特点给予合理考虑,并将其作为减轻事由,因此该案应当发回重审。

奥・康纳法官在"斯蒂芬斯诉肯普案"[283]中,同意鲍威尔法官的反对意见。她在鲍威尔法官的模棱两可的意见上的签名太过单薄,无法据此推测她在这一基本问题上的立场。然而,这似乎表明她与鲍威尔法官结盟以赞同在死刑案中制定额外的程序要求,但并不意味着不管该制度产生的结果的模式如何,只要它确实包含这样的程序,就同意废除任何死刑制度。

五、怀特法官

自从在"福尔曼案"中投出反对死刑的决定性一票后,在引导裁量权和强制制度的作用下怀特法官在1976年的所有5个判决中都投票赞同死刑(尽管自从那时起,他根据在特定案件中对程序质疑的特性,在一些案件中投票赞成死刑,在另外一些案件中投票反对死刑)他仅在另一个案件"恩姆德诉佛罗里达州案"中对关键性的一票负有责任。[284]实际上,在1976年的几个判决中,怀特法官不仅在赞同死刑一派中取代了鲍威尔法官,而且在5个案件中都写出了受到首席大法官伯格和伦奎斯特赞同的意见。[285]

在"格雷格案"中,怀特法官将这一问题表述为"在与'福尔曼案'判决一致的佐治亚州的立法方案下是否可以对谋杀者执行死刑"。[286]在1976年的5个意见中,他解释了为什么新的死刑法律给了他"理由以期望"[287]或"好的理由以预期"。[288]这些死刑法律将避免在"福尔曼案"[289]中由他和斯图尔特法官、道格拉斯法官确认的缺陷。他明显是基于对新法描述的结果的期望而作出判断的:"我不能接受毫无根据的断言,即努力注定要失败。"[290]因此,与斯图尔特和道格拉斯法官在"福尔曼案"中的观点一致,他将他的观点作为支配性的法则。而且,首席大法官斯图尔特与法官伦奎斯特及怀特法官默认了"福尔曼案"的基本原理。[291]然而,在运用同样基本原理的"格雷格案"、"普罗菲特案"(Proffitt)和"朱瑞克案"中,这三位法官并不赞同由斯图尔特、鲍威尔和史蒂文斯法官所写的多数派意见。

怀特法官在他的观点中仔细地纳入了斯图尔特法官的任意性理论和道格拉斯法官歧视理论。[292]他总结道:"如果佐治亚州最高法院适当地完成了佐治亚州法律赋予它的任务,那么因歧视原因而施加的死刑判决或对法定犯罪种类任意性地反复无常地适用死刑的判决就应当被撤销。"[293]他也强调他自己与众不同的理论。[294]因此他发现北卡罗来纳州和路易斯安那州的强制性死刑法律比引导性自由裁量权法律更易被认为是合宪的,[295]尽管强制性死刑法律是斯图尔特、鲍威尔和史蒂文斯主张废除的。[296]怀特法官明确表明他的判断是基于当时可得的信息:"正如我所看到的,我们现在无法裁定该州的现行法律已经消除了陪审团公开的自由裁量权,但同样存在宪法上的缺陷,导致美国联邦最高法院在"福尔曼诉佐治亚州案"中宣告佐治亚州的死刑法律无效。"[297]在作出死刑判决的频率和公平性基础上,与他接触毫无标准的自由裁量的死刑法律的10年经验相比,怀特法官在强制性(或引导性自由裁量权)死刑法律中简直毫无经验。他从未提到关于在路易斯安那州和北卡罗来纳州新强制性法律下适用死刑数量的信息。然而,这些法律存在的时间过短,以致此类信息的缺乏不具有任何意义。在这些案件中,怀特法官清楚地表明他愿意假定它们强制性产生与他在"福尔曼案"前法律所观察到的不同模式。

怀特法官确实可获得关于得克萨斯州引导性的自由裁量权制度下适用死刑判决的数量。[298]但其中的经验只是初步性的,怀特法官没有依据这些数字而赞同这一法律,相反,他根据这些法律的规定,[299]评价了得克萨斯州和其他实行引导性自由裁判权的州(佐治亚州和佛罗里达州)的法律。因此,他写道:

> 佐治亚州的立法已做了明显的努力以引导陪审团行使其自由裁量权,而同时又允许陪审团基于那些太难以确定而没有写进法律的事实施以怜悯,我不能接受毫无证据的断言,即这一努力必定失败。

在佐治亚州，随着可以判处死刑的谋杀类型被限制得越来越窄，死刑因为加重情节的要求而仅适用于那些特别严重或与死刑特别相称的谋杀，预测陪审团——甚至给予不适用死刑的自由裁量权——将在这些被限定的大部分案件中适用死刑就变得合理了。[300]

对于佐治亚州最高法院负责对死刑判决的相称性进行审查，并且负责撤销这样的判决，无论何时全州的陪审团仅罕见地将死刑适用于有争议的犯罪类型的判决，[301]怀特法官印象深刻。他赞同地特别提道：

> 佐治亚州最高法院认为抢劫犯罪如此罕见地适用死刑，以致它撤销基于抢劫指控而作出的死刑判决，并在现存的立法方案下防止死刑在未来适用于这类犯罪。相似地，佐治亚州最高法院认为，陪审团在某些强奸罪方面适用死刑过少……然而，该法院认为"全州"陪审团"普遍地"对那些谋杀目击者的持械抢劫者适用死刑……因此，该法院肯定这种情况下的判决是基于谋杀的指控。[302]

因此，怀特法官明确表示，基于新法律程序的合宪性的裁决中，他设想该新法律程序将有效地保障死刑将以足够的频率适用，以使死刑作为死刑罪一般威慑措施，而不会"因歧视的原因或对法定的犯罪任意地或反复无常地"[303]适用死刑。相应地，似乎存在这样的可能性，即他确信的"福尔曼案"前死刑法律不合宪的实证资料使他重新评估他赞同的意见。实际上，他特别提到受引导的自由裁量权，法律使陪审团有大量的机会不受约束地行使自由裁量权。[304]然而，他愿意各州用事例说明新的程序，特别是上诉审，可以防止陪审团滥用此机会。

然后，从某种意义上说，如怀特法官在"迈克哥萨案"中考虑"福尔曼案"以前的法律一样，他在大致相同的情况下评价新的死刑法律。在"迈克哥萨案"中，怀特法官赞同多数人的意见，并明确重申了在"罗伯特斯诉路易斯安那州案"[305]中的立场。"迈克哥萨案"根据法律的规定处理这些死刑法律。[306]基于这一观点，美国联邦最高法院认为不受引导的自由裁量程序是能设计的最公正的程序。仅仅一年后，在"福尔曼案"中，怀特法官查阅了他 10 年间对死刑案件的实证资料后，认为死刑的适用太任意和罕见而不能服务于任何刑事审判的目的。显然，至"迈克哥萨案"时，他已积累了大量经验，但怀特法官在此案中在决定纯程序问题时并没有对此加以考虑。然而，在“福尔曼案”中，他考虑了这些经验，主张死刑的执行是违宪的，但没有指明任何特别的纠正程序。

在1976年的几个案件中，怀特法官审查了力图提供保护性程序的两种基本类型（强制性制度和引导性自由裁量制度）的新法。他特别提到这些不同的程序在它们纠正福尔曼前法律的缺陷方面是很有前景的。他没有说明其反面的经历，双方也没有提供任何其效果方面的资料；实际上，考虑到这些法律生效时间太短，它们也不可能提供有效的资料。因此，怀特法官在“福尔曼案”中宣布的判决是没有根据的。只有随着时间的推移，他才能对他在“福尔曼案”表决的那类死刑的实践作必要的观察。

在“洛科特诉俄亥俄州案”的独立意见[307]中，怀特法官进一步表明了他的立场。在“洛科特案”中，多数意见[308]认为“美国《宪法》第8和第14修正案要求，在所有最少出现的那种死刑案件中，不应妨碍科刑者将被告人提供作为轻于死刑判决基础的被告人人格或记录的任何方面和任何犯罪情节作为减轻事由。”[309]美国联邦最高法院因此而坚持死刑判决的“个别化”[310]。因为“洛科特案”中，受争议的俄亥俄州死刑科刑法律“不允许科刑法官将被告人的个性、前科、年龄、致死明确故意的缺乏和其在犯罪中相对较次要的作用的考虑作为减轻事由”，[311]美国联邦最高法院推翻这一死刑判决。

怀特法官开始抱怨了：

现在美国联邦最高法院已完成了自“福尔曼案”以来的大转变……今天，一般认为……在提供了可能认为被告人与适用的死刑确实相称的所有情节后，仅将死刑的适用作为科刑者不受引导的裁量权行使的结果时，判刑者可以合宪地适用死刑。[312]

因此怀特法官不同意多数派的基本理论：

我十分担心美国联邦最高法院今天判决的影响将是宪法性强行恢复“福尔曼案”判决时的事态状况，那时死刑是如此反复无常地适用，死刑执行的威慑甚至对最残忍的谋杀是如此的弱小，以致“那时死刑的适用是生命毫无意义和完全没有必要的消亡，对一些看得见的社会或公共目的而言，他只具有边际性促进作用”。……美国联邦最高法院基于宪法,允许科刑者考虑所有减轻情节;并基于此情节行使其裁量权,允许他们拒绝死刑,无论犯罪情节如何。这就回复到了“福尔曼案”以前的时代,那时死刑仅仅适用于极少数的犯罪和极少数的人。[313]

在1976年的几个判决的背景下,“洛科特案”当然质疑“福尔曼案”的意义。“福尔曼案”迫使改革所有的死刑法律。1976年的几个判决赞成增加了新程序的法律,这些新程序主要是引导限制陪审团自由裁量权的独立的科刑审判程序。通过再现“迈克哥萨案”的原则,即“详尽列举相关的考虑因素或列举这些因素受其他情节影响的方式”[314]是不可能的,“洛科特案”坚持各州不能限制减轻情节的种类。在扩大必要的宪法规定的自由裁量因素的范围和谴责过度裁量自由的死刑制度的“福尔曼案”之间,美国联邦最高法院没有发现宪法性不一致。[315]

“洛科特案”基于怀特法官的假设(新程序将控制陪审团的自由裁量权),检验了他对新程序的认可程度。在“洛科特案”中,怀特法官不再愿意坚持确认这些新程序,他等待着这些新程序不能像所预期的那样运作的任何可能的迹象。现在他总结认为,这些新程序充满了太多的自由裁量权,太容易使人想起“福尔曼案”以前的法律,以致他等不及在这些新法律下积累它们运作的证据而发出了警告。他警告说,陪审团现在能够低于功利主义的标准减少死刑适用的频率。

其观点令人迷惑的一面在于,在“洛科特案”中,美国联邦最高法院要求的自由裁量的范围已是佐治亚州和佛罗里达州法律的一个特点,这些法律在“格雷格案”[316]和“普菲特案”[317]中得到了怀特法官的赞同。当然,在“格雷格案”和“普菲特案”中,怀特法官主张当州的法律设有宽泛的自由裁量权时,允许这些法律具有宽泛自由裁量权的特征。相反地,在“洛科特案”中,怀特法官以美国联邦最高法院的命令反对其结论。然而,怀特法官赞同具有同样特征的佐治亚州和佛罗里达州的法律。因此,他不愿意遵从“洛科特案”多数法官的判断,即增加了的自由裁量权并不会导致这一法律像“福尔曼案”以前时代一样反复无常地执行,尽管他默认了州立法机构的同样判断。

在“洛科特案”中,怀特法官不同意美国联邦最高法院扩大自由裁量权范围的观点,这表现出与两年前在“戈弗雷诉佐治亚州案”[318]中的异议不一致。在该案中,美国联邦最高法院努力缩小陪审团许可的自由裁量权的范围。在“戈弗雷案”中,美国联邦最高法院的多数意见[319]认为佐治亚州法律中的加重情节(谋杀“是残忍的或蛮横的、邪恶的、恐怖的或无人性的,因为它涉及折磨、内心堕落或对受害人加重的殴打”),正如佐治亚州最高法院解释的一样模糊、违宪。多数法官注意到,几乎每一个谋杀都符合那一标准。实际上,在此案中,多数法官认为犯罪事实没有“反应出比任何一个谋杀犯罪人实质上更‘腐化的’心理”。[320]

怀特法官不同意这一观点。[321]然而,更重要的是他认为,特别是考虑到佐治亚州的死刑上诉审时,加重事由不是太宽泛。这一立场似乎与他在“洛科特案”中极力反对扩大对陪审团的引导之要求的观点相冲突。在“洛科特案”,他主张此后果可能对陪审团产生太多的自由裁量权。

差异之处在于,“戈弗雷案”涉及加重事由问题,而“洛科特案”涉及减轻事由。怀特法官既不同意“戈弗雷案”中在加重事由问题上美国联邦最高法院坚持各州“以规定‘具体和详细的引导’的‘清晰和客观标准’率指导科刑者的裁量权”[322],也不同意“洛科特案”中在减轻事由问题上美国联邦最高法院坚持各州不应妨碍考虑“被告人个性或记录的任何方面或犯罪行为的任何情节”。对怀特法官而言,这些立场并不冲突,而是服务于他确保足够数量的死刑判决的考虑。“戈弗雷案”通过坚持限制加重事由的范围而减少了犯有谋杀罪而符合死刑判决人的数量。“洛科特案”通过坚持放开与谋杀犯背景和犯罪特征相关的减轻事由增加了犯有谋杀罪而符合死刑判决但因减轻事由而幸免一死的人的数量。因此,两个判决都具有减少可能判处死刑数目的效果。因此而遭到怀特法官的反对。在这两个案件中所持的不同意见中,他对死刑判决数量的关心比在“福尔曼案”和1976年几个判决的不同意见中更为清晰地凸显出来。

怀特法官关于容许加重情节自由裁量具有更灵活范围的倾向在“巴克利诉佛罗里达州案”[323]、“加利福尼亚州诉拉莫斯案”[324]和“温赖特诉古德案”(Wainwright v. Goode)[325]中也有所表现,这些案件都是1983年作出判决的。在这些案件中,怀特法官都赞同多数人的意见。在“巴克利案”中,初审法官将被告人的犯罪前科作为一个加重情节,而不顾州的法律没有将其作为加重情节的事实。美国联邦最高法院维持了这一死刑判决。怀特法官赞同的多数法官的意见认为宪法并没有禁止州将被告人的犯罪前科作为加重情节。[326]然后,美国联邦最高法院得出结论,即州最高法院考虑这一超法律的情节是州法律的一无害的错误,该错误并没有引起任何联邦宪法的关注。同样,在"韦恩怀特诉顾雷案"中,美国联邦最高法院(包括怀特法官)不愿意干涉同一州最高法院的判断,即初审法官在判决一被告人死刑中使用未来危险性作为一加重事由(同样违反州的法律),对此并不要求撤销。

在"拉莫斯案"中,初审法官根据州的法律指示死刑案的陪审团,州长可以将不得假释的终身监禁判决减轻为可以假释的判决。美国联邦最高法院认为这一指令"将类似于未来危险加重情节的考虑因素加入到科刑过程中",[327]美国联邦最高法院赞同了这一做法,因为它只是告诉了陪审团准确的信息。[328]美国联邦最高法院(包括怀特法官)认为:

> 没有给予陪审团关于这一减刑事由如何出现在其裁定中的具体引导,就不会产生宪法性问题……陪审团发现被告人是法律规定可以判处死刑群体的一员后,允许陪审团行使不受限制的自由裁量权以决定是否应当适用死刑科刑方案并没有违反宪法禁止任意性和反复无常科刑的规定。

这三个案件,允许将影响死刑判决的自由裁量因素纳入科刑陪审团或法官使用的指南中,怀特法官对此表示满意。这一立场与他在"戈弗雷案"中要求缩小科刑指南的立场一致,因为"巴克利案""拉莫斯案""古德案"也涉及加重事由。[329]

怀特法官已证实他在数量上的兴趣不是仅仅通过判处死刑就能实现的;它还包括见到这些死刑的执行。在"巴富特诉埃丝特尔案"[330]中,他给美国联邦最高法院写出了意见,在该意见中美国联邦最高法院确立了加快审查联邦人身保护令对死刑质疑的程序。乍一看,一个法官在1979年认为死刑是违宪的而在1983年却主张加快死刑案件处理进程,这似乎很奇怪。对此的解释存在于这样一个事实中,即在"福尔曼案"中怀特法官对于死刑本身而言他的立场是中立的,只是反映了他对作为一种威慑的死刑使用太任意、适用也太少表示灰心。在新法定程序出现后,他的立场反映了一种努力,即确保给予那些新程序一个机会以产生更多数量的死刑判决。

作为怀特法官评价残忍和异常之刑问题的焦点,对死刑判决数量的关注,并没有分散他对确保死刑科刑过程中公正程序的承诺。在"戈弗雷案""巴克利案""拉莫斯案""古德案"中,怀特法官赞成加重事由,因为它们可能产生更多的死刑判决,但他也认为这些加重情节不应该将任何不公正因素纳入判决的过程中。而且,怀特法官也赞成美国联邦最高法院撤销几个案件中因缺乏充分的宪法性程序而作出的死刑判决。[331]例如,在"格林诉佐治亚州案"(Green v. Georgia)[332]中,怀特法官支持撤销一死刑判决的裁定,因为该判决排除了来源于同案被告人的传闻陈述,即同案被告人命令被告人跑腿后杀害了被绑架者。美国联邦最高法院(包括怀特法官在内)基于"洛科特案"认为,这一陈述与审判的量刑阶段密切相关,因为它涉及罪行的加重情节。同样,在"埃丝特尔诉史密斯案"(Estelle v. Smith)[333]中,怀特法官发现该案违反了米兰达规则,[334]并认为律师有权在量刑庭审中使用为检验被告人作证资格而指定的精神病医生的证词。怀特法官在"亚当斯诉得克萨斯州案"(Adams v. Texas)中也为美国联邦最高法院写出了意见,认为威瑟斯庞(Witherspoon)仍然是好法律,尽管新的程序——决定生与死的程序"不十分科学,陪审团……不可避免地行使一定范围的判断和裁量权",[335]尽管他后来在"韦恩怀特诉威特案"中赞同放宽"威瑟斯庞案"标准。

而且,怀特法官现在并不单单为了数量而追求数量,而且更是从质量上关注死刑适用的频率。在"福尔曼案"中,首席大法官伯格将怀特法官的立场解释为"相对于适用所有死刑的合计数量而言,更关注规律化的科刑程序"。[336]他一直强调在关注死刑适用频率的同时,关注其适用的任意性。在"福尔曼案"中,怀特法官不仅抱怨死刑适用的罕见性,而且抱怨"在区分少数适用死刑的案件与多数不适用死刑的案件时不具备有意义的基础";[337]在"普罗菲特案"中,他使用了"捉摸不定地或很少发生地"这一短语;[338]在"朱瑞克案"中,使用了"如此少见和任意地"这一短语;[339]在"任德森案"中,又使用了"少见和任意地"这一短语。[340]怀特法官着重强调这些因素极少地交汇贯穿,但这没达到这么一个程度,即据此可以预见如果死刑适用模式"经常和任意",[341]他不会因宪法问题而动怒。他谴责对一般不会适用死刑的案件反常地适用死刑。在"科克尔诉佐治亚州案"[342]"恩姆德诉佛罗里达州案"[343]中,他写出了多数人的意见。在"科克尔案"中,美国联邦最高法院认为"对强奸犯罪而言,死刑是总体上不相称和过分的刑罚"。[344]在"恩姆德案"中,美国联邦最高法院基于"科克尔案"认为,对重罪谋杀的从犯而言死刑是不合宪的。因为在该案中,重罪谋杀的从犯并非意图谋杀,也没有参与谋杀。在这两个案件中,怀特法官的观点都表达了一种主观判断,即强奸罪和非预谋杀人不适合适用死刑。怀特法官也详细讨论了其他州的立法和同种的其他案件的科刑判决,表明死刑仅适用于这些案件。尽管这些偶然发生的案件将整体上增加死刑的数量，但它们无法以促进死刑威慑功能的方式增加死刑数量。怀特法官对数量的关注之所以重要，仅仅是因为他关注死刑的威慑作用。因为，在“恩姆德案”中他写道：

在一个重罪（如抢劫）发生过程中，无论导致死亡的结果如何经常地发生，死刑也很少适用于一个对谋杀负有间接责任的人，这将进一步减弱死刑作为有效威慑措施的可能具有的效用。[345]

实际上，怀特法官表达了一个关于威慑观的更具支配性的观点：

我们十分怀疑……死刑适用对于谋杀罪，将明显威慑到没有杀人且没有剥夺生命意图的人。[346]

这句话表明，即使科刑陪审团或法官对没有谋杀意图的从犯经常性适用死刑，怀特法官也很难认为这一结果与宪法一致。

怀特法官没有表达他是否相信死刑能预防可判处死刑的犯罪。在“罗伯特斯诉路易斯安那州案”（Roberts v. Louisiana）中，他写道：“死刑和终生监禁预防其他人犯罪上的相对功效，仍是一个理性人和理性立法者容易区分的事。”[347]在这一点上，他同意立法机构的判断。尽管原则上他接受报应和特殊威慑是死刑之正当理由，[348]但他坚持根据死刑对一般威慑的作用衡量死刑适用和死刑适用程序的合法性。这就说明，如果死刑适用将接受他合宪性检测，那么他关注的是死刑判决数量——频率的质量。同时，自从“福尔曼案”以来怀特法官不曾动摇其对死刑实际适用中任意性的关注。

第七节　相称性上诉审查

在1976年的几个判决中，令多数法官印象深刻的是，那些力图控制自由裁量权的行使以避免福尔曼以前法律中任意性的新程序。这些新程序：首先是，决定可判处死刑的犯罪之刑罚的独立审判程序；[349]其次是，对包括加重情节和佛罗里达州减轻情节科刑判决的引导。[350]斯图尔特法官在“格雷格案”中解释道,“福尔曼案”的担忧“被一个规定两部分程序的制度很好地解决了,在这一程序中,科刑机构被告人知了与科刑相关的信息,也具备了引导使用这些信息的标准”。[351]佐治亚州和佛罗里达州的法律包含这样的程序,其内容较得克萨斯州的法律中的程序更简洁,但多数法官认为得克萨斯州的方案实质上与它们是相同的。[352]尽管对这些程序的潜力表示满意,但大多数法官强调:“我们无意表明只有上述描述的程序在‘福尔曼案’中是被允许适用的……”[353]

尽管有这些新的第一线的保障措施,死刑科刑程序仍有相当大的自由裁量的余地。[354]科刑标准仅仅“减少了(陪审团)适用明显地被称为反复无常或任意的判决的可能性”。[355]因此,“为确保死刑不会被适用于任意选择的被定罪的被告人群体”,[356]佐治亚州和佛罗里达州规定了死刑判决的上诉审查。[357]在佛罗里达州,法律“不要求法院进行任何具体形式的审查”。[358]然而,初审法官“必须以书面的调查结果证明死刑判决正当”。[359]事实上,州的最高法院“审查每个死刑判决以确保同样的结果适用于相同的案件”。[360]在佐治亚州,程序被规定得更具体。佐治亚州最高法院被要求“审查每个死刑判决,以判定此判决是否为在激情、偏见或任何其他任意性事由的影响下适用的,证据是否支持法定加重情节的调查结果,‘考虑到罪行和被告人,死刑判决适用于相似案件是否过分和不相称’”。[361]

如果理想地执行,此上诉审查的功能可以有效地控制死刑科刑程序。[362]然而,实现此理想是一个艰巨的任务。[363]随着所有死刑判决自动上诉,州最高法院将有大量案件信息,这些案件中判刑者支持死刑判决。然而,美国联邦最高法院则只有关于法官或陪审团不愿适用死刑的案件的杂乱信息。只有在被告人决定上诉的情况下这些案件才能到上诉法院,只有被告人或州成功地获得了第二阶段上诉审查,这些案件才能到最高法院。然而,它们不会被视为死刑案件,且这些问题一般不会涉及死刑问题。因此,不作出特殊的努力,州最高法院在死刑审查中不会注意到这些案件。

而且,大量的案件不能引起州最高法院的注意。这些案件是检察官不愿意进行死刑指控的案件,包括被告人承认犯有非死刑之罪的案件。不受州最高法院审查的这些案件严重歪曲死刑适用中公正性的效果。例如,假设某州 100 个被告人,其中 98 个是白人,2 个不是白人,被指控在持械抢劫重罪——谋杀中驾车逃走。在这其中,他们知道同谋者为确保犯罪成功意图使用致命性暴力。再假设检察官允许白人被告人通过承认意图犯重罪或承认犯有非死刑杀人罪行而免予死刑,而坚持对有色人种的被告人进行死刑审判。最后,假设陪审团判处2名有色人种的被告人死刑。将这完全假设的情况提交州最高法院,可能出现的情景是,对参与由持械抢劫的驾车逃跑的人(其同案犯实施了杀人行为)以重罪谋杀一致判处死刑。本质上,法院对这类案件100%的判处死刑。其他案件将极大地改变这一境况。事实上,仅有2%的这些案件被判处死刑,那就是有色人种被告人的案件。为看到准确的情况,州最高法院需要综合所有这些案件,而不仅仅是那些判处死刑的案件。

实现这一理想是不现实的。[364]在"格雷格案"中,美国联邦最高法院特别提到佐治亚州最高法院表明了这一观点。[365]佐治亚州最高法院确实考虑了判处终生监禁的上诉案件。[366]另外,该法院还有专门的人员编辑相关的资料。[367]最后,还要求该法院在其法院判决意见书中详述其审查的相似案件。[368]然而,在佛罗里达州,州最高法院仅将其受理的死刑案件与以前的死刑案件进行比较。[369]有趣的是,美国联邦最高法院观察到,即使是以这一有限上诉审查,两个州的最高法院到此时基于相称性理由也已撤销了几个死刑判决,[370]由此说明了这一上诉程序(甚至是新的科刑阶段程序)的作用。

大多数法官赞同这三个州的法律,而没有讨论它们上诉审的规定,他们将上诉审的规定作为附加的保障措施加以讨论。在"罗伯特斯诉路易斯安那州案"中,大多数法官以同样的心情解释了他们拒绝路易斯安那州的"强制性"死刑方案,特别提道:"正如在北卡罗来纳州一样,(路易斯安那州)没有规定引导陪审团的标准……也没有规定对陪审团裁定进行有意义的上诉审。"[371]

在"格雷格案"中,大多数法官认为:

> 在佐治亚州的死刑科刑制度中,上诉审的规定是控制死刑任意适用的措施。特别是相称性审查极大程度上消除了陪审团反常地判处死刑的可能性。如果陪审团在某类谋杀案件中普遍不适用死刑,[372]上诉审程序将确保在这样的情况下被定罪的被告人不会遭受死刑判决。[373]

在"普罗菲特案"中,美国联邦最高法院也同意佛罗里达州相称性上诉审查程序,并特别提到,尽管其规定不如佐治亚州的规定详尽,也无和佐治亚州所有案件上诉审标准一样严格的客观检验,但这并不意味着其上诉审查程序是低效或任意的。事实上,佛罗里达州法院已承担了以最大的理性和一致性履行其死刑上诉审功能的责任。例如,它已多次将其受理的上诉案件的情节与从前它已评价了的死刑适用案件进行比较。[374]

在"朱瑞克案"中,美国联邦最高法院审查过的得克萨斯州法律规定了上诉审,但没有对判决的复审作出任何规定。然而,美国联邦最高法院赞同这一法律,因为该法律包含分成两部分的平行的科刑审理和科刑引导程序,美国联邦最高法院简略地补充道:

> 通过对全州范围内法院陪审团的裁决规定及时的司法审查,得克萨斯州已提供了一个促进依法公平地、理性地和一致地适用死刑的手段。[375]

因此,大多数法官认为死刑判决的上诉是十分令人满意的,但又认为,对于州的死刑程序的合宪性而言,死刑案件的上诉审并非必需的。[376]对大多数法官而言,上诉审的目的在于防止死刑不相称地适用。[377]某种程度上,新科刑程序中死刑任意性的危险"因上诉审制度而最小化……"[378]这一目的可以通过对所有可能被判处死刑的案件的全面上诉复审而得以实现。当然,大多数法官并不认为死刑法律已符合这一标准。他们赞同朝这一方向努力的佐治亚州方案,但他们不但赞同佛罗里达州的法律——佛罗里达州最高法院已朝相同的方向进行,尽管它没有规定成文的指令——而且也支持得克萨斯州的法律,尽管它缺乏关于这一目标的任何特殊程序,也缺乏为实现这一目标的任何具体实践。上诉相称性审查有利于获得大多数法官的赞同,但大多数法官对此并不作要求,也不要求其具备任何特殊形式。

在"格雷格案"中,怀特法官的观点对上诉相称性审查表露出了更多的热情。他将其视为"佐治亚州新立法方案的重要特征"。[379]他对其重要性作了如下描述:

> 佐治亚州立法不满足于在实践中可能会也可能不会对某些严重的谋杀理性地一致性地适用死刑的制度。相反,它赋予佐治亚州最高法院权力和义务以具体完成这一任务,这一任务曾在"福尔曼案"中得以实现。这一任务即判断事实上死刑

是否歧视性地、毫无标准地或罕见地适用于某一阶层。[380]

怀特法官满意于上诉审为他对罕见性、歧视和任意性的关注提供了最后的答案。[381]他提到:佐治亚州最高法院"所做的不应仅限于判定死刑是否被合法地适用"。[382]法律要求它"撤销全州陪审团无论何时仅仅将死刑适用于有争议的犯罪类型的判决;要求它批准无论何时全州的陪审团将死刑普遍适用于有争议的犯罪类型的判决"。[383]

然而,在"普罗菲特案"和"朱瑞克案"中,怀特法官写了一个简洁的赞同意见,没有对上诉相称性审查作任何探讨。在这两个案件中,他赞同这些法律,理由是,在佛罗里达州,"科刑法官被要求对一切法定加重情节事由重于减轻事由的一级谋杀犯适用死刑";[384]在得克萨斯州,"当一个谋杀案具备五种法定加重情节之一,如果陪审团也获取了某些对被告人不利的调查结果,死刑就必须适用"。[385]因此,通过在死刑案的种类中将这些法律解释为强制性死刑,怀特法官没有讨论上诉审的任何必要性。同样,北卡罗来纳州和路易斯安那州强制性死刑法律,也通过了他细致地审查,也没有就上诉审作任何讨论。对保留了自由裁量责任的制度而言,甚至不必对在强制性法律用语中规定的科刑标准的制度加以讨论,这很重要但并非必不可少。[386]

在1976年几个判决后,美国联邦最高法院遇到了一系列违反宪法的案件,它希望州上诉审能对此予以纠正。美国联邦最高法院基于明显违反宪法的理由撤销了几个死刑判决,但没有表露出它对死刑案件上诉程序所怀希望的破灭。

这几个案件中,第一个案件是"戈德勒诉佛罗里达州案"。[387]在该案中,美国联邦最高法院审查了佛罗里达州死刑的判决,该判决在州的上诉审中以5:2的法官赞同和反对比例得以维持。美国联邦最高法院撤销了这一死刑判决,理由是支持适用死刑的法官部分是依据没有公之于当事人的报告。美国联邦最高法院没有因为未能纠正这一错误而批判上诉审。[388]然而,马歇尔法官利用这一机会强调,初审法院的行为和"佛罗里达州最高法院在没有讨论这一疏漏且此报告没有提交该院的情况下维持了这一判决……这对美国联邦最高法院在'普罗菲特案'中赞同这一制度的基础提出了质疑"。[389]马歇尔法官认为:"佛罗里达州最高法院具体进行了在

‘普罗菲特案’中一致认为不可能发生的‘草率和例行公事的上诉审’。”[390]它没有讨论未公开的报告的问题,它没有讨论此案中死刑判决相称性问题,尽管两个持异议的法官主张基于这两个理由推翻这一判决。马歇尔法官指出,佛罗里达州最高法院的观点仅包括一个简短的结论分析,它没有就死刑是否为相称的刑罚作出独立的判断,没有就有关事实与相似案件进行比较。[391]然而,美国联邦最高法院的其他法官并不认为此案中的上诉审程序是必要的,撤销这一判决是基于科刑法官违反了正当程序。

在“科克尔诉佐治亚州案”[392]中,州最高法院认为对强奸犯适用死刑是违宪的。此判断的基本理论在于“对强奸犯而言,死刑判决是总体上不相称和过分的刑罚”。[393]美国联邦最高法院将其判定置于三个事由之上:(1)它本身的判决;[394](2)在其他的州立法上普遍拒绝对强奸罪配以死刑;[395]和(3)一些陪审团的量刑裁定。[396]关于陪审团的行为,美国联邦最高法院只注意到佐治亚州的判决,因为佐治亚州是对强奸罪普遍适用死刑的唯一的一个州。考虑自1973年以来,佐治亚州最高法院事实上审查的所有强奸罪判决,美国联邦最高法院发现在总共63个判决中有6个被判以死刑,其中一个死刑判决被撤销。美国联邦最高法院认为6个死刑判决“不是一个微不足道的数字”。[397]然而,美国联邦最高法院以下列事实支持其结论,即“在绝大多数案件中,10个陪审团中至少9个没有作出死刑判决”。[398]

怀特法官写出了“科克尔案”的法院判决意见书。但在“格雷格案”中,他特别提到,佐治亚州最高法院通过将强奸罪划为不同的等级,对强奸罪的死刑判决进行相称性审查,并且因为它判定“陪审团对某些种类的强奸罪极少适用死刑”而撤销了一些死刑判决。[399]然而,在“科克尔案”的判决中,佐治亚州最高法院说:

> 我们在考虑了犯罪和被告人的情况下比较了本案与其他相类似的案件,认为相对于这些案件所适用的刑罚而言,死刑判决并不过分或不相称。我们在审查此案中考虑的这些案件列表于附录中。[400]

附录中列举了10个案件,这些案件中佐治亚州陪审团宣告死刑被告人犯有强奸罪。其中7个案件是在“福尔曼案”前发生的。但在“格雷格案”中,美国联邦最高法院赞同考虑这些案件的做法。[401]其中3个案件是在“福尔曼案”后的法律环境下发生的。佐治亚州最高法院核准了其中的2个案件,第3个案件因其相称性审查而被撤销。怀特法官没有在科克尔案中解释为什么反对州法院的判决。然而，他明显没有将州的相称性审查作为其关注的宪法性相称性的最后答案。[402]

这一系列案件中第2个案件是“戈弗雷诉佐治亚州案”。[403]在“戈弗雷案”中，美国联邦最高法院撤销了死刑判决，其理由是该判决是基于一个违宪的模糊的加重情节。斯图尔特法官与其他四个法官也评价了此案的事实——被告人枪杀了拒绝与其重修旧好的妻子和妻子的母亲。其结论是，“没有原则性的方法以区分适用死刑的案件和不适用死刑的案件。”[404]斯图尔特法官没有引用任何未适用死刑的相类似的案件。佐治亚州最高法院在核准死刑时，引用了据说是“支持此案死刑核准”[405]的15个案件。怀特法官对此持异议，他以完全不同于斯图尔特法官的方式描述了此犯罪，[406]并得出结论，即一个理性的事实调查应当发现该案涉及对被害人的拷打、精神折磨或严重殴打。[407]然而，斯图尔特法官的观点不是基于这一评价，而是基于加重情节太不明确这一法定结论。因此，其观点并没有挑相对性审查的毛病，而是对加重情节的司法上的解释提出了质疑。

马歇尔法官将此案件作为典范之一，以强烈表明“上诉法院无法保障此类客观性和公平性，而这是美国联邦最高法院在‘格雷格案’中所期待的”。[408]美国联邦最高法院没有被这一点说服。它更愿意纠正定罪或量刑阶段的问题，[409]而不愿仅仅因为这些问题不断出现就重新考虑其对新制度的评价。在两个判决中，美国联邦最高法院仍然对上诉相称性审查抱有极大的信任，并将其作为最后的保障措施。

其中之一是“赞特诉斯蒂芬斯案”。[410]在该案中，陪审团在发现三个加重情节后对被告人以谋杀罪判处死刑。加重情节在合宪性上模棱两可(美国联邦最高法院后来在另一个独立案件中确认了这一情节)。然而，基于被告人的上诉，州最高法院认为另外两个加重情节支持死刑判决。美国联邦最高法院核准了此判决，并对科刑程序表示满意，也强调该判决通过了州最高法院相称性审查。美国联邦最高法院说这两个加重情节“将以客观、公正和实质理性的方式将此案与佐治亚州许多可能不会适用死刑的案件区别开来”，[411]并补充道：“而且，佐治亚州最高法院在此案中审查了死刑判决，以判定死刑是否任意、过分或不相称”，[412]包括比较适用死刑的案件与没有适用死刑的案件。[413]然后，美国联邦最高法院强调：

我们在此案中的结论部分地取决于一个重要程序保障的存在，即为避免任意

> 性和确保相称性而对每个死刑判决的强制性上诉审。我们接受该法案的观点，即数个法定加重情节中的一个不合法并不自动地要求撤销死刑，如果一个加重情节无效会使刑罚变得任意性或反复无常，那么死刑判决一定会被推翻。……正如我们在“格雷格案”中特别提到的一样……如果死刑判决与有相同情节案件中适用的刑罚相比是过分地或实质性地不相称，我们保证撤销该死刑判决。[414]

在“巴克利诉佛罗里达州案”[415]中，美国联邦最高法院以同样的方式处理了佛罗里达州一个案件的相同问题。美国联邦最高法院再次强调：“正如在‘赞特案’中一样，在此案中，我们的判决受到佛罗里达州最高法院的支持，即审查每个死刑判决，将它与佛罗里达州其他死刑案件进行比较，以判定此刑罚是否过重。”[416]在一赞同意见中，史蒂文斯法官与鲍威尔法官也将维持此案的特别信赖归于佛罗里达州最高法院的相称性审查。[417]在反对意见中，马歇尔法官与布伦南法官认为这一审查是敷衍塞责的。[418]美国联邦最高法院的其他法官对佛罗里达州最高法院将其审查作为其判决的重要因素不作批评。

在“普利诉哈里斯案”[419]中，美国联邦最高法院进一步确认上诉相称性审查不是死刑判决合宪的先决条件。在“普利案”中，美国联邦最高法院认为，加利福尼亚州死刑制度缺乏这样的审查，因为加利福尼亚州在科刑阶段充分地提供了分成两部分的程序保障措施，在此措施中科刑者受到引导。而且，在“马乔诉威廉斯案”(Maggio v. Williams)[420]中，美国联邦最高法院撤销了路易斯安那州的被告人申请的死刑执行中止令，该被告人声称路易斯安那州的上诉审中相称性审查是不充分的，因为该审查只是基于全区范围内而不是基于全州范围内进行的，故而认为不能保障其考虑的正确性。两个案件都涉及对缺乏充分性上诉审查的质疑。在“普利案”和“马乔案”中，被告人没有将判处他们死刑的制度的独立缺点等同于制度的一个特点。在“赞特案”和“巴克利案”中，美国联邦最高法院认为，如果该州规定了上诉审查作为保障措施，就能经受住这些质疑。

确定州最高法院不必进行相称性审查并不会损害“福尔曼案”的主张，该主张即死刑制度一定不能是任意的。正如在1976年的几个案件中的立场一样，美国联邦最高法院在“普利案”中从“法律规定”[421]上赞同该法律，美国联邦最高法院设想这些科刑程序将产生相称性结果，而无须对它们进行上诉监督。由于仅注意法律的规定而不是其实践,这显然又一次对死刑的任意性的可能性敞开了大门。[422]

第八节 歧视与任意性

美国联邦最高法院所有法官将一致同意,基于被告人的种族或任何其他引起不满因素的歧视证据在平等保护条款下都将使死刑判决无效。[423]在"福尔曼案"中,首席法官伯格与法官布莱克门、鲍威尔和伦奎斯特的异议"特别提到,任何平等保护主张完全不同于基于美国《宪法》第8修正案的调查"。[424]

如果法律授权自由裁量权适用于对某特定犯罪的某一特定刑罚,且该法主要用于对付某种族的被告人,如果这种适用方式只能借助被告人的种族加以解释,那么美国《宪法》第4修正案的平等保护条款就禁止这种法律以现存的方式继续实施。[425]

平等保护的主张只有在表明某刑罚"主要用于对付某种族的被告人"的情况下才能成功,因为平等保护的分析中要求表明有歧视的故意。[426]首席法官伯格清楚地表明此种证据的标准要求很高:"尽管不能期望统计调查得出刑罚以歧视的形式适用的绝对和无可辩驳的证据,但通过将所有相关因素考虑进去,至少要得出该刑罚适用中表现强烈歧视的证据。"[427]

最近,鲍威尔法官开始建议,在特定案件中歧视证据不仅应当充分,而且应当满足任意性标准。在"斯蒂芬斯诉肯普案"[428]中,他不同意给予死刑执行中止令的意见给了他一个机会以略述他可用以评价统计学证据的标准。在第十一巡回审判法院陷入基于统计证据的主张——"佐治亚州死刑法律正以任意和歧视方式适用"[429]前,美国联邦最高法院先于案件的判决批准了该中止令。反对意见并非基于死刑中止令请求的实质依据,而是基于这样一个结论,即被告人没有在早些时候提出这一联邦人身保护令状申请,如果给予中止令就构成了对法院令状的滥用。然而,鲍威尔法官写道:"自'格雷格案'判决以来,从美国联邦最高法院的判决中可明显看出,仅仅基于一般统计的诉讼主张,在诸如佐治亚州之类的法律中,可能很少有或根本没有法律依据。"[430]他没有认同这些案件,也没有对其陈述作出解释。他给他的异议附加了脚注,在脚注中他暗示他将对统计证据提出至少两个要求:这一证据在美国联邦最高法院受理的案件中逐一列举,它表明存在故意的歧视。他写道,他熟悉的研究是"纯粹的一般统计调查,这些调查几乎不能逐一列举任何非法的故意的种族歧视。当然,不争的事实是,整个佐治亚州各个层次的司法制度在所有案件中都歧视性地实施。关于这一影响的争论可能指向在“福尔曼案”中被指责的法律……正如我们在后来的案件中明白表述的，这些争论在“格雷格案”赞同的法律中是不能严肃对待的”。[431]在“温赖特诉福特案”(Wainwright v. Ford)[432]中，鲍威尔法官在倾向于撤销死刑执行中止令的裁定中写了一个赞同意见。在他的意见中，他说：“在以前的两个案件中，我们曾认为福特据以支持其歧视主张的统计证据不足以提供他获得信任的坚实基础。”[433]他引用的这两个案件是“温赖特诉亚当斯案”(Wainwright v. Adams)[434]和“沙利文诉温赖特案”(Sullivan v. Wainwright)[435]。在“亚当斯案”中美国联邦最高法院裁定准予撤销死刑执行中止令。美国联邦最高法院没有写出法院裁判意见书。马歇尔法官在一法院判决意见书中表明了自己不同意见，他认为多数法官是基于程序理由而作出裁定的。沙利文案中美国联邦最高法院一致拒绝给予死刑执行中止令。法院裁定意见书认为，因为佛罗里达州最高法院和第十一巡回法庭的判决认为，白人被告人没有提出充分的证据以表明佛罗里达州制度是违宪地歧视性的，美国联邦最高法院发现“此案中的异议没有基础”。[436]

因此，鲍威尔法官似乎集中注意了歧视问题，而无视任意性问题。第四[437]和第十一巡回审判法院[438]似乎也遵从了同样的方向。在“麦克莱斯基诉肯普案”(McCleskey v. Kemp)中，第十一巡回审判法院大多数法官认为，“自‘格雷格案’以来，我们一直认为在合宪的死刑法律适用中，提出种族歧视的诉讼主张，其目的和动机一定是非法的”。[439]美国联邦最高法院解释道：“涉及正当程序与残忍和异常之刑的案件通常并不集中关注行为人的故意。但如果种族歧视主张不是基于法律结构中程序错误或瑕疵，而是基于在这种程序中作出的判决，那么这种情况下，故意和动机就是歧视实际发生的证据的本质要素。”[440]后来，美国联邦最高法院认为：“仅仅具有影响(但与案件无关联)的证据不足以使死刑科刑制度不合法，除非无联系的影响如此之大以致它能得出这样一个结论，即这一制度是如此没有原则性，如此非理性、任意性和反复无常以致足以推定故意的歧视(如，故意将种族作为判刑中的一个事由)可以推断出其已经渗透到这一制度中。”[441]

然而，“福尔曼案”是基于任意性理论，而不是基于平等保护理论，或基于种族事由的任何理论作出的判决的。在“福尔曼案”中，只有道格拉斯法官提到歧视理论，他也将任意性作为一个宪法所关注的事由对之进行了讨论。[442]斯图尔特法官和怀特法官在“福尔曼案”中拒绝将种族歧视作为他们立场的理论基础。怀特法官愿意这样断定,即“没有有意义的方法以区分少数适用死刑的案件和多数不适用死刑的案件”。[443]满足故意歧视标准的也将满足任意性理论。歧视的证据可以展现制度的任意性。然而,为满足任意性标准,无须表明其歧视性。

任意性标准和死刑制度的一般性运作有关,而无须考虑它在任何个案中是如何起作用的。这就是斯图尔特、怀特和道格拉斯在“福尔曼案”中观点的基础。他们并不将他们对死刑的评价集中于他们受理案件的细节。相反,他们基于死刑制度一般运作的情况作出判断。那也是当时美国联邦最高法院评价有案件上诉到该法院的其他州死刑制度违宪性的基础。[444]在所有那些案件中,那些被告人既未表明他们遭受了故意歧视,也未表明他们的死刑在各自司法区的法律中的不正当,他们都被免除了死刑。根据三个法官的说法,他们被免予一死,是因为他们的死刑判决是基于一般运作上不符合宪法标准的制度作出的,而与他们各自案件中案情无关。

1976 年的几个判决是基于这样一个前提,即在正当的程序下,死刑科刑过程中的任意性将基本上消失。那几个判决后,存在的问题是这一前提是否被新程序下的经验所证实。如果经验没有损害这一前提,那么它也不可能拒绝给予平等保护。如果经验损害这一前提,假设“福尔曼案”的标准继续有效,就没有必要进行平等保护的调查。只有当美国联邦最高法院大多数法官不再执行“福尔曼案”的标准,才有必要进行平等保护的论证。[445]在“麦克莱斯基案”中,万斯法官(Vance)赞同这一观点,并强调:

> 根据“福尔曼案”,美国《宪法》第 8 修正案之调查集中于死刑制度的一般结果,并谴责那些受诸如机会、反复无常或一时兴致之类不可预见因素支配的结果。平等保护调查则完全不同。它不是关注于制度性的非理性而是关注于对审理中的个人恶意,针对特定对象的令人反感的歧视。
>
> 我意识到,在“福尔曼案”中的各种法官意见,认为在当时佐治亚州和得克萨斯州的法律下,种族歧视不是死刑适用中的一个因素。然而,就我而言,这样的法官意见仅仅表明这样一种可能性,即允许行使无标准自由裁量权的制度不仅可能是反复无常的,而且可能给违反平等保护标准的歧视动机留下了空间。因此,在“福尔曼案”下,一组给定的事实是否构成系统非理性的美国《宪法》第 8 修正案主张,

这一问题完全独立于这些事实是否构成了对平等保护条款的蓄意歧视违反。[446]

注释

1. Meltsner, *Cruel and Unusual*, at 23－24(Random House 1973).

2. 390 U. S. 570(1968).

3. 391 U. S. 510(1968).

4. 美国法学会,《模范刑法典》§ 201. 6(Tent. Draft No. 9[1959])。在美国法学会1959年5月的会议上,美国法学会对试行草案作了细微的修改。在这些修改下,这一建议被包括在1962年正式建议草案的第210.6节中,规定如下:

(1)死刑被排除。当被告人犯有谋杀罪,美国联邦最高法院将对一级谋杀重罪科处刑罚,如果该重罪符合:(a)在审判中没有证据确定具有该节第(3)部分列举的加重情节,或如果在本节的第(2)部分下进一步的程序中也不会确认这些加重情节;或(b)在审判中证据表明实质性减轻情节要求宽恕;或(c)被告人,与检察官交易并得到美国联邦最高法院的批准,承认犯有一级谋杀重罪;或(d)在犯此罪时被告人不满18岁;或(e)被告人的身体或精神状况要求宽恕;或(f)尽管证据足以支持陪审团的裁决,但它没有排除关于被告人罪行的所有怀疑。

(2)由美国联邦最高法院或美国联邦最高法院和陪审团决定。除非美国联邦最高法院在本节第(1)部分下科刑,这应当执行一独立程序以判定被告人是否应当因一级谋杀重罪而被科刑或科处死刑。如果被告人被美国联邦最高法院非经陪审团裁决而宣告有罪或根据其承认有罪而宣告有罪或如果检察官和被告人关于科刑上放弃陪审团,则这一程序应当在美国联邦最高法院中单独进行。在其他的案件中,这一程序应当在美国联邦最高法院中由判定被告人是否有罪的陪审团来执行,或如果美国联邦最高法院有充分理由而解散陪审团的情况下,应为此目的而选取一个新任的陪审团。

在这一程序中,美国联邦最高法院认为与科刑有关的任何事情都应有证据支持,包括但不局限于犯罪的种类和环境,被告人的人格、背景、历史、精神和身体状况,任何本节第(3)和第(4)部分列举的加重或减轻情节。美国联邦最高法院认为有证明力的任何此种证据可能都被接受,无论在证据排除规则下其可采性如何,倘若给予被告人的辩护律师公正的机会以反驳传闻证据。检察官和被告人或其辩护人被允许对死刑科刑提出赞同或反对意见。

是否应当适用死刑的决定应当由美国联邦最高法院裁定,除了当这一程序在美国联邦最高法院中由陪审团执行外,美国联邦最高法院不应当适用死刑,除非美国联邦最高法院将被告人是应当被判处死刑还是监禁刑这一问题提交陪审团,陪审团裁定判处死刑。如果陪审团无法作出一致的裁决,美国联邦最高法院应当解散此陪审团,对一级谋杀重罪科以刑罚。

美国联邦最高法院在关于科刑方面行使自由裁量权中,陪审团在作出其裁决时,应当考虑在本节第(3)和第(4)部分中列举的加重和减轻情节和美国联邦最高法院认为有关的任何其他事实,但美国联邦最高法院不应当适用或建议适用死刑,除非美国联邦最高法院发现了第(3)部分列举加重情节之一,并且进一步发现没有足以实质性要求宽恕的减轻情节。当这一问题提交陪审团时,如果陪审团的裁定反对科处死刑,美国联邦最高法院应当指示和告知陪审团可能适用的监禁刑的性质,包括因假释而有释放可能性的监禁刑的适用。

(3)加重情节。(a)被判处监禁刑的罪犯实施的谋杀;或(b)被告人在此以前犯罪有另一个谋杀或涉及对被害人使用暴力或以暴力相威胁的重罪;或(c)在实施此谋杀时被告人还实施了另一谋杀;或(d)被告人明知对多人构成了重大死亡威胁;或(e)谋杀是在被告人参与或帮助实施或试图实施抢劫、强奸或使用暴力或暴力相威胁力图非法性交、纵火、夜盗或绑架中实施的,或实施后或试图实施后逃跑时实施的;或(f)谋杀是为逃避或防止抓捕目的或达到逃避合法监禁而实施的;或(g)谋杀是为图利而实施的;或(h)谋杀极为恶劣、野蛮或残忍,表明了非常的邪恶。

(4)减轻情节。(a)被告人没有显著的以前犯罪行为的历史;或(b)谋杀是在被告人受极度的精神或情感困扰影响下实施的;或(c)被害人是被告人杀人行为的参与者,或被害人同意此杀人行为;或(d)谋杀是在被害人相信有正当理由或可对其行为减轻处罚的情况下实施的;或(e)被告人是由另一人实施的谋杀的共犯,且他对杀人行为的参与危害相对较小;或(f)被告人是在另一人强迫下或受另一人支配下实施行为的;或(g)由于精神疾病或精神缺陷或酒精中毒,在谋杀时被告人认识其行为犯罪性(不正当性)的能力或使自己的行为符合法律要求的能力削弱;或(h)犯罪发生时被告人尚年轻。

5. 402 U. S. 183,185 - 186(1971).

6. Id. at 207(emphasis added). 布莱克法官在一赞同意见中写道,这一程序没有"违反美国《宪法》第14修正案正当程序条款。同样,我不相信申诉者被剥夺了权利法案其他规定明确或含蓄地保护的任何权利"。Id. at 223. See also note 14, infra.

7. Id. at 186.

8. Id. at 197.

9. Id. at 204.

10. Id. at 207. See Black, *Capital Punishment: The Inevitability of Caprice and Mistake* 66 - 76,

100,101(2d ed. Norton 1981).

11. 446 U. S. 420(1980).

12. Id. at 442.

13. Id. at 440.

14. “迈克哥萨案”中反对意见独自以正当程序条款提出假设。布伦南法官(Brennan)特别提到美国《宪法》第 8 修正案并没有提出死刑是否为残忍和异常之刑这一问题。402 U. S. at 310 n. 74. 在“福尔曼诉佐治亚州案”中(Furman v. Georgia),布伦南法官和马歇尔法官采取了死刑构成残忍和异常之刑的立场。美国《宪法》第 8 修正案的立场是他们在“格瑞格案”异议的基础。Cf. note 6, supra, and accompanying text.

15. 402 U. S. at 252.

16. Id. at 270.

17. Id. at 280.

18. Id. at 249.

19. Id. at 285.

20. Id. at 284.

21. Id. at 249.

22. Id. at 285.

23. Id. at 265,268,275,280. 布伦南法官也确认了另外两个兴趣点。他将所有三个方面归纳如下:首先,正当程序要求,各州保护个人以防止州权力任意性运用,其方式是,作为州权力行使基础的基本政策选择应由州政府某负责机构明确清晰地说明。其次,法律的正当程序被州的程序机制所否认,因为其允许权力任意行使,而没有规定以审查或纠正任意行为的相应措施。最后,涉及正当程序的受联邦保护的权利得不到州程序的承认,因为州程序使联邦司法机制无效,而这些机制是为保护个人的这些权利而制定的。Id. at 270.

24. 408 U. S. 238(1972).

25. Furman, 408 U. S. at 274, 286, 291 – 295 (Brennan, J., concurring); Id. at 364 – 366 (Marshall, J., concurring).

26. Lockett v. Ohio, 438 U. S. 586, 599(1978).

27. “福尔曼案”包括三个案件:一个是佐治亚州的谋杀罪判决;两个是强奸罪判决:一个在佐治亚州,另一个在得克萨斯州。408 U. S. at 239.

28. Id.

29. 布伦南法官和马歇尔(Marshall)法官一致重申他们的立场是,死刑在任何情况下都是违反美国《宪法》第 8 修正案和第 14 修正案的。E. g. ,Beck v. Alabama,447 U. S. 625,646 (1980).

30. See Lockett v. Ohio,438 U. S. 586,622(White,J. ,concurring and dissenting); id. at 599 (Burger, C. J. , with Stewart, Powell. and Stevens, JJ.); Gregg, 428 U. S. at 220 – 221 (White,J. ,with Burger,C. J. ,and Rehnquist,J.);Furman,408 U. S. at 396 – 397,398 – 399(Burger,C. J. ,with Blackmun,Powell,and Rehnquist,JJ. ,dissenting);Black,supra note 10;Ely,*Democracy and Distrust* 173 – 174,176(Harvard 1980)(focusing on the Douglas opinion);Murphy,*Retribution,Justice and Therapy* 238(Reidel 1979);Bentele,"The Death Penalty in Georgia: Still Arbitrary",62 *Wash. U. L. Q.* 573,574 n. 3(1985); Gillers, "Deciding Who Dies",129 *U. Pa. L. Rev.* 1,10 n. 35,27(1980);Goodpaster,"The Trial for Life: Effective Assistance of Counsel in Death Penalty Cases",58 *N. Y. U. L. Rev.* 299,307 (1983);Paternoster,"Prosecutorial Discretion in Requesting the Death Penalty: A Case of Victim – Based Racial Discrimination",18 *Law. and Soc. Rev.* 437,438(1984);Radin,"The Jurisprudence of Death: Evolving Standards for the Cruel and Unusual Punishments Clause", 126 *U. Pa. L. Rev.* 989,995,998(1978);Note,87 *Harv. L. Rev.* 1690,1690 – 1691,1692 (1974); Note, "Capital Punishment in 1984: Abandoning the Pursuit of Fairness and Consistency",69 *Cornell L. Rev.* 1129,1134,1142 – 1145(1984).

31. E. g. ,Beck v. Alabama,447 U. S. 625,639(1980);Harry Roberts v. Louisiana,431 U. S. 633,644(1977)(Rehnquist,J. ,dissenting).

32. Furman,408 U. S. at 360,quoting United States v. Rosenberg,195 F. 2d 583,608(2d Cir.) (Frank,J.),cert. den. ,344 U. S. 838(1952).

33. 408 U. S. at 309.

34. Id. at 308 and nn. 8,9.

35. Id. at 309.

36. Id.

37. Id. at 309 – 310.

38. Id. at 293 – 295.

39. Id. at 257.

40. See id. at 249.

41. Id. at 245.

42. Id. at 249 - 250, quoting from President ' s Commission on Law Enforcement and the Administration of Justice, The Challenge of Crime in a Free Society 143(1967).

43. 408 U. S. at 250 - 251, quoting from Koeninger, "Capital Punishment in Texas, 1924 - 1968", 15 *Crime & Delin.* 132, 141(1969).

44. 408 U. S. at 251, quoting from Lawes, *Life and Death in Sing Sing* 155 - 160 (Sun Dial 1928).

45. Id. at 251, quoting from Clark, *Crime in America* 335(Simon & Schuster 1970).

46. Id. at 251 - 252.

47. Id. at 364 - 366. 他以如下脚注支持关于种族歧视的说法：

Alexander, The Abolition of Capital Punishment, Proceedings of the 96th Congress of Correction of the American Correctional Association, Baltimore, Md., 57 (1966); Criminal Justice: The General Aspects, in Bedau, supra, n. 45, at 405, 411 - 414; Bedau, "Death Sentences in New Jersey, 1907 - 1960", 19 *Rutgers L. Rev.* 1, 18 - 21, 52 - 53 (1964); R. Clark, *Crime in America* 335(1970); Hochkammer, "The Capital Punishment Controversy", 60 *J. Crim. L. C. & P. S.* 360, 361 - 362 (1969); Johnson, "The Negro and Crime", 217 *Annals Am. Acad. Pol. & Soc. Sci.* 93, 95, 99 (1941); Johnson, "Selective Factors in Capital Punishment", 36 *Social Forces* 165(1957); United Nations, supra, n. 77, 69, at 98; Williams, "The Death Penalty and the Negro", 67 *Crisis* 501, 511 (1960); M. Wolfgang & B. Cohen, *Crime & Race: Conceptions and Misconceptions* 77, 80 - 81, 85 - 86 (1970); Wolfgang, Kelly, & Nolde, "Comparison of the Executed and Commuted Among Admissions to Death Row", 53 *J. Crim. L. C. & P. S.* 301(1962). 408 U. S. at 364 - 365 n. 152.

48. Id. at 389 n. 12; See also Gillers, Supra note 30, at 27 n. 117, 99(1980) ("没有提出任何论据以支持其观点").

49. 408 U. S. at 390 n. 12. 不过首席法官伯格没有加入鲍威尔法官不承认死刑歧视性效果："当然，这一主张被证明这一犯罪制裁措施更主要地指向社会相对穷困和下层的成份。在每个社会中这些'穷困之人'总是比富裕人承受更大的压力以致犯罪且约束较少。实际上，这是经济和社会剥削的一个悲惨的副产品，但这不是美国《宪法》第 8 修正案或第 14 修正案下宪法均衡性问题。" Furman, 408 U. S. at 447; See also id. at 388 - 389(Burger,

C. J. ,dissenting).

50. Id. at 310.

51. 首席法官伯格说,所有“5 个赞同判决的法官意见……都乐意作出一些事实上的声明,而没有关于本国死刑适用方式与效率的实证资料”。Furman,408 U. S. at 405.

52. See notes 60 and 61 and accompanying text.

53. 408 U. S. at 313.

54. Id. at 314.

55. Id. at 313.

56. Id. at 311 – 312.

57. Id. at 312.

58. Id. at 311 – 312;see Palmer,“Two Perspectives on Structuring Discretion: Justices Stewart and White on the Death Penalty”,70 *J. Crim. L. and Crim.* 194,194,198 – 199(1979).

59. See Lockett v. Ohio,438 U. S. 586,599(1978)(Burger,C. J.):在“福尔曼案”中,三个法官总结道,“无立法上详细说明的标准引导的自由裁量科刑,违反了美国《宪法》第 8 修正案,因为它‘充满歧视’(道格拉斯),因为它允许死刑‘反复无常和捉摸不定地’适用(斯图亚特),因为它以‘极为罕见’方式适用死刑,而且它‘没有提供区分少数适用死刑的案件和多数不适用死刑的案件的有意义的基础’(怀特)”。

60. Moore v. Illinois,408 U. S. 786,800(1972).

61. Alabama: e. g. ,McCants v. Alabama,408 U. S. 933(1972).
Arizona: e. g. ,Sims v. Eyman,408 U. S. 934(1972).
Connecticut: e. g. ,Davis v. Connecticut,408 U. S. 935(1972).
Delaware: Seeney v. Delaware,408 U. S. 939(1972).
Florida: e. g. ,Thomas v. Florida,408 U. S. 935(1972).
Kentucky: Williams v. Kentucky,408 U. S. 938(1972).
Louisiana: e. g. ,Marks v. Louisiana,408 U. S. 933(1972).
Maryland: e. g. ,Miller v. Maryland,408 U. S. 934(1972).
Massachusetts: e. g. ,Stewart v. Massachusetts,408 U. S. 845(1972).
Mississippi: e. g. ,Yates v. Cook,408 U. S. 934(1972).
Missouri: e. g. ,Duisen v. Missouri,408 U. S. 935(1972).
Nebraska: e. g. ,Alvarez v. Nebraska,408 U. S. 937(1972).

Nevada: Walker v. Nevada, 408 U. S. 935 (1972).

New Jersey: e. g., In re Reynolds, 408 U. S. 934 (1972).

North Carolina: e. g., Hamby v. North Carolina, 408 U. S. 937 (1972).

Ohio: e. g., Eaton v. Ohio, 408 U. S. 935 (1972).

Oklahoma: e. g., Koonce v. Oklahoma, 408 U. S. 934 (1972).

Pennsylvania: e. g., Scoleri v. Pennsylvania, 408 U. S. 934 (1972).

South Carolina: Fuller v. South Carolina, 408 U. S. 937 (1972).

Tennessee: Herron v. Tennessee, 408 U. S. 937 (1972).

Utah: Kelback v. Utah, 408 U. S. 935 (1972).

Virginia: e. g., Williams v. Slayton, 408 U. S. 935 (1972).

Washington: e. g., Smith v. Washington, 408 U. S. 934 (1972).

62. 布莱克姆法官在他的反对意见中写道:“不但 39 个州和哥伦比亚特区的死刑法律被否定,而且联邦法律构架中的所有允许死刑的这些规定都是无效的。”See Furman, 408 U. S. at 411. 鲍威尔法官在他的反对意见中认为:“相当少的强制法律的合宪性仍未确定……因为罗德艾兰州唯一死刑法律——终身监禁刑的囚犯所实施的谋杀——是强制性的,此州没有法律受到美国联邦最高法院今天判决效力的否定。”Id. at 417 n. 2. But see Harry Roberts v. Louisiana, 431U. S. 633 (1977) (认为要求对谋杀执行职务中的执法官者适用死刑的法律是不合宪的)。

63. See Pulley v. Harris, 104 S. Ct. 871, 876 (1984), 判决提道:“为对那一判决作出反映,大约有 2/3 的州立即重新修改了它们的死刑法律,以限制陪审团的自由裁量权和避免任意性及不一致的结果。”

64. 282 N. C. 431, 194 S. E. 2d 19 (1973).

65. 194 S. E. 2d at 29.

66. Id. at 28 – 29.

67. See Woodson v. North Carolina, 428 U. S. 284, 286 – 287 (1976).

68. A. L. I., MODEL PENAL CODE §210. 6 (Proposed Official Draft 1962). See note 4, supra. 在“福尔曼案”前,除分为两部分(bifurcated)的审判外,没有哪个州采取《模范刑法典》的这一建议。

69. See Proffitt v. Florida, 428 U. S. 242, 247 – 248 (1966); Gregg v. Georgia, 428 U. S. 153, 163 – 164, 194 (1966).

70. See Gregg v. Georgia,428 U. S. at 164.

71. Proffitt v. Florida,428 U. S. at 248.

72. Id. at 248 – 250;see also Spaziano v. Florida,104 S. Ct. 3154,3158 n. 4(1984);Barclay v. Florida,103 S. Ct. 3418, 3426 (1983); id. at 3442 n. 17 (Marshall, with Brennan, JJ., dissenting);Zant v. Stephens,103 S. Ct. 2733,2741(1983). 在佛罗里达州,“陪审团的裁决仅供咨询,实际科刑由审理的法官决定”。Proffitt,428 U. S. at 248 – 249. Cf. Baldwin v. Alabama,105 S. Ct. 2727(1985);Stebbing v. Maryland,105 S. Ct. 276(1984)(拒绝审查马里兰州指导死刑科刑的法律诉讼文件移送命令,除非减轻事由在价值上超过加重事由)。

73. Proffitt v. Florida,428 U. S. at 250 – 251;Gregg v. Georgia,428 U. S. at 166 – 167. 参见第二章第七节的讨论。

74. Jurek v. Texas,428 U. S. 262,270 – 271(1966). But see Black,supra note 10,at 66 – 78, 114 – 126.

在“赞特诉斯蒂芬斯案”(Zant v. Stephens)中,103 S. Ct. 2733(1983),美国联邦最高法院支持了陪审团基于三个加重情节(其中一个加重情节是无效的)的死刑科刑。在发现余下的加重情节足以支持此科刑中,美国联邦最高法院似乎将加重情节的宪法作用视为缩小死刑之罪定义的作用。在佐治亚州法律下,发现一个加重情节就使该案件可以受陪审团自由裁量的科刑决定,而无须任何减轻情节的作用。Id. at 2741 n. 12. 因此,“赞特案”(Zant)的理论必然是,在由一加重情节缩小的范围内,不受引导的陪审团的自由裁量在宪法上是可以接受的。See Barclay v. Florida, 103 S. Ct. 3383, 3429 (1983) (Stevens, J., with Powell, J., concurring). This was confirmed in California v. Ramos,103 S. Ct. 3446,3457 n. 22(1983):

不给陪审团关于减刑因素如何包含于其决定中的具体指导的事实,没有引发宪法性问题。正如我们在“赞特案”中所认为的一样,允许陪审团在其发现某被告人属于符合法律规定的适用死刑的群体成员之一后,在决定对其是否适用死刑中行使不受限制的自由裁量权的死刑科刑方案,并没有违反关于任意和反复无常科刑决定的宪法性禁令。大概,那一话语应当理解为,认为与前“福尔曼案”法律相比,通过加重情节,这一法律缩小了可适用死刑的范围。Cf. Weisberg, “Deregulafing Death,” 1983 *S. Ct. Rev.* 305,349 – 350.

75. Jurek v. Texas,428 U. S. at 269.

76. Id.

77. See Bedau,"Social Science Research in the Aftermath of Furman v. Georgia: Creating New Knowledge About Capital Punishment in the United States," in Riedel and Chappel, eds., *Issues in Criminal Justice: Planning and Evaluation* 75,82(1976);White,"The Role of the Social Sciences in Determining the Constitutionality of Capital Punishment",45 *Am. J. of Orthopsychiatry* 581,587 –590(1975).

78. See Arkin,"Discrimination and Arbitrariness in Capital Punishment: An Analysis of Post – Furman Murder Cases in Dade County, Florida, 1973 – 1976",33 *Stan. L. Rev.* 75,101 n. 148 (1980); Hubbard, "'Reasonable Levels of Arbitrariness' in Death Sentencing Patterns: A Tragic Perspective on Capital Punishment",18 *U. C. Davis L. Rev.* 1113,1136 (1985);Kopeny,"Capital Punishment—Who Should Choose?",12 *West. State U. L. Rev.* 383,395 –416(1985).

79. Gregg v. Georgia,423 U. S. 1082(1976);Jurek v. Texas,423 U. S. 1082(1976);Woodson v. North Carolina,423 U. S. 1082(1976);Proffitt v. Florida,423 U. S. 1082(1976);Roberts v. Louisiana,423 U. S. 1082(1976).

80. 在1976年1月22日,美国联邦最高法院对5个案件发出诉讼文件移送命令的同时,美国联邦最高法院发出了如下的指令:上述所有案件的申诉人的诉讼摘要……应当在1976年2月25日前或在该日提交本院书记官。答辩者的诉讼应当在1976年3月25日前或在该日提交。这些案件口头辩论安排在1976年3月30日下午1时,有待本院进一步的指令。邀请司法部副部长(The Solicitor General)出具这些案件中的说明以表达美国政府的观点。423 U. S. at 1083.

81. 428 U. S. 153(1976).

82. 428 U. S. 242(1976).

83. 428 U. S. 262(1976).

84. 428 U. S. 280(1976).

85. 428 U. S. 325(1976).

86. Gregg,428 U. S. at 169,198;see also id. at 187;Proffitt,id. at 251,253.

87. 在"福尔曼案"的反对意见中,伯格法官写道:"我一直以为,在历史上,没有比美国憎恨'对所有犯有谋杀罪的人适用强制死刑的普通法规则'更清楚的了…… 19世纪废除强制死刑科刑运动标志着在科刑过程中引进灵活性……在科刑实践中的这一变化被美国联邦最高法院视为一个人性化的发展。”See Furman,408 U. S. at 402. 他使用这一论点，并非为反对强制死刑，而是为反对这一明显要求，即他觉察到的要求对“福尔曼案”适用强制性死刑。但他在“伍德森案”(Woodson)和“罗伯特斯案”(Roberts)中却投票赞成强制死刑制度。

88. 在“福尔曼案”中四个持反对意见的法官均同意由他们中三个所写的意见。布莱克姆法官也写了一个独立的反对意见以表达他对死刑的憎恨。408 U. S. at 405.

89. See, e. g., Petersilia, Racial Disparities in the Criminal, *Justice System* (Rand 1983); cf. Langan, “Racism on Trial: New Evidence to Explain the Racial Composition of Prisons in the United States”, 76 *J. Crim. L. & Crim.* 666 (1985).

90. Furman, 408 U. S. at 447; see also id. at 445 - 446，判决提道：“许多也是由不可否认的事实组成，即死刑更多的适用于社会中经济地位较低的人，包括少数种族中死刑适用率相对较高。”See Id. at 450：“我同意死刑在过去歧视性适用是无可辩驳的……”

91. Furman, 408 U. S. at 447. 在“福尔曼案”的判决意见书中，道格拉斯法官(Douglas)写道：“对成员少、受社会排斥、不受欢迎的少数者选择性适用死刑或其他任何刑罚，但社会愿意看到他们遭受这一刑罚，而不愿意同一刑罚在全社会普遍地适用，这是‘残忍和异常’的。”See 408 U. S. at 245 (emphasis added).

Cf. Gideon v. Wainwright, 372 U. S. 335 (1963) (Clark, J., concurring):

宪法对死刑案件与非死刑案件没有作区分。美国《宪法》第 14 修正案要求剥夺“自由”的正当法律程序，正如剥夺“生命”一样，不可能仅仅基于所涉及的制裁不同而在程序性质上存在宪法性差异。美国《宪法》第 14 修正案怎能因为自由的剥夺不如生命的剥夺重大——一个并非普遍接受的价值判断，或仅仅因为后者的剥夺是不可恢复的，而在死刑案中容忍其谴责一个程序？我无法找到这一结果的可接受的合理理由，因此，我赞成美国联邦最高法院的判决(认为对辩护律师的权利适用于非死刑案件)。See Id. at 349.

92. 408 U. S. 471, 481 (1972); see also Kent v. United States, 383 U. S. 541, 557 (1966); Reid v. Covert, 354 U. S. 1, 77 (1957) (Harlan, J., concurring in result) (quoted in note 94, infra). In United States v. Raddatz, 447 U. S. 667 (1980)，美国联邦最高法院后来总结到正当程序的要求可能要求更多或较少的保障，这取决于“(1)受影响的私人利益；(2)通过已有的程序错判的风险和附加程序保障的可能价值；和(3)公共利益和管理负担，包括新程序可能需要的成本。” 447 U. S. at 677; see also Schall v. Martin, 104 S. Ct. 2403, 2415 - 2417 (1984); Matthews v. Eldridge, 424 U. S. 319 (1976); Gerstein v. Pugh, 420

U. S. 103,114(1975);Gagnon v. Scarpelli,411 U. S. 778(1973);Friendly,"Some Kind of Hearing",123 *U. Pa. L. Rev.* 1267,1267 - 1273(1975).

鲍威尔法官最近说,正当程序是一个灵活概念,它仅仅要求"特殊情况特殊程序保障"。See Ford v. Wainwright,106 S. Ct. 2595,2610(1986).

93. See Gregg,428 U. S. at 188,提道:"因为死刑的独特性,'福尔曼案'认为……" See Generally Black,supra note 10,at 29 - 30.

94. 在"福尔曼诉佐治亚州案"中(Furman v. Georgia),408 U. S. 238(1972),布伦南法官评价了早期的一些案例:"当然,在特殊情况中生命处于危险是另一个重要的因素。死刑犯罪与非死刑犯罪之间的不同是在法律上以不同的方式处理的基础。" See Williams v. Georgia,349 U. S. 375,391(1955,Frankfurter,J.)."当刑罚是死刑时,我们与州法院官一样,试图严格证据的使用,甚至在非公开审理的案件中,我们严格法律的运用,以给予被宣告有罪的人另一个机会。" See Stein v. New York,346 U. S. 156,196(1953)(Jackson, J.)."在死刑案中,像这里出现的怀疑的解决应当有利于被告人"。See Andres v. United States,333 U. S. 740,752(1948)(Reed,J.).法官哈兰先生(Harlan)强烈地表达了这一点:"我不承认什么程序都是正当的,犯罪人面临的罚金或监禁的科刑必然满足宪法在死刑案中的要求。生与死字面间存在的区别绝不新奇,也不是可以忽略不计的。"See Reid v. Covert,354 U. S. 1,77(1957)(concurring in result).当然,多年来,为宪法上的享有辩护律师的权利之目的,美国联邦最高法院将死刑案与其他所有案件区别开来。See Powell v. Alabama. 287 U. S. 45(1932);Betts v. Brady,316 U. S. 455(1942);Bute v. Illinois,333 U. S. 640(1948).

在"帕克诉北卡罗来纳州案"(Parker v. North Carolina)中,397 U. S. 790,809 - 810(1970),布伦南法官在一受到道格拉斯和马歇尔法官赞同的独立观点中写道:此处涉及的施刑方案也是可与绝大多数辩诉交易区别开来的,因为它们涉及死——我们法律中最严厉和最可怕的刑罚的施加。美国联邦最高法院已认识到死刑在许多方面与非死刑案件处理上的不同。See e. g. ,Williams v. Georgia,349 U. S. 375,391(1955).我们已经将死刑的威慑视为在判定被告人是否故意放弃他宪法性权利中全面衡量的一个因素。

In support of that last sentence,Justice Brennan discussed Green v. United States,335 U. S. 184(1957);Fay v. Noia,372 U. S. 391(1963);and United States v. Jackson,390 U. S. 570(1968).

95. 在"加德纳诉佛罗里达州案"(Gardner v. Florida)中,史蒂文斯(Stevens)法官在他为三个法官所写的多数意见中,写道:"在 1949 年……美国联邦最高法院没有明确认识到适用于犯罪的死刑与较轻的刑罚间显著的宪法性差异。"See 430 U. S. at 357. In McGautha v. California,402 U. S. 183(1967),the Court wrote:"Nor does the fact that capital,as opposed to any other,sentencing is in issue seem to distinguish this case. See Williams v. New York, 337 U. S. 241,251 –252(1949)." See McGautha,402 U. S. at 217.

96. Woodson v. North Carolina,428 U. S. 280,303 – 304(1976)(Stewart,J.,with Powell and Stevens,JJ.);See also California v. Ramos,103 S. Ct. 3446,3451 n. 9(1983)("美国联邦最高法院……已认识到……死刑与其他刑罚性质上的差异……").

97. Gardner v. Florida,430 U. S. 349,357 – 358(1977)(Stevens,J.,with Stewart and Powell. JJ.).

98. 397 U. S. 790,809 –810(1970).

99. McGautha v. California,402 U. S. 183,311(1971).

后来,道格拉斯法官在"福尔曼案"的法院意见书中主张,他发现的死刑适用中的歧视如果在其他刑罚中也存在,同样是不可接受的。See note 91,Supra.

100. Furman,408 U. S. at 306. See also McCleskey v. Kemp,753 F. 2d 877,927(11th Cir. 1985)(Clark,J.,dissenting)(认为,在刑事审判制度中可能不得不容忍偶尔发生的种族偏见,因为我们对制度别无选择。在其得到证明的特定案件中这应当被纠正,但在死刑案件中,在同样情况下,死刑不得因种族偏见而适用。)See Hubbard,Supra note 78,at 1139.

101. 408 U. S. at 286 –292. 布伦南法官作了如下推理:死的独特性的唯一解释在于其极端的严厉性。今天死在其终局性和其极恶性上是非常严厉的刑罚。在身体和精神痛苦方面,现存的刑罚没有比得上死的……死的非常严厉性在其终局性和极恶性上得到极为清晰的证明……由国家有计划地杀死一个人,就其每一个方面的本性而言,包含对被执行死刑人人性的否定……囚犯仍然是人类大家庭中的一员(享有宪法赋予的权利)……他的刑罚是不可取消的……在与今天其他刑罚相比中,由国家故意消灭人的生命是对人类尊严的极度蔑视。See 408 U. S. at 287 –291.

布伦南法官将六个社会环境作为证明死刑作为一种刑罚的独特性的一致意见:(1)"还没有可与关于死刑的辩论相比的关于刑罚的全国性辩论";(2)"没有哪种刑罚受到如此持续地限制"——许多州已经废除了死刑,但还没有哪个州废除了监禁刑;(3)死刑仅仅适用于最严重的犯罪;(4)许多州对死刑案件都有特别的程序;(5)陪审团和州长不同地对待死刑案件;和(6)美国联邦最高法院将死刑案件作为独立的一类加以对待。See 408 U. S. at 286.

布伦南法官第一点(1)的正确性可能不会因辩论的结果是普遍赞成死刑这一事实或监禁刑的目的和方法及其替代措施已受到公众的广泛关注;改造观念已转变为复归观以发展刑罚模式这一事实所损害。

102. 408 U. S. at 271 - 279,291 - 304.

103. Id. at 309.

104. Id. at 293 - 294.

105. See Gregg v. Georgia,428 U. S. 153,188(1976).

106. "死是不可恢复的,而监禁刑却可以挽回的。当然,死亡使复归成为不可能……死亡总是被视为最后的制裁。"See 408 U. S. at 346.

107. 408 U. S. at 347.

108. 451 U. S. 949(1981).

109. 451 U. S. at 955(dissenting from denial of certiorari).

110. 105 S. Ct. 2633(1985).

111. Id. at 2636,2639;See also Ford v. Wainwright,106 S. Ct. 2595,2604(1986).

112. 428 U. S. at 187(引用了他自己和布伦南法官在"福尔曼案"中的观点).

113. 428 U. S. at 303 - 304(再一次引用了他自己和布伦南法官在"福尔曼案"中的观点).

114. 408 U. S. at 447.

115. Gardner v. Florida,430 U. S. 349,357(1977).

史蒂文斯法官在"科尔曼诉巴尔科恩案"(Coleman v. Balkcorm)中赞同拒绝诉讼文件移送命令,451 U. S. 949(1981),他写道:"然而,我们也必须尽可能地确保新程序不允许宪法上的错误发生。因为,毕竟死刑案在种类上确实与其他诉讼不同,死刑一旦施加就不可挽回。" See Id. at 953. 在"巴克利诉佛罗里达州案"[Barclay v. Florida,103 S. Ct. 3418(1983)]中,史蒂文斯法官在为他自己和鲍威尔法官所写意见中写道:"死作为一种刑罚,在其严厉性上和不可恢复性上是独一无二的。自从'福尔曼诉佐治亚州案'(Furman v. Georgia)以来,美国联邦最高法院的判决已清楚表明,各州只有在其遵循为确保科刑决定中的可靠性而设定的程序的情况下才可以适用这一最后的刑罚。" See Id. at 3429.

116. 103 S. Ct. 3001,3009(1983). 鲍威尔法官在"加利福尼亚州诉雷莫斯案"[California v. Ramos,103 S. Ct. 3446(1983)]中,也赞同美国联邦最高法院的意见。在该意见中基于

他在“伍德森(Woodson)案”支持斯图尔特法官的观点,在“加德纳(Gardner)案”和“贝克(Beck)案”中支持史蒂文斯的观点,在“洛科特诉雷莫斯案”(Lockett v. Ramos. 103 S. Ct. at 3451 n. 9.)中支持伯格(Burger)法官的观点,将他列举为这一学说的支持者。在“斯蒂芬斯诉肯普案”[Stephens v. Kemp,104 S. Ct. 562(1983)]中,鲍威尔法官写了一反对准予一死刑执行中止令的意见,在这一意见中,他意识到:“死刑在性质上与其他所有刑罚都不相同,因此在司法审查中应特别小心。”See Id. at 565.

117. 438 U. S. 586(1978).

118. Id. at 604. 首席法官伯格也在这一意见中写道:“假设由公共权力机构施加的死刑是如此不同于其他刑罚,我们就无法回避这一结论,即个别化的判决在死刑案件中是必不可少的。”See Id. at 605;See also id. n. 13,提道:“我们强调在处理死刑适用的标准中,我们不赞成州或国会对非死刑犯罪确定强制最低刑罚的权力”在“埃克诉俄克拉荷马州案”[Ake v. Oklahoma,105 S. Ct. 1087(1985)]中,首席法官伯格在一赞同意见中写道:

这是一个死刑案。在该案中,要求美国联邦最高法院判定,当在犯罪发生时被告人是否精神错乱“争议极大”时,一个州是否可以拒绝一贫困的被告人“任何机会”通过辩护以获得为精神错乱诉讼主张的提出和准备的精神病学证据。

案件的这些事实和所提出的问题限制了美国联邦最高法院的实际裁定。在死刑案中,所施加的刑罚的终结性使其他案件中可能要求也可能不要求的保障措施变得合理。

See Id. at 1099.

119. 447 U. S. 625(1980).

120. Id. at 637.

121. 103 S. Ct. 3383(1983).

122. 103 S. Ct. at 3406;See also id. at 3410,3411. 在基于程序理由而驳回一些死刑科刑(在非死刑案中可能不会要求驳回)中,布来克姆法官也同意美国联邦最高法院大多数法官的意见。See Turner v. Murray,106 S. Ct. 1683(1986);Zant v. Stephens,456 U. S. 410(1982);Hopper v. Evans,456 U. S. 605(1982);Bullington v. Missouri,451 U. S. 4:30(1981);Presnell v. Georgia,439 U. S. 14(1978);Godfrey v. Georgia,446 U. S. 420(1980);Lockett v. Ohio,438 U. S. 586,616(1978);Gardner v. Florida,430 U. S. 349,364(1977);See also Gilmore v. Utah,429 U. S. 1012,1019(1976);Green v. Georgia,442 U. S. 95(1979). 关于死刑他写得很少。尽管个人对死刑持反对意见,(Furman,408

U. S. at 405 – 406),正如在以下注释 234 所引用的,但他在“福尔曼案”和“格瑞格案”中支持死刑的合宪性。

123. 455 U. S. 104(1982).

124. Id. at 117 – 118.

125. 103 S. Ct. 3446,3451(1983). 在“赞特诉斯蒂芬斯案”[Zant v. Stephens,103 S. Ct. 2733 (1983)]中,奥·康纳法官也赞同由史蒂文斯写出的美国联邦最高法院的判决意见书。首席法官伯格、布来克姆法官和史蒂文斯法官与奥·康纳法官一样,以附带意见的方式解释了“死与其他形式的许可的惩罚之间存在质上的差异”。See 103 S. Ct. at 2747.

126. “实际上,申诉者认为,作为一种刑罚死刑无论多么有效,由人创建和管理的政府不可避免地无法执行它。这不能作为一个宪法主张加以接受……错误将会产生,歧视也会出现,这将难以解释。”See 408 U. S. at 226.

127. 106 S. Ct. 1683,1687 – 1688(1986). 在“加德纳诉加利福尼亚州案”(Gardner v,Florida)中,怀特(White)法官赞同一个宣布死刑科刑无效的判决,因为该死刑是基于没有公开的资料作出的。他特地写出了他的意见以强调他将证据公开的要求限于死刑案,因为死刑的宪法基本理论在于美国《宪法》第 8 修正案。See 430 U. S. at 364;see also Zant v. Stephens,103 S. Ct. 2733,2751(1983)(White,J. ,concurring). 在“加利福尼亚州诉雷莫斯案”[California v. Ramos,103 S. Ct. 3446(1983)]中,怀特法官也赞同美国联邦最高法院的意见,在该案中,奥·康纳法官引用了他在“加德纳(Gardner)案”中的观点以赞同“死刑是不同的”理论。See 103 S. Ct. at 3451 n. 9. 在“斯蒂芬斯诉肯普案”[Stephens v. Kemp,104 S. Ct. 562,565(1983)]中,他也赞同鲍威尔法官对准予死刑执行中止令的反对意见,这一意见承认这一学说要求在司法审查中特别小心。Cf. Zant v. Stephens, 103 S. Ct. 2733,2750 – 2751(White,J. ,concurring).

128. 430 U. S. at 371.

129. 428 U. S. at 322 – 323. 首席法官恩奎斯特在每次反对意见中也投票赞同对下列情况适用死刑:(1)在抢劫过程中,没有杀害被害人、杀人时不在现场和没有杀人意图或没有参与使用致命性暴力的驾驶逃跑车辆的司机的重罪谋杀犯罪[Enmund v. Florida,458 U. S. 782,801(1982)]和(2)累犯的强奸犯罪[Coker v. Georgia,433 U. S. 584,610 – 611 (1977)]。

这一学说的吸引力甚至对于首席法官恩奎斯特都如此之强,以至他无法完全拒绝它。在“赞特诉斯蒂芬斯案”[Zant v. Stephens,103 S. Ct. 2733(1983)]中,在拒绝对一死刑犯罪被告人减轻处罚的赞同意见中,他说,“当然,在死刑案中这一标准更小心的运用是适当的”,See 103 S. Ct. at 2757。在“埃克诉俄克拉荷马州案”[Ake v. Oklahoma,105 S. Ct. 1087(1985)]中,首席法官恩奎斯特不同意美国联邦最高法院推翻死刑有罪宣告的判决(推翻的理由是,因为没有援助穷困被告人的精神病医师对其精神错乱进行辩护和他对精神状况表现出的未来危险性的质疑)。他写道:“我会将这一规则限于死刑案件……” See Id. at 1099. 然后,他又不同意这一规则在此类案件中的适用。在“布姆尔诉埃丝特尔案”[Rummel v. Estelle,445 U. S. 263(1980)]中,首席法官恩奎斯特在他给美国联邦最高法院写作法院判决意见书时,援引了“死刑是不同的”学说以主张“我们对死刑案件禁止残忍和异常刑罚的决定在判定因相称性而受到质疑的监禁刑的合宪性上帮助有限”。See Id. at 272. 在另一个非死刑案——“索利姆诉荷姆案”[Solem v. Helm,103 S. Ct. 3001(1983)]中,他也加入到了由首席法官伯格所写的声称“死刑是不同”的反对意见中。See 103 S. Ct. at 3019,3021 n. 4,3022. 在“斯蒂芬斯诉肯普案”[Stephens v. Kemp,104 S. Ct. 562,565(1983)]中由鲍威尔法官所写的反对准予死刑执行中止令的意见承认,这一学说要求在司法审查中特别小心。

值得一提的是,在“斯科特诉伊利诺伊州案”[Scott v. Illinois,440 U. S. 367(1979)]中,首席法官恩奎斯特在给美国联邦最高法院所写的法院判决意见书中说:“我们相信阿杰辛格案——实际监禁是在种类上与罚金或纯粹监禁威慑不同的刑罚——的主要假设前提是完全正确的,并证明采用实际监禁作为界定聘请辩护律师的宪法权利的界限是正当的。” See 440 U. S. at 373. 有趣的是,美国联邦最高法院在很早以前就已经在死刑方面划出了这一界限。See Hamilton v. Alabama,368 U. S. 52,55(1961);Uveges v. Pennsylvania,335 U. S. 437,441(1948);Bute v. Illinois,333 U. S. 640,674(1948).

首席法官恩奎斯特在他参加的33个死刑案中,仅有2次投票赞成推翻死刑案中的定罪或科刑。在“埃丝特尔诉史密斯案”[Estelle v. Smith,451 U. S. 454(1981)]中,美国联邦最高法院一致同意撤销死刑,因为它在科刑诉讼中违反了宪法。首席法官恩奎斯特基于“马西亚诉合众国案”[Massiah v. United States,377 U. S. 201(1964)]表示赞同。在“斯奇帕诉南卡罗来纳州案”[Skipper v. South Carolina,106 S. Ct. 1669(1986)]中,美国联邦最高法院因为初审法院拒绝允许被告人提供关于其在监狱中良好表现的证据而推翻了死刑科刑。首席法官恩奎斯特仅仅因为这一证据直接反驳了由检察官提出的证据和主张而加入到当时首席法官伯格赞同的意见中。在4个案件中,首席法官恩奎斯特是唯一赞同死刑科刑的异议者。See Adams v. Texas,448 U. S. 38,52(1980); Green v. Georgia,442 U. S. 95,98(1979);Bell v. Ohio,438 U. S. 637,644(1978) and Lockett v. Ohio,438 U. S. 586,628(1978);Gardner v. Florida,430 U. S. 349,371(1977).

130. See California v. Ramos,103 S. Ct. 3446,3451(1983).

131. See Gregg,428 U. S. at 187;Eddings v. Oklahoma,455 U. S. 104,117 - 118(1982); Coleman v. Balkcom,451 U. S. 949(1981)[对于否决诉讼文件移送命令,史蒂文斯法官的观点是赞同,而首席法官恩奎斯特则是反对];Beck v. Alabama,447 U. S. 625,638(1980);Gardner v. Florida,430 U. S. 349,358(1977);see also Barefoot v. Estelle,103 S. Ct. 3404 - 3405(1983)(Marshall,J. ,dissenting).

与联邦法院一样,州法院对死刑案给予了特别的关注。See Stein v. New York,346 U. S. 156,196(1953)("当刑罚是死刑时,我们和州法院的法官一样,试图严格证据和法律的运用,以给予某被宣告有罪的人另一个机会。)这一现象并不新奇。例如,北卡罗来纳州 1801 年的一个判决,"仅仅因为起诉书中包含有致命伤位置描述中的如下拼写错误而使一死刑科刑无效:'在被告人前述左胸里和左胸上'"。See Nakell,"The Cost of Death Penalty," 14 *Crim. L. Bull.* 69,74(1978).

在普通法上,富于同情心的法官通过提供技术细节以帮助陪审团将被告人置于可享受特权的情形或宣告其无罪。例如,认为小母牛不是母牛(King v. Cook,168 E. R. 155;1774),小马不是马(168 E. R. 917),公鸭不是母鸭(Rex v. Holloway,171 E. R. 1131 n. ,reporters note);或认为如果被害人在睡觉,则对某人盗窃罪的指控不能成立(King v. Thompson,168 E. R. 323);认为盗窃一双袜子不能以拿走两只不成对的袜子的证据来支持;认为在下午 9:30 窃得某物不是在晚上盗窃(168 E. R. 231);认为盗窃一对鹌鹑的指控除非能证明此对鸟是活的,否则不被支持。

Dalzell,*Benefit of Clergy in America*,38(John F. Blair 1955).

在圣经时代,程序性障碍实质性地改善了当时死刑的严厉性,其方式可能是大量地排除死刑的适用。See Krivosha,Copple,and McDonough,"A Historical and Philosophical Look at the Death Penalty—Does It Serve Society's Needs?",16 *Creighton L. Rev.* 1,5 - 6(1982)。

由古犹太最高评议会兼最高法院制定的、要求在死刑适用前予以遵守的程序,使死刑的适用实际上不可能。不可因他或她自己承认犯罪而宣告某人有罪,只能因两个证人的证言才能宣告某人有罪,且要求这两个证人的证言在每一具体事实上完全相同;如果两个证人的证言中存在差异则应宣告被告人无罪。进一步要求每个证人都证实他们已经在被告人犯此罪前警告了他其行为所犯的是死刑之罪。除此之外,为宣告某人死刑之罪,至少最高法院(本案法官)中的一个成员不得不作出有利于被告人的投票表决。如果最高法院(本案法官)中所有的成员都投票赞同有罪宣告,则被告人将被无罪释放。这一规则是基于这样一种观念,即最高法院(本案法官)中至少一个成员代表被告人的立场,且所有方面都应得到考虑。

死刑案进一步要求禁止血亲或姻亲的证言,证人不得基于推论或间接听来的消息作证,环境证据亦被禁止。作出不利于被告人的假证的证人本身将被判处死刑。

甚至直至最后仍留有无罪释放途径。当一个被宣告有罪的人被带到执行场所,就要求在此之前由传令官先行到达,由他要求拥有可能使被告人清白或宽恕被告人的证据的任何人到场,如果这种证人自愿出来作证,或甚至如果被告人自己主张他的无辜仍可得到证明,就给予一次提出此证据的机会。最后,禁止将某人两次置于危险的规则也运用了,一旦某人被无罪释放,他不能再次因同一罪而被审判,而不管是否发现了新的证据。

132. Adams v. Texas,448 U. S. 38,44(1980);Witherspoon v. Illinois,391 U. S. 510(1968).

133. Davis v. Georgia,429 U. S. 122,123(1976).

134. 例如,“迈尔斯诉合众国案”[Miles v. United States,103 U. S. 304,310(1980)](美国联邦最高法院在一重婚案的审理中支持了将某人排除在陪审团之外,因为此人认为一夫多妻或一妻多夫是上帝的命令,尽管他认为议会有权禁止一夫多妻或一妻多夫,而且如果证据充分,他将认为宣告被告人犯有重婚罪是他的义务。)当然,“威瑟斯彭诉伊利诺伊州案”将其结果合理化了,因为死刑判决要求陪审团不是简单地将一固定的法律标准运用于发现的事实,而应运用于“在生与死这一最终问题上表达社会的一致意见”。See 391 U. S. at 519;see also Adams v. Texas,supra note 132,at 46;Wainwright v. Witt,105 S. Ct. 844,851(1985). 一般而言,这与“陪审团审理的目的”并非绝然不同,“陪审团审理的目的”“是为防止来自政府的压迫……陪审团基本特征在于它介于被告人与其原告之间……”Williams v. Florida,399 U. S. 78,100(1970).

135. Adams v. Texas,supra note 132,at 44.

136. Wainwright v. Witt,105 S. Ct. 844,852(1985);see also Darden v. Wainwright,106 S. Ct. 2464,2469(1986).

137. Wainwright v. Witt,105 S. Ct. at 852. 美国联邦最高法院也认为,州法院初审法官关于一

个可能成为陪审团成员的人应当因持有反对死刑的偏见而丧失其资格的裁决是一种事实裁决，该裁决证实了联邦人身保护令状方面正确性的假设。See Id. at 855.

138. Turner v. Murray, 106 S. Ct. 1683, 1688(1986).

139. Id. at 1686 – 1687; Ristaino v. Ross, 424 U. S. 589(1976); Ham v. South Carolina, 409 U. S. 524(1973).

140. Turner v. Murray, 106 S. Ct. at 1687.

141. Id. at 1688.

142. 447 U. S. 625(1980).

143. Id. at 638 n. 14.

144. Harry Roberts v. Louisiana. 428 U. S. 325(1976); Woodson v. North Carolina, Supra note 67.

145. Harry Roberts v. Louisiana, 431 U. S. 633(1977).

146. Lockett v. Ohio, 438 U. S. 586, 604(1978); Harry Roberts v. Louisiana, 431 U. S. 633, 637 (1977).

147. Lockett, 438 U. S. at 605 n. 13.

148. Godfrey v. Georgia, 446 U. S. 420, 428(1980); Gregg v. Georgia, Supra note 70.

149. Gregg v. Georgia, Supra note 70; Proffitt v. Florida, supra note 69; Jurek v. Texas, supra note 74. In Zant v. Stephens, 103 S. Ct. 2733(1983)，美国联邦最高法院裁定："宪法并不要求州采取特别的标准，以在陪审团考虑加重和减轻情节中对其加以指导。" See 103 S. Ct. at 2750.

150. See Gregg v. Georgia, 428 U. S. at 195; Pulley v. Harris, 104 S. Ct. 871(1984).

151. Godfrey v. Georgia, 446 U. S. at 428; California v. Ramos, 103 S. Ct. 3446, 3452(1983).

152. Estelle v. Smith, 451 U. S. 454, 462 – 463(1981).

153. Id. at 466 – 467.

154. Bullington v. Missouri, 451 U. S. 430(1981); see also Arizona v. Rumsey, 104 S. Ct. 2305 (1984).

155. Strickland v. Washington, 104 S. Ct. 2052(1984).

156. Id. at 2064(1984)（认为，就律师的无效援助而言，适用于审判中的同样标准适用于死刑程序的科刑阶段，尽管该标准可能不适用于"一个可能涉及非正式程序和科刑中无标准的自由裁量的普通科刑程序"）Cf. United States v. DiFrancesco, 449 U. S. 117, 134 –

139(1980);North Carolina v. Pearce,395 U. S. 711,719 - 721,723(1969).

157. Gardner v. Florida,430 U. S. at 357,358,360;see California v. Ramos,103 S. Ct. 3446,3453(1983).

在“加德纳诉佛罗里达州案”(Gardner v. Florida)中,美国联邦最高法院对由陪审团建议不对被告人判处死刑但法官适用了死刑的死刑科刑进行了审查。州法院法官部分地依靠一个报告而作出了科刑决定,该报告是陪审团作出科刑建议后由法院命令提交的,该报告没有向辩护人公开。美国联邦最高法院认为如果报告中的这一信息“是死刑科刑的一个基础,其可信性明显超过了国家在寻求案件中可与之相比的信息的有效性”。See 430 U. S. at 359.

158. United States v. Jackson,390 U. S. 570(1968).

159. See Corbitt v. New Jersey,439 U. S. 12(1978);Parker v. North Carolina,397 U. S. 790(1970);Brady v. United States,397 U. S. 742(1970).

160. Zant v. Stephens,103 S. Ct. 2733,2747(1983).

161. Id. 在“考德威尔诉密西西比州案”[Caldwell v. Mississippi,105 S. Ct. 2633(1985)]中,恩奎斯特(Rehnquist)法官在其反对意见中表达了同样的观点,他暗示他可能正在将他拒绝承认“死刑是不同的”学说改为限定该学说:“尽管美国《宪法》第 8 宪法修正案要求制定某种防止死刑任意适用的程序,但它并不表明每个并非最佳的程序是宪法上不可靠的事实根据。赞特案和巴克利案就是如此。”Id. at 2651;see also id. at 2649.

162. 104 S. Ct. 2052(1984);see also Darden v. Wainwright,106 S. Ct. 2464,2473(1986);Messer v. Kemp,106 S. Ct. 864,866(1986)[马歇尔和布伦南法官反对诉讼文件移送命令].

163. 103 S. Ct. 3383(1983).

164. 两个精神医师为控方作证。一位是詹姆士 · P. 格里格森(Dr. James P. Grigson),他在“埃丝特尔诉史密斯案”[Estelle v. Smith,451 U. S. 454(1981)]中的面谈程序被认为违反了反对强迫自证其罪的权利。

165. 103 S. Ct. at 3406,3410(布来克姆法官与布伦南和马歇尔法官持反对意见。).

166. Id. at 3400.

167. 432 U. S. 282,303(1977).

168. 104 S. Ct. 819(1984).

169. Id. at 824 n. 9. 该案牵涉的不是被告人的上诉,而是一个寻求预先审查庭审笔录的媒体呼吁。

170. 103 S. Ct. 3418(1983).

171. Id. at 3428.

172. 104 S. Ct. 752(1984).

173. 103 S. Ct. 3383,3391(1983). See also Smith v. Murray,106 S. Ct. 2661,2668(1986)["我们拒绝这一观点,即威恩怀特诉锡克斯案(Wainwright v. Sykes)的原理不同地运用,是取决于国家适用于违反其刑法的行为的刑罚的性质。"].

174. 28 U. S. C. §2253.

175. 103 S. Ct. at 3394.

176. Id.

177. Id.

178. Id. at 3391. 这一点确确实实是正确的。然而,应当提及的是,在对尚未解决的问题提起诉讼期间,被告人将受到关押,一般而言,是被关押在等候死刑审判的被隔离和条件相对恶劣的地方。因此,国家在很大程度上(如果不是终极程度)是在维护其在刑事审判制度中的利益。

179. Id. at 3394 -3395.

180. Id. at 3395.

181. Id.

182. Id.

183. 103 S. Ct. at 3406.

184. 456 U. S. 605(1982). 这位首席法官为美国联邦最高法院(除布伦南和马歇尔法官外)的7名法官写作了法官意见。

185. 456 U. S. at 611. 在"福尔曼案"中,首席法官伯格写道:"即使能制定出适当的指南,但只要陪审团拥有决定刑罚或对附有较低刑罚的指控裁定有罪的权力,就不能保证科刑模式会发生变化。陪审团在过去行使这些权力的过程中从没有表现出羞怯。因此,除非美国联邦最高法院在"迈克哥萨案"中对历史经验判断错误,否则就没有理由相信任何形式的科刑标准会实质性地改变死刑案件中流行的科刑制度的自由裁量特性。这一制度可能不是尽善尽美的,但它仍将表明一个不同的制度将会产生更令人满意的结果。

See 408 U. S. at 401.

186. See Kent v. United States,383 U. S. 541,555(1966)("But the admonition to function in a

'parental' relationship is not an invitation to procedural arbitrariness");Leeper v. Texas, 139 U. S. 462,468(1891)("通过法院规律性地执行的法律即为正当程序,当受到国家法律的保障时这一要求就得到了满足。正当程序受到完全相同执行的法律之保障,并且通过业已设定的私人权利原则和分配正义,不将个人置于不受约束的政府权力的任意行使之下。")See Hurtado v. California,110 U. S. 516,536–537(1884).

187. See also In re Gault,387 U. S. 1,18(1967),提道"青少年法庭的历史再一次证明了不受约束的自由裁量权通常是原则和程序的替代物,只不过是出于仁慈的动机。"

188. Batson v. Kentucky,106 S. Ct. 1712,1718(1986).

189. Godfrey v. Georgia,446 U. S. 420,428(1980)(Stewart,J. ,joined by Blackmun,Powell, and Stevens,JJ.). 完整的引文是,"这意味着,如果一个国家欲规定死刑,那么它有宪法上的责任制定和适用法律以避免死刑被任意和反复无常的适用"。(Emphasis added.)

正如美国联邦最高法院在"赞特诉斯蒂芬斯案"(Zant v. Stephens I)和"格瑞格(Gregg)案"中解释的一样,"承认佐治亚州死刑科刑合宪性最终将取决于佐治亚州最高法院对法律的解释和对死刑科刑审查",这种解释与审查应当与"福尔曼案"所关心的"死刑不能反复无常地适用或以畸形的方式施加""一惯一致"。See Zant v. Stephens I,456 U. S. 410,413(1982)(法院判决意见书包括了首席法官伯格和法官怀特、布来克姆、恩奎斯特,史蒂文斯和奥康纳的意见).

190. 105 S. Ct. 2727(1985).

191. 428 U. S. at 303.

192. 105 S. Ct. at 2737.

193. 446 U. S. 420(1980).

194. Id. at 433.

195. 然而,首席法官伯格在"福尔曼案"中持反对意见,这一意见受到了布来克姆、鲍威尔和恩奎斯特法官的赞同,但受到了道格拉斯、斯图尔特和怀特法官基于各种理由和立场的批判,但其中之一是他们"实证资料"不够充分。See 408 U. S. at 389. 他的观点表明,他相信统计学证据在平等保护问题而不是残忍和异常之刑问题上有合理的作用;他的观点也表明,他可能接受比研究目前更系统和相关的实证证明(408 U. S. at 399),但他明白地表示,他对这些研究的要求将会十分苛刻。他也写道:"任意性的这种主张不仅缺乏实证支持,而且它显然没有确定死刑是一'残忍和异常的'的刑罚。美国《宪法》第 8

修正案被包括在《权利法案》中以确保这种刑罚不会被适用，而不是为引导科刑程序。”See 408 U. S. at 399；see also id. at 397.

196. 106 S. Ct. 689(1986).

197. Id. at 706. 布来克姆法官也对社会科学研究在使美国联邦最高法院明白宪法问题的事实前提上的作用表示肯定。See Ballew v. Georgia, 435 U. S. 223(1978)；Chapter Ⅲ, Partl, infra.

198. 票数的计算对分析美国联邦最高法院适用宪法残忍和异常条款至关重要。许多重要决定都是由多数法官意见的联合而不是由清晰的多数得票数作出的。See Gillers, supra note 30, at 129；see also Tribe, *God Save this Honorable Court* 31 – 40(Random House 1985). 所有这些法官甚至当他们没有在美国联邦最高法院时似乎也倾向于坚持他们个人的立场，而不是一旦他们的反对立场表述后就加入其行列。See Brennan, “In Defense of Dissents”, 37 *Hastings L. J.* 427, 436 – 437(1986). 美国联邦最高法院本身也经常采用计算得票的方法。See California v. Ramos, 103 S. Ct. 3446, 3451 n. 9(1983)；Gardner v. Florida, 430 U. S. 349, 357(1977). 最近，在其他领域与死刑一样存在意见分歧，美国联邦最高法院在这些领域中日益采取相似的做法。E. g., Cleveland Board of Education v. Loudermill, 105 S. Ct. 1487, 1492(1985)；Garcia v. San Antonio Metro. Transit Authority, 105 S. Ct. 1005, 1021 – 1022(1985)(Powell, J., dissenting)；Welsh v. Wisconsin, 104 S. Ct. 2091, 2098 n. 12(1984)；Members of the City Council v. Taxpayers for Vincent, 104 S. Ct. 2118, 2129 n. 24, 2130 n. 26, 2131 n. 27(1984)；cf. id. at 2130 n. 25；see also Florida Dept. of Health and Rehabilitative Services v. Florida Nursing Home Ass'n, 410 U. S. 147, 153 – 154(1981). See generally Easter brook, “Ways of Criticizing the Court”, 95 *Harv. L. Rev.* 802, 832(1982).

199. See Woodson, 428 U. S. at 302 – 303(Stewart, J., with Powell and Stevens, JJ.).

200. 428 U. S. at 169；see also id. at 187.

201. See also Proffitt, 428 U. S. at 251，提道：“从其规定来看，这些程序，如那些在佐治亚州运用的程序，似乎弥补了‘福尔曼案’认识到的宪法性不足。”(emphasis added) id. at 253，提道：“从其规定来看，佛罗里达州的制度弥补了‘福尔曼案’中确认的宪法性缺陷”(emphasis added)；Pulley v. Harris, 104 S. Ct. 871, 881(1984)(“从规定来看，这一制度……难以受到‘福尔曼案’和以后案件的质疑。”)；Zant v. Stephens I, 456 U. S. 410, 413(1982)(“格瑞格案”支持佐治亚州的死刑法律，因为其中制定的标准和程序缓和了

"福尔曼案"担心的程度。); See Hertz and Weisberg, "In Mitigation of the Penalty of Death", 69 *Cal. L. Rev.* 317, 322 n. 24 (1981).

在"格瑞格案"中,斯图尔特法官对这些新程序表达了极大的信心。他将他的判断归纳如下:"陪审团再也不能肆意地和畸形地适用死刑了;这将一直受到立法指南的限制。" See 428 U. S. at 206 – 207.

202. 428 U. S. at 198.

203. Id. at 188. 在"伍德森诉北卡罗来纳州案"(Woodson v. North Carolina)中,斯图尔特法官写道:"这一问题,如在"福尔曼案"中所发现的问题,包括国家使用的以选择被适用独一无二的和不可恢复的死刑的人的程序。" See 428 U. S. at 287.

204. 402 U. S. at 207. 在"福尔曼案"中,首席法官伯格在反对意见中写道:"认为今天的裁决在美国《宪法》第 8 修正案的宣告的借口下已做了绝不否决'迈克哥萨案'的事是不坦率的。" See Furman, 408 U. S. at 400; see also id. at 448 – 449 (Powell, J., dissenting); Woodson, 428 U. S. at 319 (Rehnquist, J., dissenting). 在"福尔曼案"中,道格拉斯法官写道:"我们现在被禁锢在'迈克哥萨案'的理念中。" 408 U. S. at 248.

205. 408 U. S. at 310.

206. Id. at 309 – 310. Cf. Note, 87 *Harv. L. Rev.* 1690, 1692 – 1697 (1974).

207. 428 U. S. at 199; see Geimer, "Death at Any Cost: A Critique of the Supreme Court' s Recent Retreat from Its Death Penalty Standards," 12 *Fla. State L. Rev.* 737, 745 (1985).

208. 408 U. S. at 313.

209. Gregg, 428 U. S. at 222 – 223. "在罗伯特斯诉路易斯安那州案"(Roberts v. Louisiana)中,怀特法官也表明,他在"福尔曼案"中的判断是基于实践中的死刑而不是基于程序的缺乏。在"迈克哥萨案"中,"我们明确拒绝被告人的'宪法性权利受到允许陪审团无控制标准地适用死刑的侵犯'的主张……就我本人而言,我看不出有重新考虑'迈克哥萨案'的必要,我不愿意因为路易斯安那州的法律没有能对'迈克哥萨案'认为无须规定的问题作出规定而宣告其无效"。See Roberts, 428 U. S. at 356; see also Gillers, supra note 30, at 9 n. 35 ("后来死刑的适用因为其结果而被认为是违宪的……").

210. 428 U. S. at 195.

211. 402 U. S. at 207. See text at notes 8 – 10.

212. 428 U. S. at 193.

213. Id.

214. Id. at 194 – 195.

215. See Baldwin v. Alabama,105 S. Ct. 2727,2732(1985).

216. 428 U. S. at 293.

217. Id. at 302 – 303.

218. Id. at 303 – 304.

219. Id. at 304.

220. Furman,408 U. S. at 310 n. 12.

221. 402 U. S. at 207(emphasis added).

222. Cf. Furman,408 U. S. at 397(Burger,C. J. ,dissenting):“美国《宪法》第 8 修正案与某州在一特定案件中决定适用一特定刑罚的程序无关。”See also id. at 399. 在“格瑞格案”中,如果斯图尔特法官对“福尔曼案”的解释是正确的,那么“福尔曼案”就是美国联邦最高法院运用美国《宪法》第 8 修正案设定程序标准的第一案。See Gillers,supra note 30,at 11 – 12.

223. Furman,408 U. S. at 400.

224. Id. at 448 – 449.

225. Woodson,408 U. S. at 319.

226. 428 U. S. at 195 n. 47.

227. Id. at 193.

228. Id.

229. Id. at 195 n. 47.

230. 446 U. S. 420(1980).

231. Id. at 433.

232. See Turner v. Bass,753 F. 2d 342,353(4th Cir. 1985).

233. See Gillers,supra note 30,at 24 n. 108(1980).

234. 斯图尔特法官在他的任何一个观点中都不曾表露出他个人对死刑的痛苦。布来克姆法官以不同的方式解决了这一挣扎,它对此表示承认:“这样的案件给我带来了精神上的极度痛苦。在我对死刑的反感、嫌恶和憎恨的深处我不曾向任何人让步,这种反感、嫌恶和憎恨来自死刑身体痛苦和精神恐惧及由有限心灵所作的道德判断的所有方面。这种厌恶因死刑无法满足任何可证明的目的的信念而更加坚定。对我而言,死刑亵渎了孩童时期的教导和生命的体验,而且与我能养成的哲学信念不谐调。死刑与“敬畏生命”的任何理性相对立。”See Furman,408 U. S. at 405 - 406.

首席法官伯格也表达了关于死刑的个人立场,尽管没有任何迹象表明投票赞同死刑使他同样地极度痛苦:

如果我们拥有立法权,我将加入布伦南法官先生和马歇尔法官先生行列,至少将死刑适用限制于最恶劣的少数几种犯罪。然而,我们的宪法性调查必须与关于死刑的道德和功效的个人感觉分离,宪法性调查限于美国《宪法》第 8 修正案模糊语言的含意和适用性方面。See Furman, 408 U. S. at 375 (dissenting opinion joined by Justices Blackmun, Powell, and Rehnquist). See also State v. Woodson, 287 N. C. 578, 597 - 598, 215 S. E. 2d 607, 619 (1975) (Exum, J., concurring).

235. 他在“福尔曼案”的反对意见中,鲍威尔法官写出了审判程序的进步方面,特别是在陪审团选举中种族隔离的取消,使死刑歧视性适用的可能性最小化。

236. 104 S. Ct. 562 (1983).

237. Id. at 564 n. 2.

238. Id. at 564 - 565.

239. See Turner v. Murray, 106 S. Ct. 1683, 1695 - 1696 (1986) (Powell, J., dissenting); see England, “Capital Punishment in the Light of Constitutional Evolution: An Analysis of Distinctions Between Furman and Gregg”, 52 *Notre Dame Law*, 596, 606 - 607 (1977). Cf. Spinkellink v. Wainwright, 578 F. 2d 582, 604 (5th Cir. 1978):在“格瑞格案”中,一份由多数法官发表的声明说:“从佛罗里达州制定的法律规定来看,它弥补了‘福尔曼案’确认的宪法性缺陷……意味着在法律规定上第 921. 141 节最终剔除了‘福尔曼案’认为违反了美国《宪法》第 8 修正案和第 14 修正案的任意性和反复无常。如果事实如此,我们在抨击第 921. 141 节中所关心的将是佛罗里达州法院在判决斯盆克林克(Spenkelink)死刑时是否遵守了这一法律,并且将‘斯盆克林克案’与其他佛罗里达州死刑案相比较是必要的。” See also id. at 605 and n. 26, 613 - 614. In Smith v. Balkcom, 660 F. 2d 573, 584 - 585 (5th Cir. 1981), modified, 671 F. 2d 858 (5th Cir.), cert. den. 459 U. S. 882 (1982),然而,第五巡回审判(the Fifth Circuit)区认为“斯盆克林克案”并不能排除关于死刑法律引导性自由裁量适用的宪法性批评。相反,它仅仅需要一些对特定被告人故意歧视的证据以开始宪法性调查。See id. at 585. See also McCleskey v. Kemp, 753 F. 2d 877, 890 - 891 (11th Cir. 1985) (en banc), cert. granted, 106 S. Ct. 3331 (1986).

240. Furman,408 U. S. at 448.

241. Id. at 448 – 449.

242. 433 U. S. 584(1977).

243. Cf. Furman,408 U. S. at 461(Powell,J. ,dissenting):“可以想象,在特定的强奸案(和特定的杀人案一样)中,被告人的行为将使其最后的刑罚为非常过分的刑罚。”

与科克尔法官(Coker)不同的,当斯图尔特法官在美国联邦最高法院时,在“福尔曼案”后的每个死刑案中,除“普约斯勒尔诉佐治亚州案”[Presnell v. Georgia,439 U. S. 14(1978)]外,鲍威尔法官在投票中采取了与斯图尔特法官完全一致的方式。在“普约斯勒尔案”中,鲍威尔法官写了一个反对意见,建议为澄清州最高法院的观点将案件发回州最高法院重审,但这并不必然导致法律上反对大多数法官的意见。在“吉尔姆诉犹他州案”[Gilmore v. Utah,429 U. S. 1012(1976)]中,鲍威尔法官写了一个独立的意见,即被告人适当地放弃了联邦权利,该意见采取了与受到斯图尔特和史蒂文斯法官赞同的两个观点相同的立场。

244. 458 U. S. 782(1982).

245. 在“恩姆德案”(Enmund,458 U. S. at 796)中,美国联邦最高法院使用了“谋杀重罪共犯”这一短语;美国联邦最高法院在第 791 页、第 799 页中使用的是“谋杀重罪代理人”这一短语。

246. Enmund,458 U. S. at 829 – 830.

247. 455 U. S. 104(1982).

248. Id. at 110.

249. 103 S. Ct. 3418(1983).

250. Id. at 3429.

251. 451 U. S. 430 (1981). Justice Powell later concurred in a decision applying Bullington. Arizona v. Rumsey,104 S. Ct. 2305(1984).

252. 103 S. Ct. 3446(1983).

253. 104 S. Ct. 752(1984).

254. 408 U. S. at 430,457.

255. But see 408 U. S. at 445:“然而可能存在一些特殊案件,在这些案件中死刑对社会良心道德而言被视为过分和不正当……”

在“普利诉哈里斯案”[Pulley v. Harris,104 S. Ct. 871,875 – 876(1984)]中,美国联邦最高法院区分了两相称性问题:刑罚与犯罪性质抽象的相称性、刑罚与同种犯罪同样

发生的比较的相称性。理论上,这两个问题可以区分。See Cregg,428 U. S. at 173:

当考虑某种以抽象的形式(此种情况下,死刑是否可能以制裁的方式适用于谋杀罪)而不是以具体的形式(死作为一种刑罚适用于特定犯罪的特定被告人的适当性)存在的刑罚时,对"过分性"的调查包括两个方面。首先,刑罚必须不能施加不必要和肆意的痛苦……其次,刑罚必须不与犯罪严重性过于不成比例。

See also Baldus, Pulaski, and Woodworth, "Comparative Review of Death Sentences: An Empirical Study of the Georgia Experience", 74 *J. Crim. L. and Crim.* 661,665 - 667 (1983); Baldus, Pulaski, Woodworth, and Kyle, "Identifying Comparatively Excessive Sentences of Death: A Quantitative Approach", 33 *Stan. L. Rev.* 1,3 - 4 and n. 8(1980); Van Duizend, "Comparative Proportionality Review in Death Sentence Cases", 8 *State Ct. J.* 9,9 - 10(1984); Dix, "Appellate Review of the Decision to Impose Death", 68 *Geo. L. Rev.* 97,107(1979); Radin, supra note30,993,994 n. 16,1057 - 1062. 相当相称性概念是实践中任意性标准的本质,这一标准要求为死刑目的而对不同对待的案件进行有意义的区分。仅在与经历了抽象相称性分析的犯罪相联系中才会产生这一问题。无论是抽象相称性还是具体的相称性都是同一道德方案的组成部分。See Radin, "Proportionality, Subjectivity and Tragedy", 18 *U. C. Davis L. Rev.* 1165, 1166 - 1167 (1985),一些判决倾向于将此两个问题混作一个实践问题。抽象相称性分析关注的是其他陪审团的判断,相当相称性分析将个别犯罪分类以使其适合于与其他犯罪进行比较。例如,"恩姆德(Enmund)案"就适合于两种相称性问题:共犯重罪谋杀(accomplice felony-murder)或者分析为一种独立的犯罪,或者分析为谋杀中特定的事实情况。尽管据称在作出一个抽象相称性裁定时,美国联邦最高法院比较了对共犯判处的死刑和对实施杀人行为的人判处的刑罚(陪审团建议适用死刑;美国联邦最高法院和佛罗里达州最高法院都没有详细说明初审法官是否适用死刑)和为抢劫而伙同他进入农场的妻子的刑罚(终身监禁):"恩姆德没有实施杀人行为也没有意图杀人,因此它的应罚性显然不同于实施杀人行为的抢劫者;然而,该州经相同的方式处理了他们,并将那些实施杀人行为的人的应罚性归因于他……这在美国《宪法》第 8 修正案下是不允许的。" See Enmund,458 U. S. at 798. 两种相称性审查的效果是同样的:防止任何陪审团在特定类型的案件中适用死刑,因而对死刑犯罪的范围设定实质性限制。See Gregg,428 U. S. at 206; id. at 224(White, J. , concurring).

也考虑一下"戈弗雷诉佐治亚州案"[Godfrey v. Georgia,446 U. S. 420(1980)]。在

此案中，美国联邦最高法院认为佐治亚州“横蛮地或肆意地恶劣、可怕或非人道的”加重情节不合宪的含混不清。然而，判决却提出这样一个问题，即如果同样的杀害行为没有被科以死刑，此案的情况下（对导致被告人极度精神创伤的家庭成员立即施以杀害行为）的杀人行为，是否适合死刑。对情感型家庭危机中的杀人行为而言，这一问题可以以同样的方式在抽象的相称性分析和相当相称性分析中得到解决。

256. 433 U. S. at 603 – 604.

257. 458 U. S. at 815, 823; see also Cabana v. Bullock, 106 S. Ct. 689, 697 (1986).

258. 428 U. S. 465 (1976).

259. 428 U. S. at 490. 鲍威尔法官评论的正文是他关于排除规则的讨论。他写道：“这一规则使真相发现过程发生偏差，并且放纵有罪者。”然后他补充道：“由警察实施的错误行为和由于此规则的适用而给予有罪被告人的意外之财之间的不一致，是与对正义观念而言必不可少的相称性观念相矛盾的。”See 428 U. S. at 490.

260. 103 S. Ct. 3001 (1983).

261. Id. at 3009; see also Cabana v. Bullock, 106 S. Ct. 689, 697 (1986); see also id. at 706 (1977) (Blackmun with Brennan and Marshall, JJ., dissenting). 在“英格雷厄姆诉怀特案”(Ingraham v. Wright, 430 U. S. 651)中，鲍威尔法官也为美国联邦最高法院写了法院判决意见书，在该意见书中，他说：“残忍和异常之刑条款从三个方面限制刑事程序……其次，它禁止刑罚与犯罪的严重性过分不相称……”

262. 这一判决包含的是抽象相称性问题而不是相当相称性问题。See 103 S. Ct. at 3010 – 3011. 然而，正如在注释 255 中所讨论的，这两个问题在理论上或实际中并非可从本质上区分。

263. 455 U. S. 104 (1982).

264. Id. at 112; see also Ford v. Wainwright, 106 S. Ct. 2595, 2610 (1986) (Powell, J., concurring)：“申诉者心智健全的判断似乎仅仅基于由州聘请的精神病医师的检查而得出。这种程序产生任意性和错误……”

265. 史蒂文斯和斯图尔特法官在 1976 年的几个案件中投票立场相同：Davis v. Georgia, 429 U. S. 122 (1976); Coker v. Georgia, 433 U. S. 584 (1977); Gardner v. Florida, 430 U. S. 349 (1977); Lockett v. Ohio, 438 U. S. 586 (1978) and Bell v. Ohio, 438 U. S. 637 (1978); Presnell v. Georgia, 439 U. S. 14 (1978); Green v. Georgia, 442 U. S. 97 (1979); Godfrey v. Georgia, 446 U. S. 420 (1980); Bullington v. Missouri, 451 U. S. 430 (1981) and Arizona

v. Rumsey,104 S. Ct. 2305(1984).

在“埃丝特尔诉史密斯案”[Estelle v. Smith,451 U. S 454(1981)]中,两位法官都基于不恰当地会见被告人而投票赞同推翻死刑。史蒂文斯法官在占大多数的法官意见上签了字;斯图尔特法官则写了一个独立的赞同意见,同意大多数法官理论中的一个而拒绝了其他的理论。在“吉尔姆诉犹他州案”[Gilmore v. Utah,429 U. S. 1012(1976)]中,斯图尔特法官赞同一个没有签署的大多数法官的意见,裁定被告人放弃了他所有的联邦权利;史蒂文斯写了一个具有同等效果的独立意见。这两个法官在其任期内,在美国联邦最高法院受理的所有的死刑案中立场一致。

266. 104 U. S. 871,881 -884(1984).

267. Wainwright v. Witt, 105 S. Ct. 844 (1985); Strickland v. Washington, 104 S. Ct. 2052 (1984); Pulley v. Harris, 104 S. Ct. 871 (1984); Barclay v. Florida, 103 S. Ct. 3418 (1983); Zant v. Stephens, 103 S. Ct. 2733 (1983); Barefoot v. Estelle, 103 S. Ct. 3383 (1983); Hopper v. Evans, 456 U. S. 605 (1982); Gilmore v. Utah, 429U. S. 1012 (1976); Jurek v. Texas, supra note 74; Proffitt v. Florida, supra note 69; Gregg V. Georgia, supra note 70.

268. 428 U. S. 325,334(1976).

269. Id. at 335.

270. 428 U. S. 262(1976).

271. 430 U. S. 349(1977); see also Cabana v. Bullock, 106 S. Ct. 689,708(1986); Spaziano v. Florida,104 S. Ct. 3154,3167(1984). 他也加入到由赞同特别死刑保障措施的其他法官所写的意见中。See Darden v. Wainwright, 106 S. Ct. 2464,2476(1986)(Blackmun, J., dissenting, with Brennan, Marshall, and Stevens, JJ.).

272. 104 S. Ct. at 884.

273. Id. at 882.

274. Id.

275. 在“鲍尔温诉亚拉巴马州案”[Baldwin v. Alabama,105 S. Ct. 2727(1985)]中,史蒂文斯法官在一反对意见中表达了对在本案中受到质疑的程序充分性的关心:由强制的陪审团死刑科刑传达的信息的任意性和不确定性,使这一科刑成为法官考虑中的在宪法上不允许的因素。Id. at 2740. 他也表现出对此案在美国联邦最高法院中的程序运作方式的关心:此案的记录明白地表明,陪审团的科刑事实上使人想起 1977 年“鲍尔温案”中的科刑法官。Cf. Eddings v. Oklahoma, 455 U. S. 104, 112 – 114(1982)(考虑法官实际运用俄克拉荷马州死刑法律的记录证据). See Id. at 2741.

问题在于史蒂文斯法官是否也会关心从规定来看显得公正但产生任意性结果的程序的证据,无论在特定案件中结果是否能被证明与法律标准相矛盾。

276. 455 U. S. 104, 117(1982).

277. Id. at 118.

278. 104 S. Ct. 2305(1984).

279. 105 S. Ct. 2633, 2646(1985).

280. Darden v. Wainwright, 106 S. Ct 2464 (1986); Lockhart v. McCree, 106 S. Ct. 1758 (1986); Poland v. Arizona, 106 S. Ct. 1749 (1986); Cabana v. Bullock, 106 S. Ct. 689 (1986); Baldwin v. Alabama, 105 S. Ct. 2727 (1985); Wainwright v. Witt, 105 S. Ct. 844 (1985); Spaziano v. Florida, 104 S. Ct. 3154 (1986); Pulley v. Harris, 104 S. Ct. 871 (1984); Maggio v. Williams, 104 S. Ct. 311 (1983); Barclay v. Florida, 103 S. Ct. 3418 (1983); Barefoot v. Estelle, 103 S. Ct. 3383 (1983); Zant v. Stephens, 103 S. Ct. 2733 (1983); Hopper v. Evans, 456 U. S. 605 (1982); see Strickland v. Washington, 104 S. Ct. 2595, 2612(1986); cf. Ford v. Wainwright, 106 S. Ct. 2595, 2612(1986).

281. 103 S. Ct. 3446(1983).

282. 458 U. S. 782(1982).

283. See notes 236 – 238 and accompanying text.

284. 458 U. S. 782(1982).

285. 布来克姆法官在这些案件的每个案件中分别写出了意见,以将他的投票建立在他在"福尔曼案"中的观点之上。他仅仅在"罗伯特斯诉路易斯安那州案"(Roberts v. Louisiana)中赞同怀特法官的观点。

286. 428 U. S. at 220.

287. Gregg, 428 U. S. at 221.

288. Proffitt, 428 U. S. at 260.

289. Gregg, 428 US. at 220 – 221.

290. Id. at 222.

291. 布来克姆法官仍然对"福尔曼案"的基本原理表示冷淡。

292. 428 U. S. at 221 – 222.

293. Id. at 224.

294. 在“格瑞格案”中,斯图尔特法官拒绝纯粹的死刑很少发生的理论:“陪审团裁决中施以死刑科刑相对的很少发生,并不意味着本质上(per se)拒绝死刑。相反,在许多案件中陪审团不愿意适用死刑可能正好反映了这一制裁的不可恢复性应当留给少数极端的案件这一人道情感。”428 U. S. at 182. 然而,他继而指出:“到 1976 年 3 月底,460 多人受到了死刑科刑,”id. at 182,显然表明死刑不再很少适用,尽管没有提到很少发生的任何标准。See also Woodson,428 U. S. at 303:“尽管可以合理地预期强制性死刑法律将增加被科处死刑的人的数量,但这并不符合‘福尔曼案’的基本要求……”

295. See Roberts,428 U. S. at 360:“如果在像路易斯安那州法律的强制制度下存在死刑畸形和过于稀罕的适用,那么就没有理由相信陪审团将仍会忠于他们在佐治亚州和佛罗里达州制度下的指令,在这些制度中,陪审团更有机会行使他们不受约束的自由裁量权。”在伍德森案中,斯图尔特法官同意,强制死刑可以增加死刑科刑的数量,但认为这仍然产生不可容允的任意性的危险。See Woodson,428 U. S. at 303.

296. 可能正是他们对于这些法律的立场导致怀特法官在这三个案件中与他们保持独立,尽管这一差异(关于适用的规则适用于他们观点不一致的情况的差异)不一定使一个法官拒绝同意同一时期的法官意见(该意见采取了那些同样的规则以在不同的情况下得出更可接受的结论)。

297. Roberts v. Louisiana,428 U. S. at 346. 怀特法官可能已经补充道,同样的考虑因素导致美国联邦最高法院宣告所有其他死刑法律无效,而没有对它们的执行作任何公开发表的评估。

298. Jurek,428 U. S. at 279:“正如今年 2 月,33 人(包括申诉者)在得克萨斯州谋杀法下被科处死刑。”

299. “我不能在这个节骨眼上确定这一制度下的死刑将被如此少地和任意地适用,以至不能实现刑罚的功能……”See Jurek,428 U. S. at 279.

300. Gregg,428 U. S. at 222.

301. 428 U. S. at 223. 州最高法院在刑罚审查中的权力限于撤销一些案件中的死刑,在这些案件中适用了与类似案件中终身监禁或更轻的刑罚不相称的死刑。没有给予州最高法院通过在类似案件中给予死刑处罚以纠正不相称问题的权力。“在宽恕方面的错误是不可撤销的。”See State v. Fowler,151 N. C. 731,733,66 S. E. 567,567(1909). 上诉审查功能的发挥将一般地减少死刑的频率。这将以两种方式实现这一结果:通过推翻特定的死刑科刑和通过将某些犯罪种类完全从可判处死刑的犯罪中剔除出来。怀特法官注意到佐治亚州最高法院以第二种方式有效地排除了死刑被适用于抢劫罪和某些种类的强奸犯罪。See Gregg,428 U. S. at 224.

尽管死刑适用频率随之减少,但怀特法官相信上诉审查的效果将进一步将死刑罪的种类缩小到"特别严重的犯罪或与死刑特别相当的犯罪"。See Gregg,428 U. S. at 221,以至陪审团"将在限定的案件中适用死刑。"See Id. 因此,怀特法官显然关心的不是死刑科刑的绝对频率,而是在适当的死刑犯罪种类中这种科刑的频率。其法律受到美国联邦最高法院审查的五个州中,每个州的死刑谋杀种类十分宽泛,以致怀特法官似乎期望在这些法律下产生大量的这种案件。因此,他没有说他是否会赞成死刑适用于如此窄的犯罪种类,以致此种犯罪发生概率十分小,以致有罪宣告和因此而致的死刑必然变得十分罕见。大概怀特法官将仅仅坚持与犯罪发生率相当的死刑适用频率。那一情况当然能与一般预防原理相一致。否则,如果死刑作为一般预防的效力应当在任何时候都要证明的话,它将使死刑违宪。

302. 428 U. S. at 224.

303. Id.

304. Roberts v. Louisiana,428 U. S. at 360.

305. Id. at 356.

306. See 428 U. S. at 347 – 348,356 – 358.

307. 438 U. S. 586,621(1978).

308. 在"洛科特案"(Lockett)中,首席法官伯格加入到法官斯图尔特、鲍威尔、史蒂文斯行列,并写出了大多数法官的意见。法官怀特、马歇尔和布莱克姆在以共同原理为基础的几个独立意见中一致认为,这预测了"恩姆德诉佛罗里达州案"[Enmund v. Florida,458 U. S. 782(1982)]的判决。布伦南法官没有参与。首席法官恩奎斯特投了赞同死刑的单独一票。

309. 438 U. S,at 604. 在"洛科特案"(Lockett)中当写作反对意见时,首席法官恩奎斯特错误地将这一观点的范围表述为"实际上,我们现在被告人知,为了判处死刑,法官或陪审团必须明确接受辩护人希望他们听到的任何东西"。See 438 U. S. at 629;See also id. at 632(White,J. ,concurring and dissenting)("任何和所有减轻情节"). 正如大多数意见所解释的:"在此观点中没有任何东西将法院的传统权力限于排除与被告人的人格、前科或其犯罪的环境无关的证据。"See 438 U. S. at 604 n. 12. But see Weisberg,"Deregulating

Death," 1983 *Sup. Ct. Rev.* 305,324 - 325.

310. 438 U. S. at 605.

311. Id. at 597.

312. Id. at 622.

313. Id. at 623.

314. 402 U. S. at 207.

315. See Radin,"Cruel Punishment and Respect for Persons:Super Due Process For Death", 53 *So. Cal. L. Rev.* 1143,1149 - 1155(1980).

316. See 428 U. S. at 197.

317. See 428 U. S. at 248;see also Barclay v. Florida,103 S. Ct. 3418,3426(1983).

318. 446 U. S. 420(1980).

319. 此处的大多数法官包括法官斯图尔特、布来克姆、鲍威尔和史蒂文斯。法官马歇尔与布伦南基于他们的观点一致认为死刑构成了残忍与异常之刑。

320. 446 U. S. at 433.

321. Id. at 450.

322. Id. at 428.

323. 103 S. Ct. 3418(1983).

324. 103 S. Ct. at 3446(1983).

325. 104 S. Ct. 378(1983).

326. 103 S. Ct. at 3427.

327. 103 S. Ct. at 3456 - 3457.

328. Id. at 3457.

329. Id. at 3457 n. 22.

在"考德威尔诉密西西比州案"[Caldwell v. Mississippi,105 S. Ct. 2633(1985)]中,怀特法官加入了首席法官恩奎斯特的反对意见,在该意见中他们说如果检察官"向陪审团主张它应当毫不犹豫地适用死刑,因为这并不真正重要——上诉法院将纠正陪审团在选择刑罚中可能犯的任何'错误'……我将完全同意此程序有悖于与程序公正相关的某些宪法标准。但……此处的主张没有告知陪审团它将没有责任适用死刑"。See id. at 2649.

330. 103 S. Ct. 3383(1983).

331. 另外,在“吉尔姆诉犹他州案”[Gilmore v. Utah,429 V. S. 1012(1976)]中,怀特法官写出了一个反对意见,在该意见中美国联邦最高法院支持被科处死刑的被告人对上诉权利的放弃。怀特法官主张犹他州死刑法律“在‘福尔曼案’下受到实质性的质疑”,See 429 U. S. at 1017 - 1018,并且“在刑事案件中被宣告有罪的被告人的同意并没有给予某州适用由美国《宪法》第8修正案所禁止的刑罚的特权”。See 429 U. S. at 1018.

332. 442 U. S. 95(1979).

333. 451 U. S. 454(1981).

334. Miranda v. Arizona,384 U. S. 436(1966).

335. 448 U. S. 38. 46(1980).

336. 408 U. S. at 399 n. 28.

337. 408 U. S. at 310.

338. 428 U. S. at 260.

339. 428 U. S. at 279.

340. 428 U. S. at 307.

341. Cf. Furman,408 U. S. at 376(Burger,C. J. ,dissenting):“宪法禁止所有极端和野蛮残忍的刑罚,无论是经常性地适用还是不经常地适用。”See Murphy,supra note 30,at 224.

342. 433 U. S. 584(1977).

343. 458 U. S. 782(1982).

344. 433 U. S. at 592.

345. 458 U. S. at 800.

346. Id. at 798 - 799.

347. 428 U. S. at 355.

348. Id. at 354;Enmund,458 U. S. at 798.

349. Gregg,428 U. S. at 163,190 - 191,195;Proffitt,428 U. S. at 248,259.

350. Gregg,428 U. S. at 164 - 165,192 - 195;Proffitt,428 U. S. at 248 - 250,255 - 258.

351. Gregg,428 U. S. at 195. In Pulley v. Harris. 104 S. Ct. 871(1984),美国联邦最高法院后来对“格瑞格案”作了如下的解释:“这一分为两部分的程序、被限制的死刑犯罪的数量、至少提出一个加重情节的要求和减轻情节的考虑使完全任意、反复无常或畸形科刑的风险最小化。”See 104 S. Ct. at 876 - 877.

352. Jurek,428 U. S. at 276.

353. Gregg,428 U. S. at 195.

354. Turner v. Murray,106 S. Ct. 1683,1687(1986)因为在死刑科刑听讼中赋予陪审团的自由裁量的范围…… Cf. McGautha,402 U. S. at 217:陪审团指南“没有提供防止陪审团基于任意或任性作出裁定的措施”。

355. Gregg,428 U. S. at 194 - 195;see also Proffitt,428 U. S. at 252 - 253:“佛罗里达州死刑科刑程序寻求确保死刑不会被以任意或反复无常的方式适用。而且,存在的任何与此相对的危险都被佛罗里达州上诉审查制度最小化……”See also id. at 252:“在初审法院这一层次的死刑适用中法院科刑应当保持更大的一致性,因为在科刑中初审法官比陪审团更有经验,因此,更能够适用与那些在类似案件中科处的刑罚相似的刑罚。”

356. Gregg,428 U. S. at 204;Proffitt,428 U. S. at 258.

357. Gregg,428 U. S. at 166 - 167,204 - 206;Proffitt,428 U. S. at 258 - 259.

358. Proffitt,428 U. S. at 250 - 251.

359. Id. at 251.

360. Id. at 258.

361. Gregg,428 U. S. at 204;see also Baldus,Pulaski,and Woodworth,supra note 255,at 672 - 678;Baldus,Pulaski,Woodworth,and Kyle,supra note 255,at 1 - 2 n. 1.

北卡罗来纳州最高法院在死刑案件中的相当相称性审查在注释中作了描述,63 *N. C. L. Rev.* 1146(1985)。

362. See Tichnell v. State,297 Md. 1,468 A. 2d 1,24 - 25(1983)(Eldridge,J. ,concurring);id. at 26(Cole,J. ,concurring);id. at 30 - 36(Davidson,J,. dissenting).“在当前允许适用死刑的 37 个州中有 31 个州要求对死刑科刑进行相当相称性审查。”See note,69 *Cornell L. Rev.* 1129,1189,1242 - 1243(1984).

363. 首席法官恩奎斯特在“伍德森案”中持反对意见。他认为,显然的是,通过比较一个适用死刑的案件的事实和另一个没有适用死刑的案件的事实的程序进行的死刑上诉审查,根本不可能提供任何有意义的防止陪审团作出任何歧视性裁决的措施。如此死刑科刑审查所能提供的只是在特征上大书特书的事实情况的比较……佐治亚州最高法院有所不知的是……当它在死刑案中审查陪审团科处的非死刑刑罚时,是陪审团成员们发现了提出的加重情节,仍决定建议宽恕,还是相反地,根本没有发现加重情节并选择了宽恕?所以,尽管如果在陪审团的裁决中不存在可能的事实缺陷时这种“相称性”型的审查可以达到其目的,但它在这种缺陷不一定存在的情况下是不能实现其目标的。

428 U. S. at 316,318,See also Tichnell v. State,297 Md. 1,468 A. 2d 1,17(1983). 然而,首席法官恩奎斯特在"格雷格案"中,赞同怀特法官的观点,主张对相称性进行审查。

364. Cf. Enmund v. Florida,458 U. S. 782,796(1982);Woodson v. North Carolina,428 U. S. 280,316(1976)(Rehnquist,J. ,dissenting). See Van Duizend,supra note 255,at 11.

365. Gregg,428 U. S. at 204 n. 56.

366. Id. ;see also Zant v. Stephens,103 S. Ct. at 2733,2744 n. 19(1983).

367. Gregg,428 U. S. at 204 n. 56.

368. Id.

369. Proffitt,428 U. S. at 258 -259;see generally Dix,supra note 255.

370. Gregg,428 U. S. at 205 -206;Proffitt,428 U. S. at 259.

371. Roberts,428 U. S. at 335 -336.

372. 当然,一个州的最高法院认识到死刑科刑模式的变化可能需要很长的一段时间,特别是如果其调查中一般不包括非死刑案件的情况下时间则更长。

另外,相称性审查将防止陪审团对以前陪审团认为不适合于科处死刑的案件开始适用死刑。以前的惯例将要求州最高法院将以潜在发展中的新模式处理的第一个案件当作非常并抑制这一做法。Cf. Coker v. Georgia,433 U. S. 584,613(1977)(Burger, C. J. ,dissenting).

当然,这是相称性审查特点的一个结果,这一审查允许州最高法院在规定了死刑的案件中仅仅通过撤销死刑加以纠正,而不允许州最高法院在没有适用死刑的案件中适用死刑(不通顺)。See Woodson,428 U. S. at 318 -319(Rehnquist,J. ,dissenting)("上诉审查无法纠正作为陪审团行使任意自由裁量权的受惠者的幸运的少数人的所获……它可能在范围的一端作出纠正,但无法在另一端作出纠正。")这一过程是谨慎的且可能在宪法上是需要的。Cf. United States v. DiFrancesco,449 U. S. 117(1980). 因为科刑法官或陪审团在死刑决定中有自由裁量权,有利于宽恕的决定由对特定案件而言独特的减轻情节所决定。Cf. Lockett v. Ohio,supra note 26. 允许上诉中死刑适用的任何程序将不得不仔细地制定,以在减轻情节个别化考虑中使其包括宪法上要求的广度。这一要求可区分死刑案件与其他案件,在这些案件中一个科刑可能在上诉中被提高。United States v. DiFrancesco,supra.

373. Gregg,428 U. S. at 206;see also id. at 195:"在科刑当局被要求详细说明在其作出其决

定中所依赖的事实之处,就可获得有意义的上诉审查的进一步保障措施,以确保死刑判决不是以反复无常或畸形的方式作出。

374. Proffitt,428 U. S. at 258 – 259. 在此,多数意见从纯粹基于法律的规定的评价转向包括考虑其实践中的执行。尽管这一转变增强了美国联邦最高法院对佛罗里达州法律的形象评价,但"朱瑞克(Jurek)案"却证明这一转变根本不具有决定性。参见本注释之正文。

375. Jurek,428 U. S. at 276.

376. See Dix,supra note 255,at 102 – 103,106.

377. See id. at 107.

378. Proffitt,428 U. S. at 253.

379. Gregg,428 U. S. at 211. 首席法官恩奎斯特和当时的首席法官伯格签署了这一意见。

380. Gregg,428 U. S. at 222 – 223.

381. Cf. note 301,supra.

382. 428 U. S. at 223.

383. Id.

384. Proffitt,428 U. S. at 260.

385. Jurek,428 U. S. at 278.

386. See Woodson,428 U. S. at 316 – 317(Rehnquist,J.,dissenting):"当然,依据定义,在一个强制制度中不可能存在科刑决定的事实基础的独立上诉审。"

387. 430 U. S. 349(1977).

388. 多数法官(史蒂文斯法官,与斯图尔特法官及鲍威尔法官)为佛罗里达州最高法院申辩,因为它"是在我们对"普罗菲特诉佛罗里达州案"作出判决前和它自己考虑"普罗菲特案"[Proffitt,315 So. 2d 461(1975)]或"特德诉佛罗里达州案"[Tedder v. State,322 So. 2d 908(1975)]前对申诉者的案件作出判决的"。430 U. S. at 361 n. 12.

389. 430 U. S. at 365.

390. Id. at 367.

391. Id. at 368.

392. 433 U. S. 584(1977).

393. Id. at 592.

394. Id. at 597 – 600.

395. Id. at 593 – 596.

396. Id. at 596 – 597.

397. Id. at 597.

398. Id.

399. Gregg,428 U. S. at 224.

400. Coker v. State,234 Ga. 555,216 S. E. 2d 782,797(1975).

401. Gregg,428 U. S. at 204 – 205 n. 56.

402. See also Enmund v. Florida,458 U. S. 782(1982).

403. 446 U. S. 420(1980).

404. Id. at 433.

405. Godfrey v. State,243 Ga. 302,253 S. E. 2d 710,718(1979).

406. 446 U. S. at 449 – 451.

407. Id. at 451. 怀特法官也比较了“戈弗雷案”中的事实与适用了死刑的其他案件中的事实。和多数法官一样,他并没有着眼于适用了死刑的案件,即使他围绕“区分适用了死刑的少数案件与没有适用死刑的多数案件有意义基础”的标准方面似乎表明如此。

408. 446 U. S. at 439.

409. See Beck v. Alabama,447 U. S. 625,638(1980).

410. 103 S. Ct. 2733(1983).

411. Id. at 2744.

412. Id.

413. Id. at 2744 n. 19.

414. Id. at 2749 – 2750.

415. 103 S. Ct. 3418(1983).

416. Id. at 3428.

417. Id. at 3436.

418. Id. at 3441 – 3442,3444.

419. 104 S. Ct. 871(1984).

420. 104 S. Ct. 311(1984).

421. 104 S. Ct. at 881.

422. See Dix,supra note 255,at 108 – 109 n. 87(1979).

423. See Zant v. Stephens, 103 S. Ct. 2733, 2747(1983)("在宪法上不允许的或与科刑程序毫不相干的一些因素,例如,被告人的种族、宗教或政治从属关系"); see also Baldwin v. Alabama, 105 S. Ct. 2727, 2733(1985).

424. 408 U. S. at 390 n. 12.

425. Id. 另见鲍威尔法官为同样四位法官所写的反对意见:"可能会提出一个以平等保护条款作为假定前提的主张。例如,如果一个黑人被告人能证明他们种族的成员比被指控犯有同种罪的其他人更多地被适用于严厉的刑罚,则可能成立违宪。" See Id. at 449; see also id. at 450.

426. Hunter v. Underwood, 105 S. Ct. 1916, 1920(1985); Village of Arlington Heights v. Metropolitan - Housing Development Corp., 429 U. S. 252, 265 - 266(1977); Washington v. Davis, 426 U. S. 229, 240(1976).

427. 408 U. S. at 390 n. 12.

428. 104 S. Ct. 562(1983).

429. Id. at 563(Powell, J., dissenting).

430. Id. at 564 - 565.

431. 104 S. Ct. at 564 n. 2. Cf. Furman, 408 U. S. at 253, 255 - 256(Douglas, J., concurring); see also Smith v. Balkcom, 660 F. 2d 573, 585(5th Cir. 1981), modified, 671 F. 2d 858(5th Cir.), cert. den., 459 U. S. 882(1982).

432. 104 S. Ct. 3498(1984).

433. Id. at 3499.

434. 104 S. Ct. 2183(1984).

435. 104 S. Ct. 450(1984).

436. Id. at 451.

In Hitchcock v. Wainwright, 745 F. 2d 1332(11th Cir. 1984), affirmed enbanc, 770 F. 2d 1514(11th Cir. 1985),第十一巡回区判定被告人有权获得对其"在佛罗里达州死刑是以种族歧视方式适用的主张"进行根据证据的诉讼。745 F. 2d at 1342; 770 F. 2d at 1516. 在评述他"基于在苏里万诉威恩怀特案[Sullivan v. Wainwright, 721 F. 2d 316, 317(11th Cir.), aff'd, 104 S. Ct. 450(1983)]被该法院拒绝的同一统计学研究"的诉讼主张中,该法院认为:"美国联邦最高法院已经认为这一论据没有价值。"[Wainwright v. Ford, 104 S. Ct. 3498(1984)] Id.

在1986年6月9日，基于这一问题，美国联邦最高法院在此案和其他两个案件中发出诉讼文件移送命令。See 106 S. Ct. 2888(1986). See also Griffin v. Wainwright, 760 F. 2d 1505, 1518(11th Cir. 1985), vacated and remanded, 106 S. Ct. 1964(1986).

437. Roach v. Martin, 757 F. 2d 1463, 1471(4th Cir. 1985); Briley v. Booker, 746 F. 2d 225, 227(4th Cir. 1984); Shaw v. Martin, 733 F. 2d 304, 311 – 313(4th Cir. 1984).

438. McCleskey v. Kemp, 753 F. 2d 877(11th Cir. 1985), cert. granted, 106 S. Ct. 3331(1986); see also Griffin v. Wainwright, supra note 436.

439. 753 F. 2d at 890.

美国联邦最高法院确实认识到"在死刑适用中种族歧视并非'福尔曼案'的基础"。Id. 然而，它也认为：

尽管，令人信服的是，导致一州死刑科刑制度在美国《宪法》第8修正案下的任意和反复无常的种族隔离影响的程度和量，可能稍微不同于导致在美国《宪法》第14修正案的平等保护条款下的歧视推论故意的种族隔离影响的程度与量，但我们没有必要判定在关于制度合宪性问题上可能导致相反结论的量上是否可能存在不同。

Id. at 891. 集中于种族因素使美国联邦最高法院看不见任意性调查更一般的特性。See id. at 892.

440. Id. at 892.

441. Id.; see also id. at 893："单纯的根本不同的影响不足以成立对《宪法》第14修正案的违反。必须存在歧视故意的表现。" See also Griffin v. Wainwright, supra note 436.

1986年7月7日，在"麦克莱斯基诉肯普案"(McCleskey v. Kemp)中，美国联邦最高法院批准了诉讼文件移送命令。See 106 S. Ct. 3331(1986).

442. Furman, 408 U. S. at 249, 257.

443. Id. at 313.

444. See notes 60 – 61, supra.

445. 即使在那种情况下，州法院可能以与"福尔曼案"相似的方式解释州宪法的规定。例如，北卡罗来纳州《宪法》第27节第1条规定："不得要求过多的保释金，不得适用过分的罚金，不得适用残忍和异常之刑。"北卡罗来纳州最高法院认为美国联邦最高法院的一个判决以州宪法中的一个类似规定解释联邦宪法规定，"尽管由于我们对美国联邦最高法院观点的尊重的原因，它具有说服力，但这并不妨碍我们对州宪法规定的解释。" Horton v. Gulledge, 277 N. C. 353, 359, 177 S. E. 2d 885, 889(1970); see also Henry

v. Edmisten, 315 N. C. 474, 480, 340 S. E. 2d 720, 725 (1986); State v. Lane, 301 N. C. 382, 384, 271 S. E. 2d 273, 275 (1980); State v. Jarrette, 284 N. C. 625, 655, 202 S. E. 2d 721, 741 (1974). See generally McGraw, ed., *Developments in State Constitutional Law* (West 1985)(由各州法院全国中心首席法官联合会主办的威廉斯堡会议上提交的论文集); Brennan, "State Constitutions and the Protection of Individual Rights", 90 *Harv. L. Rev.* 489 (1977); Nettik Simmons, "Towards a Theory of State Constitutional Jurisprudence", 46 *Mont. L. Rev.* 261 (1985); Symposium, "The Emergence of State Constitutional Law", 63 *Tex. L. Rev.* 959(1985); "Special Project: The Constitutionality of the Death Penalty in New Jersey", 15 *Rutgers L. Rev.* 261, 323 – 324, 342 – 347, 384 – 385 (1984); Exum, "Dusting Off Our State Constitution", 33 *N. C. State Bar Quarterly* 6 (Spring 1986).

446. 753 F. 2d at 905. 在得到哈特彻特法官(Hatchett)和克拉克法官加入的反对意见中,也认为:"一制度错误处理了大量案件的事实是此整个制度不正确运作的令人信服的证据。"See Id. at 914. 他进一步指出:

美国联邦最高法院在"普利诉哈里斯案"(Pulley v. Harris)中……强调了除将控制陪审团自由裁量权并确保科刑不会陷入任意性模式的上诉相称性审查外的一些因素。在"普利案"(Pulley)中的判决不再强调在个案中任意性证据的重要性,而排他地关注"制度的"任意性。See Id. at 909 n. 3.

第三章　实证研究

美国联邦最高法院对宪法性问题的判断,通常要求政策判断,这种政策判断取决于个案事实之外的社会环境信息。为理解作为他们注意到的问题之基础的社会和经济知识,美国联邦最高法院依靠多种来源的信息。日益重要的来源之一就是社会科学研究。

第一节　社会科学研究与美国联邦最高法院的方法论

传统上,形成政策决策事实前提的司法方法[1]——与个案解决方法相关历史事实相比[2]——基本上是凭直觉的。[3]"福尔曼案"就是一个例证。大多数法官凭其经验判定死刑是如此任意性地适用,故不能通过宪法性审查。他们寻求可以获取的最好信息,但在实证研究的形式下无法获得足够的信息。[4]在没有充足的科学资料支持其事实前提的情况下,他们仍然毫不犹豫地依靠它们。[5]因为必须判定面临的政策问题,他们援引了传统的司法方法。

判例发展的过程中提供了经验积累,这些经验形成了法院普遍信赖的信息资料。

在努力使社会正义感在规则和原则中得到明确表达的过程中,法律调查专家的方法一直是试验性的。判例法的规则和原则从不曾被视为最后真实,而是作为法律适用中的某些假定,这些规则和原则始终在那些伟大的法律试验室——审判庭中进行重复试验。[6]

美国联邦最高法院传统上信赖的直觉也是因法官的生活经历、他们对流行的正义和道德准则的理解和他们对历史、哲学、经济学及社会科学的研究而形成的。[7]美国联邦最高法院也习惯于查阅历史学知识,偶尔查阅道德和政治哲学,并日益重视查阅经济学知识。[8]他们在理解受理案件所涉领域的问题时也一直依靠社会科学信息,但不一定在他们的观点中加以引用。[9]通过这种方式,社会科学的学说对美国联邦最高法院宪法性政策之考虑有非正式的影响。最近,社会科学开始用现代实验性的、观测的、统计的和调查的技术量化可能与司法政策制定有关的现象。[10]美国联邦最高法院直接考虑的特定相关的研究也有适当的作用。

美国联邦最高法院开始在形成其政策前提中在一定程度上重视社会科学研究成果。与其他法院一样,美国联邦最高法院已习惯于在判定与其受理的案件相关的事实问题中评价统计资料的使用,例如,在特定陪审团的选择中、在特定雇佣决定中或在特定政治界限的划定中是否存在歧视。[11]对美国联邦最高法院而言,使用实证研究以评价死刑适用的合宪性也不是什么例外。

美国联邦最高法院获取这种证据的一般方法,正如仅与特定案件相关的证据,可能在审判中受到专家证词的质询。[12]那不是提出与一般政策问题相关的证据的唯一可能程序。[13]并非每一个案件到达美国联邦最高法院都是始于它最具全国重要性;也不是每个案件都始于某些资源的大量投入,以至于有必要形成相关联的社会科学的完整记录。报告这种研究的惯用方式是学术性的出版物。通过这一方式,研究能受到其他调查研究者的仔细审查;通过这种方式,学术批判能发挥本应在法庭审判中由交叉询问发挥的作用。[14]自 20 世纪早期开始,美国联邦最高法院便已接受以学术出版物形式提出的归纳性的社会科学研究,尽管这些学术性出版物没有承受住下级法院对抗程序的检验。美国联邦最高法院通过自己的研究注意到了它们,或者律师在他们提交的案情摘要中综合了它们的内容。《布兰代斯的诉讼摘要》(Brandei's brief)的原文令人信服地提交美国联邦最高法院,以支持州立法的合宪性,它是关于长时间劳动对女性而言是危险的这一后果的综合研究,以及由几个州制定的立法收集、国外为女性特殊要求而对劳动时间所作的限制。[15]今天,对美国联邦最高法院而言,为获得相关重要信息超出案卷范围是通常的事,尽管它这样做时不总是承认这一点。[16]

美国联邦最高法院在判决“高尔特案”(In re:Gault)[17]中,对社会科学研究给予了极大的关注。此案要求美国联邦最高法院判定是否少年犯罪审判程序中正当程序要求某些特殊程序。美国联邦最高法院首先通过阅读已出版的对少年法庭的研究,了解少年法庭的实际运作。[18]由于发现“崇高理想没有实现”,[19]美国联邦最高法院认为这些法庭上的少年有权了解对自己的指控,有权聘请律师,有免于强迫自证其罪的特权,以及与对他们不利的证人进行交叉询问的权利。没有这些外部信息,美国联邦最高法院将无法像它被呼吁的那样从宪法角度对少年法庭制度作出现实的评估。

美国联邦最高法院的另一个判决[“巴柳诉佐治亚州案”(Ballew v. Georgia)[20]]反映出实证资料在宽泛政策问题上的强烈影响,该案涉及的是人数最少的陪审团的合宪性问题。[21]在“威廉斯诉佛罗里达州案”(Williams v. Florida)[22]中,美国联邦最高法院较早地赞成在重罪审判中使用6人陪审团。怀特法官在给美国联邦最高法院为“威廉斯案”所写的法院判决意见书中,他考虑了历史学、[23]法律拟订者的意图[24]和先例,[25]但鉴于这些因素均非决定性的,它取决于美国联邦最高法院12人的要求是否是实现陪审团审判目的必不可少的宪法性要求的判断。[26]在作出这一判断中,美国联邦最高法院主要运用了其传统的司法直觉。[27]怀特法官的观点也仔细考虑了可得的社会科学研究,并得出结论,这没有反对凭直觉的假定。[28]仅3年后,在“科尔格罗夫诉巴廷案”(Colegrove v. Battin)[29]中,美国联邦最高法院也赞同在民事案件中6人陪审团的合宪性。再一次,美国联邦最高法院认真考虑了现有社会科学研究,并得出结论,有关证据是相互冲突的。[30]美国联邦最高法院提到“最近四个研究已提供了关于威廉斯案结论正确性的令人信服的实证证据”。[31]

然而,“威廉斯案”与“科尔格罗夫案”“产生了大量的关于陪审团人数规模的学术著作”。[32]在“巴柳诉佐治亚州案”中,美国联邦最高法院可获得这些证据。在该案中要求美国联邦最高法院同意5个人的陪审团。法官布莱克门、史蒂文斯、布伦南、斯图尔特、马歇尔的大多数意见完全依靠实证证据拒绝这样做。布莱克门法官的意见仔细讨论了这些研究成果,[33]认为“收集的资料对少于6人的陪审团的可靠性和恰当的代表性提出了实质性的质疑”。[34]鲍威尔法官在为他自己、首席法官伯格和法官伦奎斯特所写的意见中认为:“布莱克门法官先生严重依赖衍生于统计研究的数字命理学。而且,引用的研究的有效性和所采用方法论都不从属于对抗程序传统的检验方式。”[35]布莱克门法官回应道：“我们已对其作了仔细的考虑，因为它们提供了判断越来越小规模的陪审团是否能够实现美国《宪法》第6修正案的目的和功能，除了司法直觉以外的唯一基础。”[36]

在许多法官意见中，法官们暗示了这样的信息，但没有具体描述其在美国联邦最高法院政策分析上作用的程度。通常，在美国联邦最高法院的判决中，社会科学的研究成果是支持性的，尽管不是决定性的。[37]例如，在“合众国诉利昂案”（United States v. leon）[38]中，美国联邦最高法院认为，如果执法人员善意地相信一份后来被认定无效的搜查令进行搜查，排除规则的目的将很少能实现。在两个脚注中，美国联邦最高法院归纳了关于在重罪逮捕[39]处置上排除规则的效果和在审查非正当警察行为中批准程序有效性[40]的实证研究。然而，声称在该案的判决中这些研究有许多实际影响是不可能的。同样，在“布朗诉教育委员会案”（Brown v. Board of Education）中具有里程碑意义的废除种族隔离判决中，美国联邦最高法院用一个脚注引用了几个社会学和心理学研究成果，以支持其正文表述的学校隔离对未成年学生具有有害影响的研究成果。[41]尽管这一脚注招致了众多的批评，但此法院判决意见书[42]的语言和历史证据[43]表明，脚注引用的东西在新判决中没有起到重要作用。

美国联邦最高法院自然在履行其政策制定责任中欢迎实证主义引导。[44]这种引导在与美国联邦最高法院法官们熟悉的司法程序相关的事情上有用，正如“高尔特（Gault）案”和“巴柳案”所表明的，因为在不太可能属于法官个人经历范围内的事情中这种引导是显然有用的。正如卡多佐（Cardozo）法官所说，法院应当“运用人类所有知识”。[45]“法律和政策的制定……显然获取了力量，达到了信息取代猜测、无知、预测、直觉或一般感想的程度。”[46]正如布兰代斯（Brandeis）法官解释的，“对理解而言，知识是必不可少的；且理解应当先于判断”。[47]布伦南法官说，社会日益复杂化，法律的社会特征日益增强，这要求法律重视那些关于社会运作和特征的调查和报告。[48]同时，美国联邦最高法院必须在履行其政策责任中捍卫自己的判决权，并因此而以一定的怀疑态度关注社会科学研究。例如，在“科莱哥诉博伦案”（Croag v. Boren）中，美国联邦最高法院通过布伦南法官指出，“为广泛的社会学命题提供统计数据是一个没有把握的任务；其中之一便是不可避免地与构成平等保护条款基础的规范哲学关系紧张”。[49]

毫无疑问，规范的宪法性标准是由美国联邦最高法院加以判定的。因此，社会科学资料的作用恰当地限于这样一些情况，在这些情况中，美国联邦最高法院本身首先系统阐述或援引“社会科学知识支配的规范或标准”。[50]当美国联邦最高法院面临的问题是广泛政策问题时，这些资料可以使美国联邦最高法院了解有关的社会和经济状况。美国联邦最高法院必须拟出实证研究将要回答的问题，然后，它必须解释研究的结果，并评估它在最终决策中应得的权重（如果有）。

为了社会科学调查，美国联邦最高法院必须使用法律学说表述这一问题。在“科莱哥诉博伦案”判决意见书的脚注中，美国联邦最高法院说明了将社会科学资料的使用限于相关法律问题的重要性。美国联邦最高法院认为：

> 如果由统计数据来支配州学校饮酒规则的可接受性，而不把平等保护条款作为一项限制原则，其结果必然是各州可以自由地偏袒犹太人和意大利天主教徒，而牺牲所有其他美国人的利益，现有的研究成果均表明前两个群体表现出的饮酒问题概率最小。[51]

这一统计信息只能回答在某些群体中饮酒问题的倾向上是否存在差异。这一脚注表明，即使确实存在这些差异，它们也不能说明对一个宗教团体比对另一个宗教团体更宽容的限酒法律的合理与正当。如果此问题的答案不准备就问题作出判断，这不是因为社会科学资料有什么瑕疵，而是因为这一问题不具有法律意义。[52]如果美国联邦最高法院想坚持某一宪法性政策，而无视对其前提的经验质疑，那么可能有支持这一政策的其他原因。美国联邦最高法院需要考虑表达那些前提，从而对这个问题作出更坦率的说明。

当美国联邦最高法院确实问了一个社会科学可以回答的问题时，美国联邦最高法院还必须解释其面临的政策问题的答案。“科莱哥诉博伦案”也提供了表明这种解释责任的重要性的一个例子。在此案中，问题是州立法禁止向18～21岁的男性而不禁止向女性出售酒精含量为3.2%的啤酒是否合宪。该州提供的证据表明，那一年龄阶段的人群中，有2%的男性因酒后驾车而被捕，但这一年龄阶段中只有0.18%的女性因酒后驾车而被捕。该州从这些数据中得出一个结论，即男性较女性更大程度上导致了酒后驾车问题，这证明了该特别立法的正当性。然而，美国联邦最高法院认为，这些统计资料表明，那一年龄阶段中，男性和女性因酒后驾车而被捕的人太少而不能允许立法机关禁止那一年龄阶段的所有男性和女性饮用酒精含量为3.2%的啤酒。看一下两个“杯子”,一个是男性的,一个是女性的,该州将一个看作部分地倒满了,另一个则看作完全是空的;而美国联邦最高法院则将两者都看成完全是空的。

社会科学在宪法性调查中并不总有可能有用的信息。而且当然,其研究成果不完善或冲突时,美国联邦最高法院可能不会信赖它们。例如,在“格雷格诉佐治亚州案”中,美国联邦最高法院多数意见在主张死刑对谋杀而言本身并不违宪的同时,审查了“评估死刑作为对潜在罪犯犯罪威慑的价值的统计尝试”。[53]这些证据都没有在专家证词中提出。相反,美国联邦最高法院以出版的学术著作的形式对之作了考虑。[54]在此过程中,美国联邦最高法院考虑了在科学界关于研究和其价值之评价的争论。美国联邦最高法院于是认为:

> 尽管一些研究表明,死刑比其他较轻的刑罚更具有威慑力,但既没有可信的实证证据支持该观点,亦没有可信的实证资料反对这一观点。我们仍然可能很有把握地假设有些谋杀犯,如那些在激情中行动的人,对他们而言死刑的威胁很少具有或根本没有威慑效果。但对许多其他人而言,死刑无疑极具威慑力。有些仔细谋划的谋杀,如雇佣杀人,这种情况下可能在决定行动之前对死刑适用的可能性进行了冷静的计算。还有一些其他的谋杀种类,例如由一个被判处终身监禁刑的人实施的谋杀,这种情况下其他制裁措施可能不充分……
>
> 总而言之,我们不能说佐治亚州立法机关关于在一些案件中死刑可能是必不可少的判断是明显错误的。联邦主义考虑的因素、对于立法机构评估能力的尊重、关于死刑及其作为一种制裁措施的社会功利的道德一致性,这些均要求我们在缺乏更令人信服证据的情况下得结论,即死刑作为一种刑罚适用于谋杀并非没有正当理由……[55]

当可得到相关和可信的社会科学信息时,美国联邦最高法院当然应当在其有用的范围内考虑它。宪法性判断应当力求现实。司法直觉可能是宪法性政策的一个令人满意的基础,除非其结论被实证证据证明是相反的。表明广泛情况而非特定案件、处理可能性而非确定性问题、并以先进技术[56]加以复制和重估的社会科学研究,在一些适当的案件中可能有助于美国联邦最高法院理解为其裁决提供背景的社会事实。美国联邦最高法院必须决定宪法性问题,评估研究计划和方法论的严密性,[57]并进行关于结论价值的判断。如果研究涉及一个相关问题,并根据专业标准产生重大结果,美国联邦最高法院应当为政策目的而接受它,就好像是为确定特定案件的具体事实而接受相类似的信息。正如加利福尼亚州前任首席法官特雷纳(traynor)建议的一样:"我们不应轻视甚至是最简单的社会科学资料,它们可能对法律是有用的。"[58]

第二节 宪法性问题之实证研究

在"福尔曼案"中,美国联邦最高法院认为仅当死刑事实上不是以"任意的"方式适用时它是合宪的。在其1976年几个死刑判决中,美国联邦最高法院再次肯定了"福尔曼案"的判决。这些判决表面上支持三个州的死刑方案,因为它们拥有新的标准和程序,这些标准和程序在美国联邦最高法院看来可以防止死刑任意地适用。然而,美国联邦最高法院多数法官并没有发现这些标准和程序事实上会防止在"福尔曼案"中察觉到的任意性。相反,美国联邦最高法院是依赖于这样一种假设,即它们显得能做到这一点。美国联邦最高法院认为:"从规定来看,这些程序似乎解决了'福尔曼案'所担心的问题。"多数法官在没有任何与法官斯图尔特、怀特和道格拉斯在"福尔曼案"中关于过去死刑实际运作的印象相反的证据,以及没有确立任何不同的当代经验的情况下得出了他们的结论。没有任何相关资料表明这些程序是否事实上完成了它们预设的结果。因此,这些判断仍未解决它们是否实现了其目标的问题。[59]

重点在于这些裁决仅仅是基于对新程序的表面评价,这就要求对死刑的法定标准与其实际适用之间的关系进行实证分析。对美国联邦最高法院大多数法官而言,这些新程序是重要的,是因为他们设想这些程序将实现其预设目的,而不是因为他们认为这些程序本身是目的所在。因此,一项目的在于调查这一假定的研究,应当判定这些新程序是否事实上已经充分控制了死刑判决作出过程中自由裁量权的行使,从而能避免"福尔曼案"中谴责的任意形式。研究的焦点应当在于,新程序是否能有效地将自由裁量权的行使限制在法律标准范围内。

第三节 实证研究的标准

研究的综合性特征：相关的事实

因为任意性的后果仅是与法律标准不一致，所以一项实证研究的起点应当是在这些案件中与罪或罚之法定标准相关的证据的力度的信息。任意性调查本质上是，确定与法律标准有关的证据在多大程度上与在死刑制度中对被告人的处理决定作出的关联性：在考虑所有法定相关因素情况下，是否可以有意义地区别不同的判决结果。

在死刑背景下，与犯罪相关的证据和加重及减轻事由的证据具体反映法律标准。自由裁量选择范围不应宽于那些标准设定的限制范围。结果中与基于相关证据可以得到合理解释的任何变化，都将确认这一制度下与该差异程度相同的任何任意性。

关于与犯罪和刑罚相关问题的证据强度的信息对歧视调查也是重要的。[60]基于对证据证明力的评估而合理作出的自由裁量决定既不能被描述成任意性的，也不能被描述成歧视性的。显然，证据间实质性的差异将是区分不同判决结果有意义的基础。

关于证据强度的信息，既难以收集，也难以评价。[61]在研究的设计和执行中需要小心，以确保所有相关证据都适当地被考虑。为进一步保证任何变化是由于任意性引起的，而不是因为没有充分准确地考虑相关法律事由或法律事由的联合，调查应增加第二阶段。这一阶段应包含确认可能对过程有影响的超法律事由的努力。对这些超法律事由的研究之目的不一定是为查清这一程序是否基于这些事由而具有歧视特征。它可能对社会公众的歧视观念有其作用，但这一研究无法满足歧视这样的宪法性主张之证据要求，即(1)裁判者是故意歧视而为；或(2)任何歧视是针对一特定案件。相反，关注超法律事由的目的仅是为将脱离于法律标准的任何明显变化提交第二阶段检验，以确定这些结果是否能可信地归于任意性，而不是方法论的困难。

这一研究可能适当地集中于单个死刑裁判的经验。然而，在“福尔曼案”中，三个摇摆不定的观点似乎是基于死刑全国性适用。那些观念不是集中注意有案件上诉到美国联邦最高法院的特定的州，当然也没有集中注意特定的县。从这些观点本身看,这是明显的,并由美国联邦最高法院在撤销当时由其受理的所有案件中的死刑裁量加以确认,而无视适用这些死刑的州或这些州适用这些死刑的制度。法官认为这种方式下作出的死刑判决缺乏宪法的信任。鉴于他们所掌握资料的性质,他们很难在任何基础上对各州作出更具体的评价。他们判决中借以的这种经验直觉使各州无法分类。

在美国联邦最高法院后来的几个判决中,即在"科克尔诉佐治亚州案"(Coker v. Georgia)[62]和"恩姆德诉佛罗里达州案"(Enmund v. Florida)[63]中,美国联邦最高法院在两次均由怀特法官所写的法院判决意见书中,又采用了全国性标准。在"科克尔案"中,美国联邦最高法院说:"我们在历史中和从关于死作为一种刑罚对强奸成年妇女者适用的适当性的全国的客观证据中寻找指引。"[64]为获得那种客观证据,美国联邦最高法院寄希望于几个州的法律和陪审团的裁定。[65]因为美国联邦最高法院没有发现哪个州的法律与佐治亚州法律相同,美国联邦最高法院事实上只考虑了佐治亚州陪审团的裁定。[66]美国联邦最高法院在得出死刑"对强奸一个成人妇女的犯罪而言是不相称的刑罚"[67]这一结论中考虑了这种证据。在"恩姆德案"中,美国联邦最高法院采用了"科克尔案"原理,为了比较的目的,还参考了所有规定有死刑的州的死刑法规[68]以及全国范围内美国陪审团的判决决定。[69]

"科克尔案"和"恩姆德案"中的问题在于,对特定种类犯罪而言死刑是否为不相称的刑罚。这一问题可能与某州是否在法院受理的杀人案中以比较相称的方式适用其死刑制度这一问题不同。[70]对"科克尔案"与"恩姆德案"抽象的相称性问题而言,全国性经验应适当考虑。然而每个州的经验应当是任意性或比较相称性问题的调查重点。州是对自己死刑制度负责的权力主体,但并不对任何其他的州负责。每个州制定并执行自己的制度,并在自己的司法管辖领域内适用死刑判决。某州的任意性制度不能因为其他的州在其任意适用死刑的案件中可能有规律地适用死刑而保留。[71]而且,宪法在其关于警察权力的规定中分别考虑了各州:"非经正当程序任何州不得剥夺任何人的生命、自由和财产。"[72]

适当集中对于特定州的调查还有一个原因。在1976年的几个案件中,美国联邦最高法院相对多数法官意见的基础(在随后的几个判决中作为美国联邦最高法院的一个理论被反复重申),即新的程序显得可以防止"福尔曼案"中认识到的缺陷。实证证据仅检验了这一论点。如果实证证据令人满意地证实,在司法裁判中任意、罕见或歧视的前"福尔曼案"方式在新程序中仍存在,那么它就质疑了因这种方式而生的新程序将有效控制自由裁量权行使的设想。

对任何州死刑制度的研究,必然对评价具有相似程序的死刑制度的任何其他州的该制度有意义。在被研究的州中,判决作出者的自由裁量权,如果对其控制不充分,可能所受的超法律因素的影响与另一州判决作出者自由裁量权所受超法律因素的影响不同。然而,研究的焦点在于新程序。如果研究表明,在所研究的州中,这些程序不能根据法律标准对自由裁量权的行使作出限制,那么就不再有任何理由假设它们在其他州能做到这一点。

一、研究的当代特征

当然,这是假设两个州的程序是相似的。现代死刑制度不能根据过时制度运作的证据加以评价。"福尔曼案"似乎为此目的而标了一个相当不错的划分点。"福尔曼案"判决前10年美国社会和美国刑事审判制度有了实质性的发展与进步。1954年在具有里程碑意义的布郎诉教育委员会案[73]的判决中,美国联邦最高法院宣告公共生活中的种族隔离不合法,种族隔离在刑事审判程序中的影响开始消失。美国联邦最高法院解释了宪法,以确保在严重犯罪中被追诉的每个被告人有权聘请律师[74]和有权要求陪审团审判。[75]而且,美国联邦最高法院还运用宪法确保陪审团在其社区具有公平的代表性,[76]而防止制度性地排斥属于少数的种族[77]或女性。[78]美国联邦最高法院还阐明宪法要求检察当局承担在犯罪所有因素方面排除合理怀疑*(beyond a reasonable doubt)的责任。[79]最后,"福尔曼案"结束了在陪审团毫无引导的自由裁量中作出死刑判决的时代。[80]

"福尔曼案"后制定的、符合1976年几个判决标准的死刑制度是调查的恰当目标。如果问题在于这些死刑制度是否消除了"福尔曼案"前的任意性,那么在它们生效期间研究任何时候它们中的任何一个制度都是合理的。除非研究的时间先于这些新程序本身的相关改革或先于这些程序任何自由裁量时期的改革,作为这一

---

* 在刑事诉讼中,陪审团认定被告人有罪时适用的证明标准,即只有控诉方提出的证据对被告人有罪的证明达到无合理怀疑的确定性时,陪审团方可裁断被告人有罪。为适用该标准,陪审团须首先推定被告人是无罪的。——译者注

制度描述的结果就应当是有效的。新程序下的任何裁判中如果仍存在任意性的证据将损害美国联邦最高法院关于这些新程序防止任意性的设想。

二、研究的纵向质量

研究的对象是在司法程序中的死刑选择制度。因此,它应当包括进入程序的其范围内的所有案件。也就是说,包括为死刑追诉而实行逮捕的所有案件。

因此,这一研究不能简单地计算判处死刑的有色人的百分比及白人的百分比。1984 年全国范围内,该比例为有色人占 43%,白人占 57%。[81] 1985 年 9 月在北卡罗来纳州被判处死刑的人中 62% 是有色人(28 个被告人)和 38% 为白人(17 个被告人)。单纯考虑这些会使许多人很快得出结论,即在这些死刑制度中表现出了歧视。[82]被判处死刑的人中的种族比率与人口中种族比率的比较就我国的政治情况而言可能是有意义的。然而,这对刑事审判制度而言并不一定可靠。死刑的司法选择程序不是基于大众人口而运作的。相反,这一程序只是基于因杀人指控而被捕的人而运作的。无论犯罪行为发生或因这种犯罪而对犯罪嫌疑人的逮捕是基于什么样的社会环境或警察政策及其实践,它都不能直接归因于司法程序。司法程序只有在逮捕完成后才对案件负责,[83]并且它不能对进入程序的人数比例不正常的任何歧视负责。它只能说明在司法裁判中对被告人所做的一切。

同样,为了解被告人是否适合于这一刑罚,研究不能简单地评价被判处死刑的案子。任意性调查要求对这些案件和那些应当被判处死刑而又没有受到死刑判决的案件进行比较。因此,此研究应当包括进行了逮捕的所有杀人案。这可能将关于本研究的人限制在那些因杀人而被逮捕的人,因为他们有可适用死刑的特征:具有一级谋杀特征证据的案件和至少有一个加重情节证据的一级谋杀案。然而,如果它包括实施了逮捕的所有杀人案(因为司法制度至少在一些阶段可以使其得到同样处理),那么可能获得更多信息。只要本研究控制相关的死刑特征,研究从更广泛的案件开始比从排除了一些相关案件开始更可靠。

基于同样的理由,研究应当从逮捕点开始对这些案件的整个司法程序阶段进行跟踪。这些新程序主要针对的是认定被告人犯有死刑之罪后科刑决定的作出。然而,科刑决定受到刑事审判过程中较早和较后阶段作出的自由裁量决定的影响。

在由完善程序控制的任何阶段作出的决定的公正性都可能被在其他阶段中的任意性所消除。大多数杀人案不经审判便被处理了。早期阶段的判定决定了可以经历审判、科刑和后期阶段的案件数量。[84]任何仅仅考虑审判和程序后期阶段的研究都将忽视早期阶段的运作情况。那些达到研究阶段的案件将是已经受到自由裁量决定的案件,这种自由裁量决定使其他案件不再进入下一步的程序。它们将反映更早期的自由裁量决定,但这些决定对于在这些决定作出后才开始注意案件的研究来说是见不到的。在更后阶段开始的研究将错过许多在更早阶段作出的决定,且无法将研究阶段的案件与没有达到研究阶段的案件进行对比。这种研究将错过检察官作为主要自由裁量者的所有阶段。因此,仅仅基于那些案件的结论可能掩盖早期程序运作。回忆一下第二章第七节那个假设的案例,100 个重罪谋杀驾车逃逸者,98 个是白人,并允许其承认二级谋杀之罪;2 个是有色人,并被以一级谋杀进行审判而被判处死刑。[85]只有以纵向方式对每个案件的每个自由裁量阶段进行追踪,才能够对整个司法过程中自由裁量权的行使进行评价。[86]

总体来说,研究应当对其评价的任意性问题的宪法范围敏感。其资料应当是当代的、相关的和综合性的。它应当首先评价与法律标准相关的证据质量和自由裁量判定作出之间的关系;它也应当评价被选择的超法律变量与自由裁量判决间的关系。因而,它应当包括执行了逮捕的各种严重的杀人罪案件,并对这些案件在司法过程中的所有阶段进行跟踪。

第四节 相关的社会科学研究

在“福尔曼案”前,死刑适用中歧视的对象吸引了实证研究的广泛兴趣。当时,对适用中的死刑制度的研究结果可以归纳为三个主要特征:(1)在南部这个大多数死刑执行的发生地,有色人被告人比白人被告人更可能受到死刑判决;(2)南部以外的地区,白人被告人较有色人被告人而言更易于被判处死刑;(3)杀害白人受害人的被告人比杀害有色受害人的被告人更易于被判处死刑。[87]

尽管这些研究提供了有益的历史观点,但它们对评价当前死刑程序而言是无用的。它们研究的是已被废除的制度,并且这些研究限于他们在所检验的案件中考虑到的法律上相关事由方面。它们没有为了证据的强度而控制案件的严重程度、被告人以前的犯罪记录或可能在法律上与死刑判决有关的其他特征。而且,大多数是仅仅对减刑或科刑阶段的研究。

“福尔曼案”和1976年的几个判决引发了新的研究。一些研究评价了新制度防止任意性标准的方方面面。大多数研究检测了美国联邦最高法院关于新标准和程序将充分控制死刑程序中的自由裁量权行使以避免任意性的设想,其方法主要是调查种族或地域因素在决定过程中是否起了作用。刊登在出版的文献上的一些研究限于它们审查的程序中的一些阶段和它们考虑到的法律上相关的事实,但在它们检测的变量范围和它们运用的统计技术方面,许多研究比“福尔曼案”前的研究更复杂。尽管“福尔曼案”后的一些研究不曾试图评价可判处死刑的谋杀罪与非罪的证据力度,但它们至少已努力考虑一些加重事由。通过以下方式它们都发现了死刑程序中的任意性:(1)举例说明判决作出的非理性方式;(2)展现案件类似但无法解释的不同判决;或(3)确认死或生决定中与比如受害人种族或案件追诉州所在地域等因素相关的方式。

以下是大多数“福尔曼案”后死刑制度研究的简略概括。[88]

一、死刑执行阶段

研究者:斯泰布(Sfreib)[89]

资料:1976年几个死刑判决后前11个全国性的、结果为执行死刑的案例

来源:州最高法院的法院判决意见书、报纸和新闻杂志

分析方法:主观评价

研究结果:在所有的11个案件中被告人都是男性,9个白人和2个黑人,7个具有长期犯罪记录,但4个有轻微犯罪记录而不曾涉及暴力犯罪。除1人外,其余被告人因重罪谋杀被执行死刑。11个被害人中10个为白人,另1人为黑人保安。[90]

11个被告人因为所有这些死刑判决被执行死刑,这似乎与死刑理论和法律的许多基本前提相矛盾。死刑前提之一是,仅对最十恶不赦的杀人而言死刑是相称的。而所有11个被执行死刑的人所犯的杀人行为中,6个是武装抢劫过程中相当普通的杀人。他们行为并非特别残忍,所杀的被害人均为1人。只有由朱迪(Judy)和格雷(Gray)实施的杀害儿童的行为、由史密斯(Smith)实施的预谋伏击,

可以被视为特别的十恶不赦……

死刑的另一个前提是,死刑可以防止一些人犯死刑之罪……

在所有这些被执行死刑的人中,只有由史密斯实施的两次杀人行为是在死刑的威慑作用本可期待发生的过程中仔细预谋和计划地实施的。除了由沙利文(Sullivan)似乎涉及杀人前的“冷静计算”外,所有的犯罪都是因为受到瞬间刺激而决定的。[91]

第三个前提是死刑不应该被捉摸不定地强加在被随意挑选的少数几个犯了死罪的被告人身上。对这 11 个死刑执行全部实施了的案件与另外 3000 个死刑判决没有被执行的案件或者成千上万的没有被判处死刑的类似犯罪的比较分析只得出一个结论,即并不能确定出能使这 11 个案子自成一个明显独特的类别的具体区分因素。反复无常很可能在这些处决中起了作用,而且它们发生的罕见且随机的模式可以使人得出这样的结论:死刑被捉摸不定地判处与执行。

二、上诉阶段

1. **研究者**:迪克斯(Dix)[92]

资料:佛罗里达州最高法院的判决(66 个案件)、佐治亚州最高法院的判决(81 个案件)、得克萨斯州最高法院判决(69 个案件)

佛罗里达州最高法院维持了 66 个案件中 33 个的定罪和量刑;它撤销了 8 个案件的定罪;基于程序理由撤销了 10 个案件的量刑;根据案情减轻了 15 个案件的刑罚,其中有 13 个涉及法官无视陪审团终身监禁的建议而作出的死刑科刑判决。佐治亚州最高法院维持了 81 个案件中 61 个的定罪和量刑;它推翻了 4 个案件的定罪;基于程序理由推翻了 14 个案件的死刑;根据案情减轻了 2 个案件的死刑。得克萨斯州最高法院维持了 69 个案件中 46 个的定罪和量刑;撤销了 14 个案件的定罪;基于程序理由撤销了 8 个案件的量刑;根据案情裁定 1 个案件判决无效。

来源:州最高法院判决意见书

研究方法:主观评价

研究结果:“上诉复审程序没有导致上诉观念的形成(这种上诉观念为鼓励适当和一致科刑提供有效基础)。”[93]

2. **研究者**:罗森(Rosen)[94]

资料:24个州最高法院的判决,这24个州将某种形式的"特别恶劣"标准作为法定加重情节之一

来源:州最高法院判决意见书

分析方法:主观评价

研究结果:这些州中有9个州的最高法院仍然没有充分解释评价标准;4个对标准进行了限制;另外的11个州的最高法院既没有对标准加以有意义的限制,也没有作出采用标准的一致决定。罗森的结论认为:"这种特别恶劣的加重情节,不是引导自由裁量权,反而扩大了它的范围;非但没有限制任意的、反复无常的、歧视性因素进入死刑判决程序的机会,反而扩大了它;它没有提供一个有意义的根据来区分少数应判处死刑的案件和未判处死刑的案件,而是允许判处死刑的人完全酌情决定。"[95]

在研究上诉判决的过程中,罗森运用特别恶劣标准考察了科刑方式。他发现这些方式是任意性的,并且州最高法院判决允许坚持的就是这种任意性。

3. **研究者**:雷德勒特(Radelet)和温迪威尔(Vandiver)[96]

资料:1973年1月1日至1981年12月31日佛罗里达州最高法院作出的145个死刑案件的裁决

佛罗里达州维持了这些案件中的75个案件的定罪和量刑(占51.7%)。雷德勒特和温迪威尔将这75个案件与其余70个案件进行对比,这70个案件中州最高法院撤销了其中22个案件的定罪(31.43%),将18个案发回重新量刑(25.71%),减轻了30个案件的科刑(42.86%)

来源:州最高法院判决意见书是报告的唯一来源

分析方法:普通最小二乘回归分析(Ordinary least squares regression)

研究结果:陪审团的建议和受害人的数量是上诉判决是否对被告人有利的强有力的预言者。[97]另外,受害者为男性的案件中,白人被告人更可能被维持死刑判决,受害人是女性的案件中,黑人被告人更可能被维持死刑判决。[98]

4. **研究者**:鲍尔达斯(Baldus)、普拉斯基(Pulaski)和伍德沃思(Woodworth)[99]

资料:在1973年至1979年由佐治亚州最高法院维持的68个死刑判决[100]

来源:官方记录

分析方法:普通最小二乘回归和 Logistic 回归分析

研究结果:作者首先研究了案件的科刑阶段。基于“显著因素”[101]比较这些案件,他们判定这些案件中相对较少的案件“可以描述为可能公平”。[102]然而,佐治亚州最高法院没有以不相称为理由推翻任何一个死刑判决。

佐治亚州最高法院基于程序的理由撤销不太严重案件中的死刑判决比撤销严重案件的死刑判决多,因而排除对那些案件中进行相称性审查的必要。[103]尽管存在这些程序性的撤销,但“似乎佐治亚州最高法院的上诉审程序对大量的可能过分的案件置之不理”。[104]

三、科刑阶段

1. **研究者**:鲍尔达斯(Baldus)、普拉斯基(Pulaski)和伍德沃思(Woodworth)[105]

资料:来自佐治亚州的两组资料

第一组资料:1973 年 3 月 28 日至 1978 年 6 月 30 日佐治亚州因谋杀而对被告人予以逮捕的案件。这些被告人中,有的后来因谋杀而被审判并被判处死刑或终身监禁或认罪并被判处死刑;有的或者上诉到佐治亚州最高法院或在罪犯矫正局矫正,或者受到赦免和假释。总共包括 600 多个被告人。这一数目中,184 人受到刑罚审判,这些人中有些接受了 2 次或更多次刑罚审判,因为总数为 197 次刑罚审判。这些审判导致了对 110 个被告人作出 113 次死刑科刑 。

来源:佐治亚州最高法院佐治亚州罪犯矫正部门、佐治亚州赦免和假释部门和佐治亚州人口动态统计局的官方记录:“必要时我们也发放对辩护律师和检察官的调查问卷。”[106]

调查结果:这些案件中,60% 涉及白人受害人,40% 涉及黑人被害人。然而 27% 的白人被害人案件导致死刑科刑,而只有 6% 的黑人被害人案件作出了死刑判决。

一组扩大化了的数据:1973 年 3 月 28 日至 1979 年 12 月 31 日佐治亚州被告人因谋杀或故意的非预谋杀人而被逮捕的案件中,这些被告人后来或者在审判后或者在认罪后被定为谋杀罪或过失杀人罪,另外还有 30 个被告人被判死刑。这包括 1472 个故意非预谋杀人案,758 个没有接受科刑审判的谋杀案,117 个结果为终身监禁的谋杀案和128个结果为死刑的谋杀案。因此，此第二组资料增加了另外18个月中发生的案件，包括了原先研究期间和18个月附加期间中更多的结果不是死刑判决的杀人案件。

两组数字中没有一组包括杀人罪指控被驳回、结果为宣告无罪或结果为缓刑科刑的案件。

在更大范围的案件中，49%的涉及白人被害人，51%的涉及单纯的黑人被害者。被害者为白人的案件中13%案件的被告人被判死刑，而单纯黑人被害者的案件中仅有2%的案件适用了死刑。

来源：与第一组相同

研究者对这些案件中200多个自变量进行回归分析。他们对第一组资料的分析中没有考虑这些案件中的证据强度，但为了至少在他们分析第二组资料的某些阶段考虑这些重要信息，研究者显然已利用了统计测量技术。他们对第一组资料的分析进行了有效报道，对第二组资料的分析进行了初步报道。但他们仍没有发表他们最后的报告。

分析方法：Logistic回归分析，"两个演绎方法，一个是基于这些案件中法定加重事由的数量，另一个是基于加重和减轻情节的直觉权衡"[107]

研究结果：通过控制这些杀人案件的加重和减轻情节得出，被害人为白人的杀人案件中的被告人较被害人仅为黑人的杀人案件的被告人更易于被判处死刑。

2. **研究者：**巴尼特(Barnett)[108]

资料：鲍尔达斯、普拉斯基和伍德沃思研究中的第一组资料

来源：鲍尔达斯、普拉斯基和伍德沃思使用的卷宗

分析方法：交叉列表和百分比比较

巴尼特不是运用统计测量方法以控制案件强度，而是分别地阅读这些卷宗，并在具备下列因素中1个或2个的规模下对这些案件进行主观评价：(1)确信被告人是个故意杀人犯；(2)被告人与被害人关系的密切程度；(3)杀人行为恶劣程度。在这一评价基础之上，这些案件被分为三组。最大的一组是死刑十分罕见的一组；第二大组由被告人很少被幸免予死刑的案件组成；第三组大约占这些案件的1/5，属于中间范围，其中死刑判决不罕见也不普遍。

研究结果：总体来说，死刑判决中存在高度的一致性，但有一些案件中，适用死

刑的案件和不适用死刑的案件间没有有意义的差异。“对案件事实使死刑有可能适用的谋杀而言，被告人的前科似乎很重要，正如有时被害人的种族很重要一样。”[109]巴尼特的分析赋予被害人种族因素比鲍尔达斯、普拉斯基和伍德沃思的分析较小的作用，但他认为被害人的种族在重罪谋杀案中作用特别明显。[110]

3. **研究者：**鲍威尔斯（Bowers）和皮尔斯（Pierce）[111]

资料：1973 年至 1977 年佐治亚州、佛罗里达州、得克萨斯州和俄亥俄州被判处死刑的所有人

研究者根据被害人和被告人的种族研究了这些案件。为对犯罪情节作些控制，他们特别注意涉及重罪谋杀的案件。

来源：地方法律执行机构向联邦调查局提交的杀人案补充报告

分析方法：含百分比比较的交叉列表及百分比比较分析

研究结果：被害者为白人的案件较被害人为黑人的案件更可能被作出死刑判决。

通过评价这些案件中由佛罗里达州和佐治亚州最高法院作出的判决，研究者发现这些判决没有改变被害人种族在判刑中的作用。[112]

研究者也研究了佛罗里达州和佐治亚州死刑判决的地方模式。他们将巡回审判区分成地区性类别，并发现了明显的变化。[113]

4. **研究者：**鲍威尔斯（Bowers）[114]

资料：1973 年到 1976 年佛罗里达州 21 个县以及 1976 年至 1977 年佛罗里达州 20 个县涉及杀人罪指控的案件[115]

来源：由地方执法机构向联邦调查局提交的杀人案补充报告

分析方法：普通最小二乘回归分析

研究结果：被害人为白人的案件似乎更可能适用死刑，但这一差异没有统计学上的意义。[116]将这些县分成四个地域的情况下，存在极为明显的地区性不一致。[117]

5. **研究者：**蔡塞尔（Zeisel）[118]

资料：1977 年 9 月佛罗里达州进入死刑程序的 114 人。114 人中 85 人被认定在犯重罪强奸、抢劫或夜盗过程中实施了谋杀行为。114 人中 94% 杀死了白人被害人，仅 2% 杀死了白人被害人和黑人被害人；4% 的人仅杀死了黑人被害人

来源：由地方执法机构向联邦调查局提交的杀人案报告；另加一些未发表的资料[119]

分析方法：含百分比比较的交叉列表及百分比比较分析

研究结果：死刑判决中被害人的种族是一个重要因素。[120]对种族间的谋杀而言，杀死了白人被害人的黑人被告人比杀死了黑人被害人的白人被告人更可能被判处死刑。

6. **研究者**：雷德勒特（Radelet）[121]

资料：1976 年至 1977 年佛罗里达州 20 个县的 326 个杀人案，这些案件中被告人和被害人是陌生人或仅仅认识

来源：法院卷宗、间或有辩护律师和报纸[122]

分析方法：交叉列表、对数线性 Logit 分析

分析研究结果：存在实质的被害人种族方面的影响。无论被告人的种族如何，被害人为白人案件中的被告人比被害人为黑人案件中的被告人更易于被判处死刑。[123]

7. **研究者**：本特尔（Bentele）[124]

资料：1981 年佐治亚州最高法院判决被告人死刑或终身监禁的所有案件

来源：州最高法院的判决意见书

分析方法：主观评价

研究结果：有一些类似案件判决却不同，且无法得到合理解释。[125]四组案例事实进行了对比后说明在可比案例中没有任何理由产生相互冲突的结果。[126]

8. **研究者**：福利（Foley）和鲍威尔（Powell）[127]

资料：来自佛罗里达州 19 个县的案件[128]

研究被告人和被害人的种族、性别，以及关于犯罪的犯罪因素：犯罪的普通情节、是否存在另外的指控和共犯、被告人和被害人的关系、使用武器的种类。

来源：法院卷宗[129]

分析方法：普通最小二乘回归分析

研究结果：陪审团在提出科刑建议中和法官作出科刑决定中都受到犯罪的数量和所涉的被害人的影响。相对于女性被告人而言，两者都倾向于更多地对男性被告人适用死刑。法官而不是陪审团在其不具约束力的建议中受到被害人种族的

影响。[130]

9. **研究者**:阿金(Arkin)[131]

资料:1973 年至 1976 年佛罗里达州大德县(Dade)142 个重罪谋杀案

这些案件中 54 个案件结果被定为一级谋杀;其中 10 个案件被判死刑且后来没有减刑。

来源:检察官的大陪审团备忘录;法院卷宗;在特殊利益案件中,对检察官、辩护律师和法官的采访[132]

分析方法:主观评价

研究结果:这些案件中,24 个非死刑判决与 10 个死刑判决案存在明显区分;另有 14 个案件在与这 10 个死刑案件中的区分上有争议;还有 6 个案件,不存在有意义的区分。[133]

在涉及重罪谋杀的案件中,被害人种族因素的影响甚为轻微。[134]

10. **研究者**:雷德勒特(Radelet)[135]

资料:1972 年 12 月 8 日至 1984 年 9 月 20 日佛罗里达州法官适用死刑的所有案件

326 个死刑判决适用于 316 个男性(对其中 8 个人适用了两次死刑判决)和 2 个女性。

来源:被告人所填的表格、法官科刑备忘录、新闻剪辑、上诉判决,没有关于案件严重性的信息[136]

分析方法:含百分比比较的交叉列表

研究结果:白人被害人的案件更可能被判处死刑。[137]

11. **研究者**:格罗斯(Gross)和莫罗(Mauro)[138]

资料:1976 年 1 月 1 日至 1980 年 12 月 31 日 5 年 8 个州的死刑判决

这些州中有 3 个州死刑判决较多,并在报道中受到主要关注:佛罗里达州、佐治亚州和伊利诺伊州。其余 5 个州是:阿肯色州、密西西比州、北卡罗来纳州、俄克拉荷马州和弗吉尼亚州。研究的因素包括:被告人和被害人的年龄、种族和性别;使用的工具;是否涉及单纯重罪;被害人与被告人的关系;杀人行为发生地的城市或农村特征。[139]

资料来源:地方执法部门向联邦调查局提交的杀人案补充报告、全国有色人种

促进协会(National Association for the Advancement of Colored People,NAACP)的法律辩护和教育基金出版物——《美国死刑论辩》(*Death Row USA*)[140]

分析方法:含百分比比较的交叉列表和 Logistic 回归分析

研究结果:就重罪谋杀案而言,在佛罗里达州、佐治亚州、伊利诺伊州、密西西比州、北卡罗来纳州和俄克拉荷马州,被害人的种族在被告人受到死刑判决的可能性上影响明显,但在阿肯色州和弗吉尼亚州则影响不大。[141]

研究者也研究了佛罗里达州和佐治亚州最高法院在死刑案中的判决。他们观察到被害人的种族导致的悬殊差异在上诉审过程中仍然存在。[142]

四、定罪阶段

研究者:鲍威尔斯(Bowers)(参见科刑阶段[4])

也评估了所选择的 1973 年至 1977 年在佛罗里达州多个县中被指控为一级谋杀的 1045 个案件中的 613 个案件。这些案件中有 305 个案件被认定为一级谋杀案。

研究结果:"从统计上看,重罪情节、罪犯数量和女性被害人这些变量是(死刑判决)重要的自变量。"[143]"被指控为一级谋杀的人,实际上根据此指控而定罪的可能性中也存在巨大的区域差距。"[144]另外,这些因素中,被害人的种族也是一个独立性很强的决定因素,这对于被害人为白人的案件中的黑人被告人而言特别明显。[145]"在控制法律上相关因素的情况下,被告人的种族对一级谋杀定罪的可能性有着近乎显著的影响($p = 0.67$)。"[146]

五、起诉阶段

1. **研究者:**鲍威尔斯(参见科刑阶段[4]和定罪阶段)

也考虑了 1976 年至 1977 年佛罗里达州 20 个县中被指控犯有杀人罪的被告人的起诉决定。

研究结果:尽管加重情节在被告人是否被起诉为一级谋杀上有重要影响,但被害人的种族在此问题上也具有重要影响。尽管被害人为白人的案件比被害人为黑人的案件更严重,但被害人的种族之影响显然超乎想象。无论被告人的种族如何,这都是真实的。

2. **研究者**:鲍威尔斯和皮尔斯(参见科刑阶段[3])

也发现,就重罪谋杀而言,在起诉阶段,被害人种族因素存在影响。

研究结果:他们还特别提到另一现象。通过比较警察报告中建议的指控与由检察官提出的指控,他们判定检察官意图通过指控加重重罪情节或指控被告人还有另一附随重罪使一些案件变得更恶劣,而又依据被告人和被害人的种族使其他案件变得不那么严重。[147]

3. **研究者**:雷德勒特(Radelet)和皮尔斯(Pierce)。[148]

资料:由鲍威尔斯与皮尔斯(参见科刑阶段[3])和雷德勒特(参见科刑阶段[6])使用的相同资料

1973 年至 1977 年选择的佛罗里达州的 21 个县发生的杀人案中被告人被指控为一级谋杀,或在 1976 年或 1977 年佛罗里达州选择的 20 个县发生的杀人案中被告人被指控为一级、二级或三级谋杀的 1017 个案件。

来源:法院卷宗、给辩护律师的信函、杀人案补充报告

分析方法:交叉列表、对数线性 Logit 分析

研究结果:通过比较关于是否指控重罪谋杀、可能重罪谋杀或非重罪谋杀的警察记录和法院卷宗,研究者们发现由检察官(对指控)所作的变动"与被害人和被告人的种族都有关联,这种变化无法从诸如被害人与被告人之关系、罪犯数量或被害人数量等因素得到解释"。[149]

4. **研究者**:帕特诺斯特(Paternoster)[150]

在南卡罗来纳州,如果检察官决定在案件中寻求死刑判决,他或她必须至少在审判前至少 30 天通知辩护律师和州最高法院。帕特诺斯特研究了检察官是否寻求死刑的决定。

资料:1977 年 6 月 8 日至 1981 年 12 月 31 日南卡罗来纳州执行了逮捕的杀人案

来源:杀人案补充报告、警察报告、首席检察官起诉和处理报告、检察官试图寻求死刑判决的意向

分析方法:交叉列表之百分比比较和对数线性 Logit 分析

研究结果:对 300 多个至少具有一个加重情节的案件而言,白人被害人的案件

中的被告人比黑人被害人的案件中的被告人更有机会获得检察官的对死刑判决的追求。[151]另外,在农村司法管辖区处理的案件比在城市管辖区处理的案件更可能受到死刑判决。[152]

研究者还特别提到,在科刑阶段,研究中的169个武装抢劫杀人案中有7个被判死刑。所有这些案件的被害人都是白人,其中5个案件有黑人被告人。[143]

5. **研究者:**雷德勒特(参见科刑阶段[6])

也评价了1976~1977年佛罗里达州20个县被指控为一级、二级或三级谋杀的所有案件的起诉阶段。

研究结果:一级谋杀起诉的可能性及死刑判决的可能性,随着被害人种族、被告人和被害人间之关的变化而变化,就白人被告人和黑人被告人而言,这种影响都会发生。[154]

这些研究中有很多研究正在进行进一步地提炼和分析。其他一些有价值的项目当前也正在进行。1976年几个判决后不久,我们即开始对新程序下的死刑适用进行研究。在本章的余下部分,我们将描述我们进行的项目。在第四章,我们将报告项目的结果;在第五章我们将根据第二章讨论过的宪法性原则分析这些结果。

第五节 实证研究设计

我们选择北卡罗来纳州作为研究的司法管辖范围。北卡罗来纳州的死刑程序是模范刑法典建议的修订版,模范刑法典的建议曾作为1976年美国联邦最高法院赞同的两个法律的模式之一。在对1976年美国联邦最高法院几个死刑判决中作出回应的大多数设有死刑的州制定的法律中,北卡罗来纳州的死刑法律相对较为典型。我们研究了从1977年6月至1978年5月31日,即新程序生效的第一年发生的杀人案。

研究人员从州法医档案、法院卷宗、警察报告等资料和会见检察官和辩护律师中收集关于相关年限发生的杀人案的信息。收集的信息包括所有的法定相关因素,其中包括控辩双方关于判定被告人是否犯有一级谋杀罪问题和是否具有加重和减轻情节问题的证据质量。研究运用了一个复杂的方法以衡量证据的质量。研究也收集了一些关于不应当与结果相关的因素的信息,包括案件诉讼的司法区、被告人和被害人的种族和性别。本研究从法医认为案件为杀人案的法医的证明到审判前、审判中、定罪后和赦免程序整个过程,以查清每个阶段和作为整体的这一制度中决定作出者的自由裁量权是否受到充分控制,以分析每个阶段作出的决定是否是依据法定标准而作出的。

在研究过程中,在645个案件中661个人成了杀人案的被害人(其中有15个案件涉及多个被害人)。因为实施了这些杀人行为,611个被告人被逮捕,本研究获得了这些被告人中604人的种族和性别的信息。在这604个被告人中,213个白人男性,52个白人女性,278个为有色人男性,61人为有色人女性。在661个被害人中,235个为白人男性,74人为白人女性,270人为有色人男性,82人为有色人女性。

9个被告人被判处死刑,其中1人因两个独立的谋杀而两次被判处死刑。该9人中3人为白人男性,2人为白人女性,4人为有色人男性(3名印第安人和1名黑人)。1名白人男性在死刑审判过程中自杀。除1名女性外,其他所有的被告人在上诉中均获得了死刑判决的撤销。该女性被告人在所有可能获得的州和联邦救济措施中都最终宣告失败,在被拒绝给以死刑执行赦免后,她在1984年11月2日被执行死刑。

从这些数据中获得的第一印象是:死刑判决的总量似乎很少。与前些年北卡罗来纳州在强制性死刑制度运作时相比,这一总数是少的。该强制制度首先在司法实践中运用,后来被立法化。其目的在于挽救其死刑制度,但这被美国联邦最高法院判定为一种误导[155]。从强制性死刑科刑制度到自由裁量的死刑科刑制度,自然减少了每年死刑判决的数量,但全部总数仅为9个死刑判决似乎仍然少得不正常。然而,在接下来的几年中,这一印象——这一数目是因为程序调整以适应新程序的畸形结果,都消除了。根据由北卡罗来纳州矫正局提供的信息,该州死囚牢房接收的受到死刑判决的人,1979年为7人,1980年为8人,1981年为5人(其中一人受到两个死刑判决),1982年为12人,1983年为11人。只有2人(均为白人)被执行死刑,1人在1985年,1人在1986年。因此,新死刑法律下第一年的经历产生了一个具有代表性的死刑判决数目。[156]显然,新的法律给北卡罗来纳州的死刑图景中带来了一个重大变化。该州从死刑统计的顶点[157]突然下降到不太突出的地位。

1977~1978年死刑数量给人的第二个印象是:那些被判处死刑的人对男性和有色人而言是不成比例的。9个死刑判决中4个给了有色人,其中3人是印第安人;9个判决中7个给了男性。因此,有色人被判处死刑的比例为44%,男性被判处死刑的比例为77%，这一比例大大超过这些群体在总人口中的比例。根据北卡罗来纳州1980年人口数据，24%的人口为有色人，48.6%的人为男性。不要看整个人口数，只要看因杀人而被逮捕的特定人数——这一特定人数是司法程序特殊的兴趣点，景象就完全不同。研究年度的数据揭示了因杀人而被捕的604人的种族和性别信息，56.1%的人是有色人(339人)，43.9%的人是白人(265人)。这些种族比例基本上与此同一时期全国数据齐平。[158]将这一群体限于具有死刑特征的案件，研究年度的这些数据就表明，所有因具有一级谋杀的有力证据和至少一个加重情节而被逮捕的人中，65.6%的人是有色人(126人)，34.4%的人是白人(66人)。

尽管这些研究资料不能表明被捕的人是否真的犯了罪，但两个事实表明这不相称的逮捕率反映了有色人和白人实际实施杀人行为的概率，而不是反映了自由裁量中逮捕的行使。第一个事实是被捕之人很少否认杀人的责任，仅有52人对此进行辩护；第二个事实是被害人种族特征分析。

研究中所有杀人案的被害人中52%为有色人，48%为白人。从全国来看，同一时期，所有杀人案被害人中大约47%为有色人，53%为白人。[159]因此，有色人作为谋杀案被害人相对于他们占全国人口比例而言完全不成比例。就研究中所有执行了逮捕的杀人案的被害人而言，可比较的数字也是有色被害人占52%，白人被害人占48%。在执行逮捕以至被害人和被告人可能对应的案件中，研究表明杀人案中种族内的杀人案占绝大多数。就有色人被告人而言，他们案件中89%的被害人也是有色人；就白人被告人而言，他们案件中95%的被害人也是白人。杀人案种族内部特征意味着，尽管在特定案件中，被害人的种族可能仅仅是犯罪者种族微弱的指示物，但在所有这些案件中，被害人的种族是杀人者种族的指引。

那些被判处死刑的人与那些应当被判处死刑的人之间的比例关系与他们占全国人口的比例关系明显不同。因杀人罪和死刑谋杀而被逮捕的有色人，与他们所占全国人口之比完全不成比例。从这一角度看，有色人在死刑方面显得未被充分代表——在杀人案件中逮捕率一般为56.1%，如果有证据表明他们可能被判死刑时逮捕率为65.6%，但有色人仅为44%。这些数据似乎并未说明，在死刑程序中司法程序歧视对待有色人的观点。基于这些数据，结论应当是，如果存在任何歧视，那么这种歧视显然是针对白人的。

这一分析表明,任何依靠比较任何群体在死刑适用中的比例与同一群体在人口中的比例的观点是存在瑕疵的。仅仅通过对比死刑适用中某个种族的人的数量和他们在人口中的数量既不能证明任意性存在,也不能证明歧视存在。甚至上述分析,即比较某群体在死刑适用上的比例和他们在因死刑犯罪而被逮捕的人数中的比例,也过于简单化。这些粗略的数字忽视了刑事审判过程中的能动性。在这一过程中影响被捕人命运的一系列决定是在一系列自由裁量的阶段中由一些官员在一个分散的网络中作出的。因此,这样的分析并不足以表明不存在对有色人的歧视。跟踪司法过程中每个自由裁量权阶段的更为敏锐的分析是必要的。

因为研究对象选择的是可判处死刑的杀人案件的司法程序,所以它包括为此而执行了逮捕的所有杀人案件。当然,本研究没有关于没有执行逮捕的杀人案犯罪人的任何信息,但没有逮捕也就意味着此类杀人案不曾进入司法程序中。因此,本研究集中于执行了逮捕的杀人案并追踪司法程序内作出自由裁量决定的整个过程。通过追踪执行了逮捕的杀人案司法处理的整个过程,本研究避免了样本选择可能引入的任何偏见。在程序的每个阶段,本研究不仅包括达到此阶段的所有案件而且包括执行了逮捕但较早地从司法程序中分离的所有案件。

另外,本研究分别考虑了每个自由裁量阶段。这就使能对每一个自由裁量决定作出者的作用进行观察。

这些自由裁量阶段可分为审前自由裁量阶段、审判中自由裁量阶段和审判后自由裁量阶段。审前自由裁量阶段基本上受检察官控制,[160]而以后的自由裁量阶段则受一系列其他一些官员(审判法官、审判陪审团、科刑陪审团、州最高法院和州长)的控制。在一些审前阶段中,检察官独自行使自由裁量权,但在其他一些阶段必须与他人分享自由裁量权。因此,在提交大陪审团前或起诉后,无论决定是减轻还是放弃一级谋杀指控,它都排他地属于检察官控制范围。理论上,提出一级谋杀诉讼的决定是由大陪审团作出的。[161]然而,在绝大多数案件中,检察官有力地控制着大陪审团。[162]尽管在北卡罗来纳州,在大陪审团的任何程序中,包括证词采信、商议和表决,不允许检察官出现在大陪审团室,但检察官拥有大量的正式或非正式的控制途径。例如,检察官可以决定是否将指控提交大陪审团,[163]可以决定陪审团将听取什么证人陈述,[164]以及是否与大陪审团的首席陪审员一起签署起诉状[165]。[166]因此,谨慎的技巧是用两种方法来评估这个阶段:分离的大陪审团或大陪审团、检察官自由裁量阶段和作为检察官整个审前自由裁量的一部分。同样,在被告人承认严重性较轻的犯罪的辩诉交易中,在决定是否放弃一级谋杀指控这一阶段,检察官与被告人及其辩护律师共同作出决定。关于辩诉交易的决定反映了检察官关于可以给予何种宽大的决定和被告人关于可以接受什么条件的决定间的相互作用。因此,本研究再一次采取了从两方面评价这一阶段的方式:作为检察官、辩护律师、被告人自由裁量的阶段,和作为检察官整个审前自由裁量的一部分。

因此,为评价检察官的整个审前自由裁量,研究者会见了大量的被逮捕的被告人,并比较了以一级谋杀提出起诉的案件及不是以一级谋杀提出起诉的案件;为分别评价检察官放弃起诉的自由裁量权,研究者也会见了大量的被逮捕的被告人,并比较了任何阶段撤案的案件和没有撤案的案件;为评价起诉阶段大陪审团、检察官共享自由裁量权,本研究查看了大量的起诉的案件库,并比较了以一级谋杀起诉的案件与非以一级谋杀起诉的案件;最后,为评价辩诉交易阶段检察官、辩护律师、被告人的共享自由裁量权,本研究评价了大量的杀人罪起诉状与一级谋杀罪起诉状,比较了大量以一级谋杀提交法庭审理的被告人和非以一级谋杀提交法院审理的被告人。

理想的方式是,在审判阶段和以后的阶段,对每个自由裁量权行使者也都应分别地加以研究。然而,达到这些阶段案件数量太少,很难加以评价。因此,在研究了更大量的逮捕、起诉和一级谋杀起诉后,本研究评价了法官是否以一级谋杀将案件提交陪审团和陪审团是否基于指控宣布有罪的裁定。这一方法将法官的自由裁量权与检察官、检察官与大陪审团(基于起诉资源库)和检察官、辩护律师、被告人的自由裁量权(基于一级谋杀起诉资源库)混(结合)在一起,它代表了陪审团的自由裁量权与法官自由裁量权混合的后果。资料基础的规模不允许更分散的分析。本研究能加以评价的是整个程序中这些阶段的每个阶段的一系列结果。

在本研究年度内,只有 18 个一级谋杀有罪判决,因数量太少而不能以统计方法对之进行更进一步的评价。但本研究分别评价了这些资料。

基于凶杀案逮捕资源库而进行的分析结果,总体上与基于较少数量的杀人罪起诉状资源库和一级谋杀起诉状资源库而进行的分析结果相一致。正因如此,并为了缩小讨论的复杂性,本研究仅包括基于杀人案逮捕资源库的插图表。为分析的完善性那些基于较窄资源库的插图表均在附录 B 列举出来了。

第六节 资料收集过程

在收集资料的过程中,第一个要求是确认所有有资格进入司法程序的案件。凶杀案提供了比大多数其他罪行更全面的研究资料。大多数杀人案也确实如此。与此相比,其他犯罪的许多案件没有被报道。另外,执法机构一般投入大量资源对杀人案进行调查,也能发现大量物证和科学的证据。因此,杀人案在所有犯罪中侦破率和结案率最高。[167]

北卡罗来纳州首席法医办公室提供了关于杀人案信息。法律规定:

> 一旦任何人死于暴力、投毒、意外、自杀或他杀;身体状况明显良好的人突然死亡或在没有就医的情况下死亡;死于监狱、矫正机构或警察拘留所,或死于可疑、不正常或不自然的环境,应当报告死亡者尸体发现地所在地的法医,并由一名医生、医院雇员、执法人员、殡仪馆雇员、急救医务技术人员、亲友或对此死亡有怀疑的任何其他人在场。[168]

要求法医调查死亡的原因和方式。[169]"如果死亡是因外部原因所致,法医应在死亡证明上陈述死亡的方式,在法医看来此死亡方式是否为意外、自杀、他杀或原因不明。"[170]还要求法医向首席法医写出详细报告。[171]

因此,首席法医的档案资料为研究提供了最初的资料基础,这一研究集中于1977年6月1日至1978年5月31日这一年期间,即北卡罗来纳州为响应1976年美国联邦最高法院的几个死刑判决而制定的死刑法律生效后的第一年。本研究包括由首席法医办公室确认为他杀的所有案件,不包括其他案件。

本研究中,将案例纳入研究的初始标准是法医关于本案为他杀的断定。[172]本研究然后排除了所有没有执行逮捕的案件,包括所有被认定为"死于交通事故"[173]的案件和所有被告人为14周岁以下之人的案件。[174]因此,本研究包括本研究年度中除死于交通事故以外的须接受重罪处理的所有杀人案件。

在确认了在本研究年度中所有发生在北卡罗来纳州的杀人案件后,本研究从6个来源收集与之相关的信息:

- 首席法医的档案材料

- 法庭记录
- 警察报告
- 以前被逮捕和被作出有罪判决的警察信息网络记录
- 会见检察官
- 会见辩护律师

研究人员审查了所有案件的首席法医档案材料。这些档案材料均包含了关于被害人的大量信息。它们通常也包含关于被告人和杀人事件的信息,尽管这也可从法律执行调查机构处获得。研究人员还审查了所有案件的法庭记录。他们还阅读或获得了绝大多数案件的警察报告的复印件。当他们无法得到那些报告时,研究人员会见了调查官员。这些报告的质量和完善性在不同的警察局是不同的,但大多数至少满足了研究目的的需要。研究者从北卡罗来纳州警察信息网络获得了每个被告人以前的犯罪史信息,对检察官来说,警察信息网络也是其获取这些信息的主要来源。无论在报告、记录或确认这些资料中可能会有何种不足,它们也是检察官和法官可以获取的资料。因此,它们是评价检察官自由裁量决定的令人满意的资料来源;它允许运用这些资料检测所作的决定,一般而言检察官也只能获得这些资料。最后,研究者会见了大多数检察官和辩护律师。在大多数案件中,会见者与两者都进行了交谈。几乎在所有案件中,他们与两者之一进行了交谈。研究者使用为该研究而设计的数据收集工具进行了他们的调查。这一方式可以从论者处获得,它包括关于被害人和被告人背景、案件事实、案件从逮捕到最后处理整个司法过程中几乎每个方面的问题。但这一方式没有包括的唯一问题是辩护人的身份地位。研究人员能查清大多数案件被告人是否有聘请的或指定的辩护人进行代理,但这一区分并不能为辩护效率提供可靠的指导。研究人员对能为此目的而设计一客观标准丧失信心,特别是考虑到大多数案件是通过认罪或撤回起诉而不是通过审判加以解决的。甚至像预审动议场数这样的量化因素必然也是不可靠的引导。例如,从检察官处获得自愿批露卷宗的辩护人很可能比为公开卷宗而提出正式申请的辩护人有效。[175]

第七节 实证研究的相关变量

在北卡罗来纳州,正如在其他州一样,唯一的一个配有死刑的犯罪是一级谋杀。北卡罗来纳州一般制定法第14～17节将谋杀罪限定为以下任何情节下实施的谋杀：

- 如果“以投毒、伏击、关押、使挨饿、折磨方式实施”；
- 如果“以任何其他种故意和预谋杀人”而实施；
- 如果“犯下或试图犯任何纵火、强奸或性犯罪、抢劫、绑架、夜盗或者使用致命性武器犯其他重罪或试图犯其他重罪”。

北卡罗来纳州宪法规定，指控某人犯有死刑之罪的唯一方式是由大陪审团提起诉讼。[176]一项起诉状在下列条件下足以指控一级谋杀：如果起诉状详述了这一犯罪；或者起诉状仅仅断言“被告人出于恶意地、有预谋地、有意地杀害或谋杀（被害人）……”[177]即使没有提出一级谋杀这一特殊诉讼要求。[178]检察官不必“在呈交起诉书前，确定其是否会最终对被告人提出一级或二级谋杀的指控”。[179]起诉书可以指明是二级谋杀指控，或检察官可以在以后将指控限制在二级谋杀。否则，一个开放的谋杀指控就足以指控一级谋杀。在此讨论中，“一级谋杀起诉状”这一词组包括指明一级谋杀的指控和开放的谋杀指控。

本研究进行的时候，北卡罗来纳州法律将一级谋杀定义为“以投毒、伏击、关押、使饥饿、折磨方式或以其他任何一周密计划和预谋而实施的杀人，或在实施或试图实施纵火、强奸、抢劫、绑架、夜盗或其他以致命工具实施或试图以致命工具实施的重罪的过程中实施的谋杀”。预谋意味着事先思考一段时间，但无论思考时间多短。有计划地实施意味着力图实现一个复杂企图时冷静的心理状态。它不要求任何可估测的长时间思考或沉思，被告人即使在当时处于激情状态，只要这一激情没有达到使其官能和理性混乱的程度，他或她就能仔细考虑而形成故意。[180]自愿醉态如果严重到使被告人完全无法形成蓄意和有预谋的杀人目的，就可能否定有预谋和深思熟虑的存在。[181]

北卡罗来纳州最高法院最近将其他种类杀人罪的心理因素标准归纳如下，这也便于正当防卫的辩护：

二级谋杀是恶意但非预谋和非蓄意地非法杀死他人。

非预谋杀人是在没有恶意也没有预谋的情况下非法杀死他人。例如，因为挑衅突发愤怒的原因而实施的杀人，法律认为这种挑衅足以瞬间使人失去理性以致不可能存在恶意,这种杀人就是非预谋杀人。同样地,因为在实施正当防卫权利中使用过分暴力而杀人是非预谋杀人。

过失杀人是在没有恶意、没有预谋与没有故意杀死他人或严重人身伤害意图下非法剥夺他人生命的行为。换句话说,过失杀人是以下列方式在没有恶意情况下非故意杀死他人:(1)实施存在不构成重罪或本质上不危及他人生命的非法行为;或(2)构成重大过失的作为或不作为。

如果实施杀人行为时具备下列四个因素,那么正当防卫法律完全免除杀人者刑事责任:

(1)在被告人看来,他认为有必要杀死死者,以使自己免于死亡或巨大的身体伤害;和

(2)被告人的信念是合理的,因为被告人当时所处的环境情况足以在一个普通、稳健的人心中形成这样的信念;和

(3)被告人不是引起殴斗的侵犯者,例如,他不是在没有法律原因或是在挑衅的情况下侵犯地和有意地介入殴斗;和

(4)被告人没有使用过分暴力,例如,没有使用超过必要或在他合理地看来在当时情况下保护他自己免于死亡或重大人身伤害的必要暴力。

这四个要素的存在给了被告人完整的正当防卫权利,可要求陪审团作出无罪裁决。这不仅关及一级谋杀罪的指控,而且也关及所有涉及较轻犯罪的指控。

另外,如果被告人认为为保护他自己免于死亡或重大人身伤害杀死死者是必要的,并且如果被告人的信念是合理的,因为在他当时所处的环境足以在普通稳健人的心里形成这样一种信念,但被告人(尽管没有谋杀故意)是引发冲突的侵犯者,或被告人使用了过分暴力,被告人在此情况下只有不完全的自卫权利而失去了完全自卫权的权益,并至少犯有非预谋故意杀人罪。[182]

法律规定任何犯有一级谋杀罪的人“都应被判处死刑或终身监禁于州监狱,法庭也应依照普通成文法第 15 章 A－2000 条作出判决”。所以并非所有的谋杀罪都被判处死刑。北卡来罗纳州普通成文法第 15 章 A－2000 条设定了陪审团用以决定刑罚的程序和规定了这一决定的标准。它是模范刑法典建议的修订版,模范刑法典的建议成了 1976 年美国最高法院维持的佐治亚州和佛罗里达州死刑法规的

范本。如果一级谋杀罪名成立，它提供了“一个独立的科刑程序以判定被告人该被判处死刑还是终身监禁”。[183]如果被告人在审理后被定罪，审判陪审团就开始科刑程序。如果被告人是基于认罪而被定罪，或者无法组成陪审团，就要求法院为本案选任陪审团以决定刑罚。[184]12 人陪审团一致投票决定适用死刑的情况下死刑判决才能适用。[185]“如果在合理的时间内，陪审团仍不能一致同意死刑科刑建议，法官就应对被告人判以终身监禁。”[186]

陪审团关于科刑的建议[187]必须基于以下事实：

（1）是否存在任何充分的加重情节或（e）款列举的情节；[188]

（2）是否存在任何充分的减轻情节或（f）款列举的情节，这种情节在作用上超过发现的 1 个加重情节或数个加重情节；[189]

（3）基于这些考虑因素，被告人是应当被判处死刑还是终身监禁于州监狱。[190]

由普通成文法第 15 章 A－2000 条的这些规定和标准只适用于死刑诉讼过程中陪审团科刑阶段。根据法律的明文规定，它们不能适用于其他任何裁量阶段。

因此，在法定标准下，关于是否犯有一级谋杀罪问题的证据和加重和减轻情节（包括被告人以前的犯罪记录）应当决定刑罚后果。相反，诸如被告人或被害人的种族、性别、案件审理的司法区等因素与法定标准无关，不应当对量刑结果有任何影响。[191]因此，与当前调查相关的数据收集工具的信息类别如下：

- 法院的诉讼程序和判决；
- 双方在有罪或无罪问题上可获得的证据；
- 双方在加重和减轻处罚情节上可获得的证据；
- 被告人以前的犯罪记录；
- 案件诉讼的司法区；
- 被害人和被告人的种族和性别。

关于法院的诉讼程序、司法区、被害人的种族性别、被告人以前犯罪记录的资料一般都可从公文中获得。关于被告人种族和性别的信息对绝大多被告人而言也是能得到的。本研究将这些因素中的每一个因素作为一个完整的项加以运用。

可获得的证据事由提出了一个特殊的质疑。显然，可获得的证据的质量在自由裁量决定作出过程中是一个重要的考虑因素。本研究采取了多种方式和策略以收集这些资料，并在分析中加以运用。关于证据的资料是从三个方面获取的：警察报告、会见检察官和会见辩护律师。在从警察报告中获取的资料和从检察官处获取的信息总体来说是一致的，但在许多方面它们通常与从辩护律师获取的信息不一致。本研究以下列方法调和这些不一致：在对检察官和对辩护律师评价中存在直接的不一致的情况下，本研究一律接受对检察官的评价；相反，双方之一提供了另一方没有提及但又只能从其处获取的证据，本研究就对之加以信任。例如，如果辩护律师提出被告人可以提供不在犯罪现场的证据，但检察官不知有此证据，本研究就将此证据纳入评价中。

通过这一方式，本研究力图在两方面达到一致：首先，本研究试图涵括在司法程序中判决作出者可获取的所有证据，也只涵括这些证据；其次，如果在证据质量评价中存在任何可能的偏见，本研究努力保持对此偏见的一致态度，即在这种情况下赞同检察官的观点，因为本研究旨在评价司法程序和其官方人员。这一做法中存在一种理念，即这并非要在每个案件或任何案件中达到绝对真理，它也不是要使此资料相对主观方面的数量或可靠性标准化。因此，在任何被选取的案件中，本研究评价无疑会受到质疑。

每个案件中的可得证据由不同数量的独立项组成。这种情况提出了一种对于其他变量而言不存在的衡量挑战。为在研究中考虑证据的质量，研究有必要采用对其价值进行定量分析的方法。这一方法必须能够将形形色色种类的证据吸收到可处理的几种证据种类中去。这一方法还应当敏感于对因证据的累积特质或不可信特征而产生的特定证据项证明价值的减少。

本研究设计这一方法不是为判定任何案件的恰当结果，而是为一些案件提供客观且可量化的评分，以便对案件进行合理准确的分组描述，并与以同样方式测量的其他组的案件进行比较。设计这一方法是为了确保案件运行情况统计上评价的有效性，而不是保证获得任何特定案件的要点。研究结果表明，基于这一证据方法的统计预测和事实结果间存在重要的相互关系，它解释了因超法律变量而导致的大部分变化。从某种意义上说，这些结果证明了这一方法有效。

为系统阐述这一方法，研究采用了一个分两个阶段的策略：定性分析阶段和定量分析阶段。[192]

一、定性分析阶段

只有三个与是否犯有一级谋杀罪这一问题相关的事实问题在本研究年度的案件中确实被提出来了。另两个问题在被定为一级谋杀罪的案件的量刑阶段处于争论中。

罪与非罪问题与犯罪行为的三个惯例方面相关:行为因素、心理因素和积极抗辩(affirmative defense)*:[193]

(1)确认被告人为行为实施者:无论被告人是实施杀人行为的人还是其共犯;[194]

(2)应罚性程度:实施杀人行为时被告人的心理状态,包括基于重罪谋杀法律规则的考虑、是否符合一级谋杀而不是较低级谋杀的条件;[195]

(3)正当防卫:被告人是否在自我防卫中或防卫他人中实施此行为。[196]

所有这三个问题都涉及可判处死刑的谋杀罪的罪与非罪问题。在任何阶段,基于这三个问题而作出的对被告人有利的决定都将使被告人脱离死刑之路。

就刑罚阶段的问题而言,本研究关注了法律关于加重情节和减轻情节的内容。加重情节的内容是排他性的。[197]尽管减轻情节的内容不是排他性的,除那些在法律中列举的减轻情节外,案件中也不会产生任何新的减轻情节。统计分析将所有加重情节和所有减轻情节作为两个独立的衡量尺度,但这些情节中有两个情节作为独立项对待:以前的犯罪记录和多个被害人。被告人以前的犯罪记录作为一个独特的因素,是因为它或者可能是法定加重情节或者可能是法定减轻情节;将多个被害人作为区别对待的因素,是因为它并不完全符合法定加重处罚因素,而是与它们中的两个密切相关。[198]

二、定量分析阶段

为给三个有罪或无罪问题中每一个问题的证据质量指定一个数值分数,本研究形成了一个综合策略。这一策略以下列方式为每个案件的每个问题设定了单独的原始得分:通过查阅刑事案件诉讼的文献和基于实证,本研究评价了在杀人案件

---

* 积极抗辩,指被告人并不否认对方所主张之事实的真实性,而是提出其他的理由来说明为什么自己不应承担责任的答辩。——译者注

中不同种类证据的相对的证明价值;基于这一评估,每条证据都指定了最大的证明价值;从最大值开始,百分比减少是基于对证据限制、限定或怀疑的倾向;百分比减小的程度取决于证据的种类和折衷因素的特征;对随后的对每条证据怀疑的因素而言,减小了余下证明价值的总量,而不是减小最初最大价值的总量。

本研究确认了可能与一个问题相关的七种证据:(1)事件目击者的证言;(2)与犯罪情况相关的证人的证词(例如,犯罪发生的大致时间里见到被告人在犯罪现场附近或见到被告人远离于犯罪现场;被告人有犯此罪的动机;或被告人曾犯相似罪行);(3)同案犯的供述;(4)被告人的供述;(5)物证和科学证据;(6)品格证人证言;和(7)电子窃听证据。实证表明,关于任何问题的同类证据累积越多,证据项目证明价值趋于减少。因此,相关的物证项目聚合在一起并给以单独的评分。例如,犯罪现场的指纹证据,无论痕迹的数量是多少,它在认定被告人的贡献中评为60分。证人的处理上有些不同。如果一个案件在某问题上有1个以上的证人,相对于第2个证人而言,第1个证人证明价值最大,接下来的证人依次从第1个证人最大值中减少10分。例如,在认定为行为实施者问题上,第1个证人有最大证明价值的50分,第2个证人的最大价值则为40分,第3个为30分,第4个为20分,第5个为10分。如果他们中没有谁具有值得怀疑的特征,那么在这一问题上,证人证词总的评分是150分。

因此,证人的最大价值因同一类别证人的人数和该类别证人的级别而异。因此,减少额是按照特定证人最大值的百分比计算,而不是按固定数字计算。就此排列而言,同一种类的每个证人都给以同样的最大证明价值。这一证明价值然后以适当的百分比减少。这个过程产生了每个证人的总分值,实际分值也就产生了;只有最高级别的证人(或他们中的1个,如果有2个或2个以上的证人具有同样的试探性分值的话)被给予最大的证明价值。以适当的百分比减少这一证明价值,以确认此证人的实际分值。排在第2位的证人的最大证明值从第1位的最大证明值减10分。这一值以适当的百分比减少以确定此证人的实际分值。以同样的方法对其他的每个证人进行处理,最多不超过5个证人。因为减少值是余下总值的百分比,一个证人的分值可以接近但不能等于0。例如,如果一个证人的最大证明值是50分,并且因为事件发生时他或她心理不正常(减少百分比为40%)和喝醉了(减少百分比为40%)此证人受到怀疑,此证人的最大证明值50分第1次被减少了40%

剩下了 30 分,然后此 30 分又被减少 40% 就只剩下 18 分了。从数学上看,扣除分值的怀疑因素的顺序并不影响最终结果。

对所有的这三个问题而言,最大证明值和其相应的减少百分比基本上相同。本研究使用的数据在附录 A 中作了列举。

证据项的这些分值加在一起就为每个问题中每个证明种类提供了一个总分值。对关于每个问题的控诉方的证据和辩护方的证据而言,这一过程是分别进行的。在计算双方各自的总值后,辩护方的分值就被从控诉方分值中减除。任何问题的最后的分值可能是正数、负数或零。确认被告人的分值从 350 分到 -90 分变化,平均分为 288 分;应罚程度分值从 309 分到 -250 分变化,平均分值为 -5 分;正当防卫分值从 300 分到 -218 分变化,平均值为 170 分。这一原始分值没有独立的意义。就任何个案而言,在此范围内没有任何理由可以说明控诉的强或弱。相反,这些分值仅仅用于在进行统计分析中与其他案件的分值进行比较。

基于与加重情节、减轻情节、被告人的前科记录和被害人的数量相关的证据,得出了另外四个分值。加重情节和减轻情节的分值均在 0 ~ 25 分变化,0 代表没有这样的情节;以前犯罪记录的分值在 0 ~ 30 分变化,0 表明没有犯罪前科;多个被害人的分值也是 0 代表 1 个被害人,1 代表 1 个以上的被害人。

分数的构成如下:

加重情节:每个加重情节均同等对待。因为累积的加重情节边际值趋于减少,所以其总值确立如下:

加重情节的分数构成

加重情节的数量	边际值	总值
没有	0	0
1	10	10
2	8	18
3	5	23
4	1	24
5	1	25

实际范围:0 ~ 25

减轻情节:每个减轻情节均同等对待。因为累积的减轻情节边际值趋于减少，所以其总值确立如下:

减轻情节的数量	边际值	总值
没有	0	0
1	18	10
2	8	18
3	5	23
4	1	24
5	1	25

实际范围:0～25

前科记录:

1 个可判处死刑的重罪犯罪前科记录为 10 分

第 2 个或第 3 个可判处死刑的重罪犯罪之前科记录为 8 分

1 个暴力重罪犯罪前科记录为 8 分

第 2 个或第 3 个暴力重罪犯罪前科记录为 7 分

1 个非暴力重罪犯罪前科记录为 3 分

第 2 个或第 3 个非暴力重罪犯罪前科记录为 2 分

1 至 3 个违法行为前科记录每个为 1 分

实际范围:0～30

多个被害人:

被害人数分值

被害人数量	分值
1	0
2 个或 2 个以上	1

考虑到许多案件有多个被告人或多个被害人,或既有多个被告人又有多个被害人的情况,本研究不得不限制分析的单元。2 个被指控杀害了同一被害人的被告人,或被指控杀死了 2 个被害人的 1 个被告人,可能不能真正代表独立的案件。

为满足独立的技术统计假设,本研究选择了一组不同种类的被告人——被害人组合,作为分析的单元。这是通过以下方式实现的:(1)在杀人事件仅涉及1个被告人和1个被害人的情况下,这一组合构成了一个研究单元。这是迄今为止最常见的情况。(2)在杀人事件涉及1个被告人和2个或2个以上的被害人的情况下,本研究将被告人与被害人之中的任意一人配对组成一个分析单元,将其他的被害人置于研究之外。(3)在杀人事件涉及多个被告人但仅1个被害人的情况下,本研究将任意1个被告人与被害人配对组成一个研究单元,将其他被告人置于研究之外。(4)在杀人事件涉及多个被告人和多个被害人的情况下,本研究任意将1个被告人和1个被害人配对,并任意将其他被告人和其他被害人配对。只有这么三种情况。

这一选择过程产生了523个独立被告人或被告人与被害人组合,本研究没有充分的资料以确定其中34个被告人的证据价值分值,其中包括一个被判处死刑的被告人。下列目录表明了其余489名被告人通过司法程序的处理情况。

489 被告人——被害人单元

$\frac{-45}{444}$ 起诉前被驳回

$\frac{-113}{331}$ 以轻于一级谋杀的罪名起诉

$\frac{-12}{319}$ 起诉被驳回

$\frac{-213}{106}$ 承认犯有轻于一级谋杀的罪行

$\frac{-46}{60}$ 以轻于一级谋杀之罪提交审判

$\frac{-34}{26}$ 初审法官拒绝将一级谋杀指控提交陪审团

$\frac{-8}{18}$ 仅以低于一级谋杀的罪名定罪

被判处非死刑刑罚

$\frac{-10}{8}$ 被判处死刑(加上1个被告人,因为本研究对他没有关于证据质量的充分资料)

$\frac{-2}{6}$ 定罪被撤销

$\frac{-5}{1}$ 死刑科刑被撤销

$\frac{0}{1}$ 被赦免
被执行死刑

第八节　统计分析

一旦这些资料被积累起来、编码和分类，本研究就将判定什么因素影响了每个自由裁量决定阶段的结果。研究为此目的使用的统计方法是多元 Logistic 回归分析。[199]

多元回归分析根据一些因素或自变量的影响来描述结果或是因变量的价值变化，对它们之间的相互关系或相关性进行统计上的控制。如果有统计证据表明某一因素对预测结果的贡献超出了偶然的预期，那么就认为这一因素在统计上是显著的。只有当观察到的因素的贡献是偶然结果的概率极低时，才可以说这一因素统计上是显著的。通常情况下，20 个结果中只有 1 个（或更少）碰巧发生时的概率，就被认为低到了足以支持统计上显著之结论。这表示概率值为 0.05 或更小（$P<0.05$）。当然随着概率值的下降，显著性程度就增加。因此，概率值为 0.01（$P<0.01$）就表明 100 个结果中有少于 1 个是碰巧发生的；概率值 0.001（$P<0.001$）则表明 1000 个结果中有少于 1 个是碰巧发生的。

通过制定一个包括可能影响结果的大量变量的数学模型来估价统计的意义。一个特定的变量的影响可能是一致的（不考虑其他变量的值）或变化的（这取决于一个或更多其他变量的值）。如果影响是变化的，则存在所涉变量间统计上的“相互作用”。

本研究使用的是多元 Logistic 回归分析法而不是普通的最小二乘法多元回归分析法。最小二乘法多元回归分析要求 1 个具有多个值的因变量，例如重量（如 10 磅、20 磅、30 磅）或收入（如 1 万美元、2 万美元、3 万美元）。相反，多元 Logistic 回归分析解释的是一组因素和二元结果可能性间的关系。在本研究中，所有的结果（一些因变量）只有两种可能的值，因而结果是二元的（如一级谋杀起诉或非一级谋杀起诉；定罪或宣告无罪；判处死刑或判处非死刑刑罚）。因此，多元 Logistic 回归分析是一个恰当的技术。它可预测自变量集各种值的结果概率。[200]类似于博彩概率,某结果发生的概率定义于某事件将发生的可能性与某事件可能不会发生可能性间的商。因此,如果一事件的概率是0.5,这种概率就是0.5 ÷0.5 或1∶1 或是平等的,这一事件就会发生。同样,如果可能性是0.75,概率就是0.75 ÷0.25,或3∶1,这一事件会发生。

尽管 Logistic 回归分析是与普通最小二乘多元回归分析有些不同的分析方法,但它们判定自变量显著性的方法是相似的。在两种分析中,一个自变量或一组变量在统计上的显著性都是通过比较进行估计的,即在预测不包括感兴趣的一个或多个变量的模型中误差总量与在预测包括这一变量或这些变量的模型中误差的总量进行比较评估。不过,对于统计学显著性检验,Logistic 回归分析利用的是基于中等大样本的卡方概率分布,而不是利用传统 F 概率分布,后者在普通多元回归分析中使用。

表1　基本变量集

变量类别	描述	编码
基本证据	一级谋杀心理因素证据或重罪谋杀证据	309 ~ -250
	确认被告人为犯罪实行者的证据	350 ~ -90
	自我防卫证据	300 ~ -205
	加重情节证据	0 ~ 25
	减轻情节证据	0 ~ 25
	被告人以前犯罪记录证据	0 ~ 30
	多个被害人	0 = 1,1 = 2 个或2 个以上
司法区	案件诉讼所在司法区	8 类司法区和2 个司法区组的因变量
种族和性别	被告人种族	0 = 白人,1 = 有色人
	被害人种族	0 = 白人,1 = 有色人
	被告人性别	0 = 女性,1 = 男性
	被害人性别	0 = 女性,1 = 男性

表1 描述了分析中使用的基本变量集。它们包括7 种证据变量和4 种种族和性别变量。[201]另外,它们还包括9 个代表案件处理所在地30 个司法区的变量。[202]这些变量中的任何两个之间的交互被表示为由每对交互变量的值的乘积组成的附加

变量。

研究中使用的回归分析考虑了一系列的“模型”。模型是将结果变量的概率与一个或多个自变量相关联的数学方程。在这一系列模型中，所有的模型都使用相同的结果变量。在这一系列模型中，第一个模型没有自变量，只有一个常量，因此它假定所有的案件都得到同样对待。接下来的一个模型引进了一个或更多的自变量，以判定这些变量解释结果差异的程度。更复杂的模型检验附加的变量是否显著地减少了在预测结果变量中误差的数量——也就是说，通过加上另外的变量，本模型是否更符合这些数据。每一个后续模型都基于前面模型的变量，加上另外的变量，从而形成一个更复杂的模型以更好地解释结果差异。单变量在相互作用前就被纳入分析中。[203]因此，此分析是在一系列日益复杂的检验模型中进行的，这些模型不断试图解释结果变量越来越多的变化。

变量显著性的估计可能取决于此变量被引进到一系列模型中的顺序。在任何此类评估中，可能得出的唯一恰当的结论是，假设某些其他变量已被包括在模型中的话，某些变量比偶然性更好地解释了概率的不同。因此，必须仔细考虑变量引入模型中的顺序。

本研究中顺序的安排是，基本证据变量在超法律变量（司法区、被告人和被害人的种族和性别）前引入模型中。单独的被告人种族变量和作为一组的被告人、被害人的种族、性别变量，在包括司法区变量的所有阶段，均在司法区加入前或加入后进入模型，以确保能发现的显著变化不受顺序的控制。变量间的交互项只是在所有单变量加入后才进入模型中。

接下来还研究了一系列模型。最简单的模型只包含一个常量，以代表每个被告人都平等对待而不管情节如何。这一简单模型仅被视为据以判断所研究因素之影响的基础。

在第一步中，将那些基本证据变量的分值加起来：

- 确认被告人为犯罪行为人；
- 一级谋杀的应罚性程度；
- 自我防卫；
- 加重情节；
- 减轻情节；

- 被告人以前的犯罪记录；
- 被害人的数量。

这些变量首先被包括进来，是因为在法律标准中，只有它们是在解释不同被告人裁判结果差异中具有统计上显著性的一些变量。

接下来进入模型中的一组变量是在不同司法区中代表差异的那些变量，它们只在审前阶段被加入。这些变量衡量证据得分相似的被告人的结果是否因处理案件的司法地区而异。

接下来，一组涉及被告人和被害人种族和性别的4个变量被引入到模型中。在基本证据和司法区进入模型后加入种族和性别变量，其影响将表明，控制司法区的差异和证据变量的特定等级，判决结果趋于根据被告人或被害人种族或性别的不同而变化。另外，在一独立模型中，被告人的种族作为一个单变量在司法区进入模型后加入模型中。正如上述解释，此分析在司法区变量加入模型前因被告人种族单变量和4个变量一起加入而重复。

至此，本模型就包括了表1中的所有变量。其余的一些模型加入了这些变量间可能发生的交互项。首先，加入到模型的证据变量间的交互项（也是经常发生争论的）、应罚性程度和其他证据变量间的相互项。[204]这些交互项检验不同程度的应罚性是否对取决于其他证据变量等级的处理结果有不同的影响。[205]

接下来的一步（只适应审前阶段），将司法区变量与应罚性程度间的交互项、司法区变量与加重情节间的交互项加入到模型中。这两个交互项检验司法区间的不同是否在所有严重程度相同的案件中具有相同的模式。

最后加入模型中的项是被告人种族变量和应罚程度及加重情节变量间的交互项。这些交互项检验白人被告人和有色人被告人间的差异是否在所有程度的应罚性或加重情节中都存在。

这一系列模型都是为下列每一个结果变量而进行研究的。

1. 在发出逮捕令的任何阶段驳回上的概率（表3）；

2. 一级谋杀起诉的概率；

a. 发出逮捕令（表6）；

b. 提出某级别谋杀的起诉（表B-2）；

3. 一级谋杀审判的概率；

a. 发出逮捕令(表 11);

b. 提出某级别谋杀罪的起诉(表 B－5);

c. 提出二级谋杀的起诉(表 B－7);

4. 法官将一级谋杀指控的案件提交陪审团的概率;

a. 发出逮捕令(表 17);

b. 提出任一级别谋杀罪的起诉(表 B－9);

c. 提出一级谋杀的指控(表 B－11);

5. 判一级谋杀罪的概率;

a. 发出逮捕令(表 21);

b. 提出任一级别杀人罪的指控(表 B－14);

c. 提出一级谋杀的指控(表 B－16);

6. 死刑科刑上的概率;

a. 发出逮捕令(表 24);

b. 提出任一级别杀人罪的指控(表 B－18);

c. 提出一级谋杀的指控(表 B－20)。

这些结果在附录 B 的一系列图表中都有记载,并在第四章文中进行了讨论。根据所有被捕被告人资源库得出的每一个结果的模型使本研究能够分析直到结果作出的整个司法过程中每个自由裁量阶段。以这些模型为基础的图表在第四章都进行了列举。基于所有被起诉为谋杀或一级谋杀的相对较窄的被告人群体的每个结果的模型,使研究能够分别评估流程的离散单元。这些结果并非实质性的不同,所以这些基于这些模型的图表在附录 B 中均被列举,而在文中没有进行讨论。所使用的主要图表有:

Logistic 回归分析表

用于记载每个阶段研究结果的主要图表称为"Logistic 回归分析表"。第四章中表 3、表 6、表 11、表 17、表 21 和表 24 是 Logistic 回归分析表,每个表记载了程序不同阶段的分析情况。每一个表有 7 栏,标题如下:

1. 模型

2. 模型似然

3. 修正卡方值

4. 模型自由度

5. 修正自由度

6. 概率 <

7. 无穷系数估计数

应以如下方式阅读 Logistic 回归分析表：

第一栏（模型）列举了加入到其前面的模型中的变量群（组）。因此，每一行的模型包含前述各行所有的变量加上本行列举的变量。

第二栏（模型似然）提供了模型与数据拟合的度量。数字越小，拟合越好。新变量的加入总会一定程度上的改善拟合程度，所以并非只有这一栏重要。问题在于拟合度的改善是否反映了偶然性，或它是否为附加自变量和结果变量间真实预测性关系的结果。这一问题以基于第三栏中提出的卡方值的计算得到了回答。

第三栏（修正卡方值）是前一行模型似然值减去本行模型似然值乘以 2。

第四栏（模型自由度）表明了模型中变量的个数。

第五栏（修正自由度）只表明加入到本行的变量数量。

第六栏（概率 <）表明卡方值统计对修正自由度的显著性水平。这是加入的变量与结果变量间关系可能偶然发生的可能性。概率为 0.05 或小于 0.05（$P < 0.05$）通常认为是显著的。

最后一栏（无穷系数估计数）提供了模型系数估计值有效性的指标及基于第六栏中所示概率的任何结论的置信度。一个无穷系数估计数在模型中出现并不必然使基于此模型的任何结论无效，但它表明在解释这一结果时应当谨慎。在一模型中许多无穷系数估计数的出现，表明这些系数估计值据以为基础的大量案件不足以产生有效结果。

系数表

多元 Logistic 回归分析图表表明哪些变量集对结果有影响，但它们并不表明在某组中某一特定变量是有助于还是无助于这一影响。单独变量在预测每个阶段结果中的作用,可以通过检验每个图表中包含有意义变量集的最后一个模型的系数弄清楚。每个阶段的这一检验在名为“具有显著性分类变量的回归模型系数估计”的图表中提出来了。第四章表 4、表 8、表 12、表 18、表 23 和表 25 是系数表。因此,每个多元 Logistic 回归分析表后附有一个系数表,或在一个案件中附有两个系数表。每个系数表有 5 栏,每栏命名如下:

1. 变量
2. 系数
3. 标准差
4. 卡方值
5. 概率 <

系数表应当以下列方式阅读:

第一栏(变量)列举了组成预测公方程中的具体变量。

第二栏(系数)包括每个变量系数值,省略到小数点后的第三位,它通过 Logistic 回归计算程序估计得到。

第三栏(标准差)和第四栏(卡方值)包括可能用于判定一系数是否显著不同于 0 值的信息。这表明变量对预测结果概率的帮助是否可与偶然性区别开来。

在第五栏是(概率 <)。通常,值为被视为指示是实际结果而非偶然性结果。

条形图表

任意性调查的第一部分是判定死刑程序中基本变量——代表法律标准——和自由裁量结果间相关程度。回归分析图表提供了这些信息。基于这些信息,本研究构建了条形图表以表明与证据一致的结果的恰当性和与证据不一致的结果的恰当性。在第四章图 2 和图 3 中以此处所示的模型条形图的格式给出了这些条形图表。

条形图表应当以如下方式阅读:条形图表底部的横轴仅表示基于证据预测到的特定结果的概率范围。这一预测的基础是 Logistic 回归方程。这一方程仅包括基本证据变量。高概率的列代表很可能是一级谋杀的案件,概率低的列代表很可能不是一级谋杀案。

每个条的高度反映了在每个预测的范围内案件的数量。结果为继续死刑诉讼的案件以黑色交叉影线的图案描绘,不再进行死刑诉讼的案件用淡色图案进行描绘。如果这些案件中的基本证据变量与结果高度相关,可能性较大条应当仅是黑色图案,可能性较小条应当仅是淡色图案。处于中间范围的条可能更混合了这两种图案。

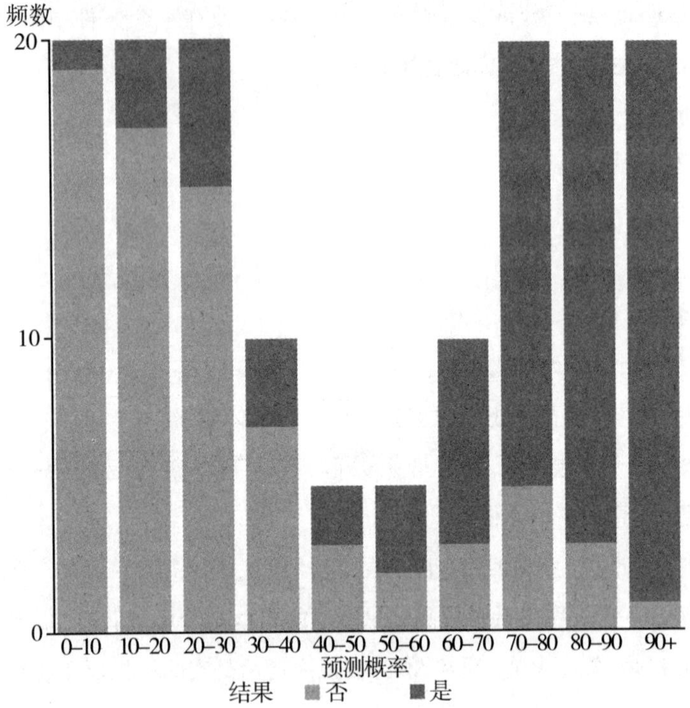

(原著中没有对此图标序号,译著依原著保持原样——译者注)

相关概率表

对于不习惯于阅读诸如 Logistic 回归分析和相关系数表等统计图表的人来说,这些表中的显著影响可以用更熟悉的"概率"表示。这些相对概率是在特定的回归分析中从变量的系数数学导出的。这一技术有助于评估显著效果的大小。具有重要影响的变量通过增加有利于或不利于一特定结果的概率而增加了此结果的可能性。例如,如果某给定因素的出现使某一概率从 2/1 变成 6/1,那么这可以说使得概率增加了 3 倍。因此,具有此因素的案件是不具有此因素的案件达到此结果之概率的 3 倍。

显著的司法区影响的相关概率乘子在它们系数表底部列举出来了。这是在第四章表 8、表 12 和表 23 中列举的。

名为"相对比值"的图表描绘了在概率方面种族影响的显著相互作用(优势比)。它们是在第四章表15、表16、表19和表20中加以列举,并列举如下:变量、白人被告人变量组合概率乘子、有色人被告人变量组合概率乘子、有色人被告人与白人被告人概率乘子比率。

表2　通过问题方式分配证据质量种类

案件分类	问题		
	应罚程度	确认被告人为犯罪行为人	自我防卫
类1A	高	高	高
类1B	高	高	低
类1B	高	低	高[a]
类1B	高	低	低
类2	低	高	高
类3	低	高	低
类3	低	低	高
类3	低	低	低

注:多元Logistic回归分析使用的是证据价值真实值,而不是这些类别。这些类别仅是为举例说明的目的。

a　在自卫问题上排名前30%的任何案件,在一级谋杀的心理要件问题上均不在前30%之列。与自卫主张相关的同样证据也对一级谋杀心理因素表示怀疑。

相关概率表应以如下方式阅读:

前面两栏(在这里以变量出现)代表与被考虑的相互作用有关的变量值。

接下来的两栏(概率乘子)表明,对白人和有色人被告人而言,这些变量值概率总量将会增加。[206]

最后一栏(概率乘子比率)比较两种族概率乘子,以表明它们相关的概率。通过将白人被告人概率乘子与有色人被告人概率乘子相分离,计算出这一比率。

一级谋杀和审判率表

尽管多元Logistic回归分析使用了证据质量的原始分值——范围为:确认被告人为犯罪人分值有440分的范围,应罚性程度有559分的范围,自我防卫为518分的范围——但一个图表显然不能包括所有这些分值。为将这些分值减少到一个仅为描绘目的的可操作的数量,本研究将这些粗略的分值分成四类:

类1A:极可能为一级谋杀案

类1B:在一级谋杀心理因素证据方面分值高但在确认被告人为犯罪人证据方面分值低的案件

类2:在确认被告人为犯罪人证据方面分值高但在一级谋杀心理因素证据方面分值低的案件

类3:一级谋杀心理因素证据和另外一个或两个问题上证据分值都低的案件。

仅为描述这些图表的目的,基于每个问题的评分模式,每个案件均配以此四种证据质量种类之一。通过以下方式实现这一目的:首先,对这些案件进行划分,其根据是这些案件关于每个问题——被告人的确认、应罚性程度和自我防卫的原始分值是否属于在该问题上案件得分的前30%。在某个问题上得分超过30%的案例被认为在那问题上证据质量高;所有其他案件就被认为具有较低的证据质量。根据表2描述的分配,基于在某问题上证据质量是"高"还是"低",每个案件都被配以四种证据质量之一。正如表2所示,仅当其在所有三个问题上得分都排在前30%,该案才被归入类1A。这种案件中的证据将明显确认被告人为犯罪人,根据一级谋杀的心理要素要件确定被告人极具应罚性,并不会产生自我防卫问题。如果现有证据得分在一级谋杀的心理要件要求的前30%中,但确认被告人为犯罪人或自我防卫方面的证据值并非如此,则案件被归入类1B。如果证据得分在被告人确认和缺乏完全自卫辩护方面处于前30%,但在确定一级谋杀的必要心理因素方面低,则案件被归入类2。所有其他案件在应罚性程度和至少一个其他问题上得分都很低,则被归入类3。

根据这些证据质量类别、司法区,以及它们是否是被以一级谋杀提出起诉和是否因一级谋杀受审,第四章的表10和表14中列举了所有的案件。

附加表格

附加表格用于帮助进一步解释数据。这些表格相对而言是不解自明的,它们会在第四章论及。

注释

1. 这些可以称为立法事实或宪法事实。See Lockhart v. McCree, 106 S. Ct. 1758, 1762 n. 3

(1986);2 Davis,*Adminisrative Law Treatise*,353,363(West 1958);Shaman,"Constitutional Fact: The Perception of Reality by the Supreme Court",35 *U. Fla. L. Rev.* 236,236(1983); Miller and Barron,"The Supreme Court,the Adversary System and the Flow of Information to the Justices: A Preliminary Inquiry",61 *Va. L. Rev.* 1187(1975);Alfange,"The Relevance of Legislative Facts in Constitutional Law",114 *U. Pa. L. Rev.* 637. 640(1966);Karst, "Legislative Facts in Constitutional Law",1960 *Sup. Ct. Rev.* 75,77;Biklé,"Judicial Determination of Questions of Fact Affecting the Constitutional Validity of Legislative Action",38 *Harv. L. Rev.* 6,7 – 8(1924);Traynor,"What Domesday Books for Emerging Law?",15 *U. C. L. A. L. Rev.* 1105,1111(1968);see also Federal Election Com'n v. Nat. Conserv. Pol. Action,105 S. Ct. 1459,1470(1985). Horowitz and Marvell prefer the term social facts suggested in Note,61 *Harv. L. Rev.* 692,693(1948). Horowitz,The Courts and Social Policy 45(Brookings 1977);Marvell,Appellate: Courts and Lawyers 150,339,344 (Greenwood 1978). 莫纳汉(Monaghan)最近使用了宪法事实一词不太精确地提到引发宪法问题的特定案件中的历史事实。Monaghan,"Constitutional Fact Review",85 *Colum. L. Rev.* 229,238(1985). 莫纳汉(Monaghan)和沃克(Walker)在更近来建议将社会学研究视为社会权威而不是事实可能更有用。Monahan and Walker,"Social Authority: Obtaining, Evaluating,and Establishing Social Science in Law",134 *U. Pa. L. Rev.* 477,488(1986).

2. Shaman,supra note 1;Karst,supra note 1. 这些可称为法院宣告的事实。Davis,supra note 1.
3. See Cardozo,The Growth of the Law 85 – 86(Yale 1924);Cardozo,*The Nature of the Judicial Process* 30 – 31,67,73,80 – 81(Yale 1921);Karst,supra note 1,at 104;Pound,"The Theory of Judicial Decision",36 *Harv. L. Rev.* 940,951(1923).
4. See Furman v. Georgia,408 U. S. 238,309 – 310 nn. 12 and 14(1972)(Stewart,J.);id. at 313 (White,J.);see also id. at 364 – 366 nn. 152 – 155(Marshall,J.);Chapter IV,Part 4,infra.
5. 在"恩姆德诉佛罗里达州案"(Enmund v. Florida)中,怀特法官为美国联邦最高法院所写的法院判决意见书中认为死刑对重罪谋杀共犯而言是不合宪的。他认为原因在于"死刑极少被适用于一个仅仅代理地犯有谋杀罪的人"。458 U. S. at 800. 奥·康纳法官在为四位法官写作的反对意见中,指出"资料并没有显示杀人中被指控为重罪谋杀的数量或比重,或没有揭示国家对犯有重罪谋杀的共犯寻求死刑的案件的数量或比重。因此,我们不可能知道这些案件中陪审团对重罪谋杀共犯拒绝适用死刑的比重"。See 458 U. S. at 818 – 819. 怀特法官答道,美国联邦最高法院怀疑"收集这些资料是否可能,无论如何,如果检察官们很少对重罪谋杀共犯寻求死刑，则这将是相关的，因为它表明在惩罚犯罪中代表社会利益的检察官认为死对重罪谋杀共犯而言是过分的”。See 458 U. S. at 796.

6. Smith, *Jurisprudence* 21 (Columbia 1909), quoted in Cardozo, *The Nature of the Judicial Process*, supra note 3, at 23.

7. Cardozo, *The Growth of the Law*, supra note 3, at 85 - 86.

8. See Posner, "The Present Situation in Legal Scholarship", 90 *Yale L. Rev.* 1113, 1120 - 1121 (1981).

9. See Marvell, supra note 1, at 173.

10. Lempert and Sanders, *An Invitation to Law and Social Science* (Longman 1986); Rosenblum, "A Place for Social Science Along the Judiciary's Constitutioual Law Frontier", 66 *Nw. U. L. Rev.* 455, 456 (1971); see Beutel, *Experimental Jurisprudence* 113 - 114 (University of Nebraska 1957).

11. See generally Barnes and Conley, *Statistical Evidence in Litigation*, 10 - 14, 545 - 595 (Little, Brown 1986).

12. See Lockhart v. McCree, 106 S. Ct. 1758, 1761 (1986); Ballew v. Georgia, 435 U. S. 223, 246 (1978) (Powell, J., Concurring in the Judgment); Horowitz, supru note 1, at 47 - 50, 279 - 283; Zeisel and Diamond, "Convincing Empirical Evidence' on the Six Member Jury", 41 *U. Chi. L. Rev.* 281, 292 - 293 (1974); Sperlich, "Social Science Evidence and the Courts: Reaching Beyond the Adversary Process", 63 *Judicature* 280, 286 - 289 (1980).

13. See Marvell, supra note 1, at 172 - 204, 216, 220; Note, 61 *Harv. L. Rev.* 692, 696 - 702 (1948).

在最近的一篇论文中，沃克（Walker）和莫纳汉（Monahan）主张，与法治之政策前提相关的社会学研究，应当视为权威的一个来源而不是事实的一个来源。See Monahan and Walker, supra note 1. 他们的论点是，“当社会学研究用于创制一个法律规则时，它更类似于‘法’而不是‘事实’。因此，对之应当如法院对待先例一样对待”。See id. at 478.

14. For example, in Gregg v. Georgia, 428 U. S. 153, 184 - 185 n. 31 (1976)，法院引用了已发表的经济学研究的学术争论，这些争论的焦点是死刑是否具有边际威慑效果。See Ballew v. Georgia, 435 U. S. 223, 232 - 239 (1978); see also Monahan and Walker, supra note 1, at 500 - 501.

In Lockhart v. McCree, 106 S. Ct. 1758, 1762 n. 3 (1986)，美国联邦最高法院建议上

诉法院可以审查社会学研究的证据,并得出它们自己关于研究中处理过但没有得到审判庭事实调查结果确认的事实前提的结论。

15. Muller v. Oregon,208 U. S. 412,419(1908)("由路易斯·D. 布兰代斯先生(Mr. Louis D. Brandeis)提交的诉讼提纲中,是所有这些素材相当丰富的收集,在其页边空白处还发现了一个摘要。")

现代研究使布兰代斯基于女性"特殊身体构造"提交的材料不足为信。Id. at 420 n. 1. See Strumm, *Louis D. Brandeis* 128 - 131(Harvard University Press 1984); see also Monahan and Walker, *Social Science in Law*, 9(Foundation Press 1985):

今天它的内容不会作为社会学证据加以接受……

此摘要是一个得到偶然性观察资料和观点支持的广泛的、富含价值陈述的集合。这是社会学学识在当时的典型。然而,在接下来的几十年中,社会学变得更为实证主义和自然主义,它反映了一种新的信仰,即关于人和社会的知识应当通过实验性的和实证的方式按照科学的方式收集。See also Rosen, *The Supreme Court and Social Science* 85 - 86(Illinois 1972).

美国联邦最高法院依据辩护人为当事人提交的关于与政策判断相关的实证证据的诉讼摘要作出判决的一个更近例子是"邦兹诉史密斯案"(Bounds v. Smith, 430 U. S. 817, 830 - 831(1977)(在许多州和哥伦比亚特区,大约有一半的州为囚犯提供某种程度的专业人员或准专业人员的法律援助)。

16. Davis, supra note 1, at 357 - 358; Rosen, supra note 15, at xi, 12 - 14.

为了获得其起诉信息,美国联邦最高法院甚至合理地依靠诉状外的间接证据。例如,在"米兰达诉亚利桑那州案"[Miranda v. Arizona, 384 U. S. 436(1966)]中,美国联邦最高法院认为,实践中的警察行为是以警察手册及其规定为根据的。美国联邦最高法院提道:这些规定由法律执行机构自己作为指南而使用。应当提及的是,这些规定表面上提出了当前通过拘押审问获取陈述的最文明和最有效的方式。通过考虑这些规定和其他资料,可能描述全国遵守的程序。See id. at 448 - 449; see Rosen, supra note 15, at 205 - 211.

17. 387 U. S. (1967).

18. Id. at 14 - 27 and nn. 14, 23, 24, 25, 26, 30, 31, 34, 35; see also id. at 74 - 75 and nn. 3 - 5 (Harlan, J., Concurring and Dissenting).

19. Id. at 60(Black, J., Concurring).

20. 435 U. S. 223(1978).

21. Id. at 232 – 239; see also Brown v. Louisiana, 447 U. S. 323, 332(1980).

22. 399 U. S. 78(1970).

23. Id. at 87 – 89.

24. Id. at 92 – 99.

25. Id. at 90 – 92.

26. Id. at 99 – 100.

27. Id. at 100 – 101："但我们发现，没有理由认为，当陪审团为 6 人而不是 12 人时——特别是一致性要求保持不变的情况下，这些目标不太可能实现。当然，陪审团作为事实发现者的可靠性似乎不太可能是其规模的作用。"

28. Id. at 101 – 102 and nn. 48, 49："进行过的实验没有——通常是民事领域——表明两种不同规模的陪审团所得出的结论之间存在可辨别的差异。总之，当前可获得的证据和理论没有表明 12 人的陪审团必然比由更少成员组成的陪审团对被告人更有利。" See also Colegrove v. Battin, 413 U. S. 149, 158(1973).

29. 413 U. S. 149(1973).

30. Id. at 159 – 160 n. 15.

31. Id. at 159 n. 15.

32. Ballew v. Georgia, 435 U. S. 223, 231(1978).

33. 435 U. S. at 232 – 239; see also Brown v. Louisiana, 447 U. S. 323, 332(1980).

34. 435 U. S. at 239.

35. Id. at 246.

36. Id. at 232 n. 10.

37. See Horowitz, supra note 1, at 279.

38. 104 S. Ct. 3405(1984).

39. Id. at 3413 n. 6.

40. Id. at 3418 n. 14.

41. 347 U. S. 483, 494 – 495 n. 11(1954).

42. See Wechsler, "Toward Neutral Principles of Constitutional Law", 73 *Harv. L. Rev.* 1, 33 (1959); Doyle, "Can Social Science Data Be Used in Judicial Decisionmaking?", *J. of Law and Ed.* 13, 16 – 18 and n. 26(1977).

43. Schwartz, Super – Chief: *Earl Warren and his Supreme Court—A Judicial Biography* 106 –

108(NYU Press 1983); see also Rosen, supra note 15, at 164 – 165, 169 – 172; Davis, *The United States Supreme Court and the Uses of Social Science Data* 115(MSS Information Corp. 1973).

44. 在"田纳西州诉加纳案"[Tennessee v. Garner, 105 S. Ct. 1694(1985)]中,美国联邦最高法院确定了警察在对付一在逃犯罪嫌疑人中使用致命暴力的宪法限制。在此过程中,美国联邦最高法院依据的是关于"尽管通过打消逃跑念头,致命暴力的有效威胁可能被认为有助于逮捕更多的犯罪嫌疑人,但目前可得的证据并不支持这一论点"这一论题的社会学资料。See 105 S. Ct. at 1700 – 1701 and n. 10. 在奥康纳法官为三位法官所写的反对意见中认为:"警察依照基于宪法理由受到质疑的某州的法律而行动的事实,并没有给国家强加提供社会学统计表或驱散任何关于行动必要性怀疑的负担。"105 S. Ct. at 1710.

See also Evans v. Jeff D., 106 S. Ct. 1531, 1542 n. 28(1986)(这是每一个法官的解释,也是第三巡回法庭特别工作处大多数成员的经验,它认为该法庭禁止费用上协商的倾向阻碍案件的解决,有时使案件无法得到解决)。

In Holbrook v. Flynn, 106 S. Ct. 1340, 1347 n. 4(1986),美国联邦最高法院最近说:社会学研究表达了囚服和法庭对陪审团裁决护卫的效果。其实验性的结论是,在监狱中穿着囚服的被告人或由警察看守的被告人比不受监控并穿着自己衣服的被告人更可能发现其罪行。然而,这一研究也发现受到同样的处遇方法施与既受监控又穿囚服的被告人时效果一样。See Fontaine and Kiger, "The Effects of Defendant Dress and Supervision on Judgments of Simulated Jurors: An Exploratory Study", 2 *Law and Human Behavior* 63, 69 – 70(1978). 根据这些奇怪和试验性的结果,我们至少现在信赖我们自己的经验和常识。

在"施诉路易斯安那州案"[Shea v. Louisiana, 105 S. Ct. 1065, 1070 – 1071(1985)]中,美国联邦最高法院说:"有人说基于直接审查将爱德华兹(Edwards)的观点适用于案件中将导致许多有罪宣告无效,并且将使检察官处于不得不对涉及的前几个发生的事件进行重审的困难境地。我们认为这一关注是夸张的。我们无法在该观点中找到实证证据……" See also Ponte v. Real, 105 S. Ct. 2192, 2209 n. 21(1985)(Marshall, J., dissenting).

45. Cardozo, "The Bench and the Bar," 34 *N. Y. S. B. J.* 444, 454(1962). See also Adams v. Tanner, 244 U. S. 500, 600(1917)(Brandeis, J., Dissenting)("一个与公共福利相关的措施是否为任意的或非理性的……显然不能由假设或先前的推理来确定。这一判断应当基于相关事实的考虑……")。

46. Davis, supra note 1, at 354.

47. Burns Baking Co. v. Bryan, 264 U. S. 504, 520(1924)(Brandeis, J., dissenting). See also Chastleton Corp. v. Sinclair, 264 U. S. 543, 548(1924)(Holmes, J.)("美国联邦最高法院可以查明，正如其见到的一样，符合任何事实仅是设定一法律规则的一个基础)；Prentis v. Atlantic Coast Line, 211 U. S. 210, 227(1908)(Holmes, J.)("在有陪审团的审判中法官不能判定事实问题；但他可以决定仅作为某一法律规定的事实前提的事实问题……当一个法官要宣告法律时，他必须知道或发现制定这一法律的事实")。

48. Brennan, "Law and social sciences", 24 Vital Speeches 143(1957), reprinted in Westin, ed., *The Superme Court: Views from Inside*, 143, 144, 149(Norton 1961); see also Horowitz, supra note 1, at 19, 46.

49. 429 U. S. 190, 204(1976).

50. Rosenblum, supra note 10, at 479; see also id. at 480: 现在，社会学具备宽度、深度和复杂程度以作为改革过时或错误的法律规定的刺激因素、作为关于司法行为后果的知识的综合者和作为援引与它们专业知识相关的标准的法院可靠的助手。

51. 429 U. S. at 208 n. 22. 戴维斯写道，法院"通常通过发现回答这些事实问题的法律规定而解决事实问题"。See 2 Davis, supra note 1, at 364.

52. See Lockhart v. McCree, 106 S. Ct. 1758, 1764 – 1766(1986).

在宪法领域外，在法律问题上可能导致误导的社会学资料的例子可能是遗嘱的成立。成立遗嘱的一个基本原则是实现立遗嘱人的意图。See 4 Page, WILLS, 3 – 4 (Anderson 1961). 如果立遗嘱人在他或她的遗嘱中没有提及配偶或孩子，这一原则表明法院分析这一遗嘱时应当力图确定这一遗漏是故意还是意外。心理学告诉我们这一遗漏是故意的。See, e. g., Freud, "Introductory Lectures on Psychoanalysis", in 15 Strachey (ed.), The Standard Edition of the Complete Works of Sigwund Freud, 21 – 79(Hogarth Press 1963). 然而，法律通常规定无论遗嘱如何，配偶或子女应当考虑，除非立遗嘱人明确将相反的故意写进遗嘱。See 2 Page, WILLS, 529(Anderson 1960); N. C. Gen. Stat. §§29 – 14, 29 – 30, 30 – 3, 31 – 5. 5. See also Sussman, Cates, and Smith, *The Family and Inheritance*(1970); Beckstrom, "Sociobiology and Intestate Wealth Transfers", 76 *Nw. U. L. Rev.* 216(1981); Dunham, "The Method, Process and Frequency of Wealth Transmission at Death", 30 *U. Chi. L. Rev.* 241, 251 – 257(1963). 作为遗嘱成立的原则，对立遗嘱人的意图的忠实不必颠翻一个有益的社会政策，该政策即希望在配偶和所有的子女中分配财产

以供养他们和减少财产的集中程度。在弗洛伊德的理论中只是回答了关于立遗嘱人的意图这一问题。法律必须判定这是否真正为一决定性的问题。For other examples, see Davis, supra note 1, at 364 – 365.

53. 428 U. S. at 184.

54. Id. at 184 – 185 nn. 31, 32.

55. Id. at 186 – 187; see also Holbrook v. Flynn, 106 S. Ct. 1340, 1347 (1986).

56. See Sperlich, supra note 12, at 283 – 284.

57. See Lockhart v. McCree, 106 S. Ct. 1758, 1762 – 1764 (1986).

58. Traynor, supra note 1, at 1108; see also Ballew v. Georgia, 435 U. S. 223, 232 n. 10 (1978) (Blackmun, J.). See generally Horowitz and Wiliging, *The Psychology of Law*, 307 – 368 (Little, Brown 1984).

59. See Dix, "Appellate Review of the Decision to Impose Death", 68 *Geo. L. Rev.* 97, 108 – 109 (1979): "斯图尔特、鲍威尔、史蒂文斯和怀特在'格瑞格案''普罗菲特案''朱瑞克案'中的观点强烈表明,如果实证证据表明它们的程序设计事实上不能如所预期一样起作用,甚至在美国联邦最高法院受理的案件中所运用的程序都可能无法通过审查。See also Dix, "Administration of the Texas Death Penalty Statutes: Constitutional Infirmities Related to the Prediction of Dangerousness", 55 *Tex. L. Rev.* 1343 (1977).

60. See Maxwell v. Bishop, 398 F. 2d 138, 142 (8th Cir. 1968) (Blackmun, J.) ("证人承认一些潜在地合适的资料没有收集到,例如'关于起诉的案件的强度',因为'我们没有我们能客观收集到的那种资料'"); see also Prejean v. Maggio, 765 F. 2d 482, 486 (5th Cir. 1985); Shaw v. Martin, 733 F. 2d 304, 312 – 313 (4th Cir.), cert. den., 105 S. Ct. 230 (1984) (因为研究没有控制证据质量或犯罪的严重性而批判该研究统计上有效性).

61. 没有其他的研究尝试将这一基本资料包括进去,一些其他的研究是基于选择一致的证据项目进行的,在研究中将这些证据项目作为证据综合质量的代替品。例如:

(1)被告人是否在犯罪发生的同一天被捕。See Clarke and Koch, "The Influence of Income and Other Factors on Whether Criminal Defendants Go to Prison", 11 *Law and Soc. Rev.* 57, 68 – 69 (1977). 此研究认为只有逮捕在犯罪发生的同一天进行时,控方才有对案件有强有力的证据。在承认这一标准的人为特征的情况下,论者认为:"如果存在某种方法判定被告人事实上有罪的可能性,或至少能判定控方和辩方的证据强度,那么就能获得对法院布署的模型更好理解方法。在当前的研究中,唯一可得的案件证据强度的测量方式是逮捕的及时性……在将来的研究中,论者希望能更灵敏地测量有利于或不利于被告人的案件强度。附带说明的是,证据的强度与被告人实际有罪或无辜的关系相比,它与任意性和歧视性的研究更相关。这是决定作出者在每个阶段必须依靠的资料,他们根据这些资料所作出的决定的质量是这一研究的目标。"

(2)被告人是否作证和对被告人作出不利证词的同案被告人的数量。See Note,21 Stan. L. Rev. 1297(1969). 该研究也考虑被告人是否提出了精神错乱的辩护,但在评估表明提出了此辩护的人比没有提出此辩护的人更可能被判死刑的数据中,该研究似乎没有注意到,那些犯罪使他们可能成为死刑适用对象的人比那些犯了不那么恶劣谋杀罪的人更可能通过提出精神错乱辩护而逃避死刑的可能性。See Goldstein, *The Insanity Defense*, 167 – 168(Yale 1967).

(3)非警察证人的数量;被盗财产、凶器或其他可触知的证据是否被恢复;犯罪与逮捕之间的天数;被告人和被害人是否相互认识;被告人的年龄;同案被告人的数量。See Forst and Brosi,"A Theoretical and Empirical Analysis of the Prosecutor",6 *J. Leg. Studies* 177,185,186 n. 14(1977).

(4)指控的数量;证人的数量;目击证人对被告人的确认;被告人或共犯的陈述;物证的数量。See Myers and LaFree,"性侵犯及其控诉:与其他犯罪之比较",73 *J. Crim. L. and Crim.* 1282,1288 – 1290(1982).

(5)"为反映罪行严重性的"罪状的数量。Rhodes,"A Study of Sentencing in the Hennepin County and Ramsey County District Courts",6 *J. Leg. Studies* 333,337(1977).

(6)加重情节与减轻情节,仅考虑作出有罪宣告的案件。See Baldus, Pulaski, and Woodworth,"Comparative Review of Death Sentences: An Empirical Study of the Georgia Experience", 74 *J. Crim. L. & Crim.* 661(1983); Baldus, Woodworth, and Pulaski, "Monitoring and Evaluating Death Sentencing Systems: Lessons from Georgia", 18 *U. C. Davis L. Rev.* 1375,1382 n. 16,1382 – 1383,1391 n. 30(1985).

62. 433 U. S. 584(1977).

63. 458 U. S. 782(1982).

64. 433 U. S. at 593(emphasis added).

65. Id. at 593 – 596.

66. Id. at 596 – 597.

67. Id. at 597.

68. 458 U. S. at 789 – 793.

69. Id. at 794 – 796.

70. See note 255 in Chapter Ⅱ.

71. 作为这一命题的必然结果,“科克尔案”和“恩姆德案”并不认为大多数州对某一具体的犯罪拒绝适用死刑就意味着没有州可能对这种犯罪适用死刑。相反,美国联邦最高法院认为,在两个案件中都认为合宪性的根本问题要求美国联邦最高法院对此问题作出判决。See Coker,433 U. S. at 584. 因此,在其司法管辖区对某种其他的州并非死刑之罪的谋杀公正地适用死刑的州可以见到其坚持的一致的严厉性。

72. U. S. Const. ,Amend. XIV,sec. 1;cf. Gregg,428 U. S. at 205:佐治亚州相称性审查的标准是“全州的陪审团是否普遍地适用死刑”。

See In Baldwin v. Alabama,105 S. Ct. 2727(1985),美国联邦最高法院含蓄地对此立场表示支持。最高法院注意到这一主张在程序受到了审查的州的死刑科刑中实现了,并认为:“无论如何,亚拉巴马州程序没有导致这种任意性。”See id. at 2737.

In Prejean v. Blackburn,743 F. 2d 1091(5th Cir. 1984),第五巡回区认为,焦点应当是各个司法区“可能产生违反作为陪审员宣誓的职责而始终歧视黑人被告人的陪审团的司法区,并不反映名列在另一个司法区的陪审团的行为,此区的公民反对如此有缺陷的陪审团的裁决”。Id. at 1101. 正如第五巡回区也主张制度中的任何歧视必然支持一特定案件以赢得对本案的信任一样,它提出了这一主张。这一主张忽视了一点,即受到争论的是制度在防止被告人受到这种歧视上的充分性。歧视性司法区的经历将损害其制度的合法性,结果将是该制度在全州范围内的违宪。对大多数州而言,这是难以证实的。一点也不奇怪的是,美国联邦最高法院后来撤销了其意见中的此部分。See Prejean v. Maggio,765 F. 2d 482,486 – 487(5th Cir. 1985).

73. 347 U. S. 483(1954).

74. Gideon v. Wainwright,372 U. S. 335(1963)(在所有重罪指控中有权聘请律师);see also Powell v. Alabama,287 U. S. 45(1932)(在死刑案件中有权聘请律师);Argersinger v. Hamlin,407 U. S. 25(1972)(在被告人被判处监禁刑的所有案件中有权聘请律师);Scott v. Illinois,440 U. S. 367(1979)(在轻罪案件中无权聘请律师,除非被告人事实上会被判入狱).

75. Duncan v. Louisiana,391 U. S. 145(1968);see also Baldwin v. New York,399 U. S. 66(1970)(对所有可能受到超过6个月监禁、超500美元的罚金或5年缓刑处罚的犯罪,有

权要求陪审团裁决）; Muniz v. Hoffman, 422 U. S. 454（1975）（对因藐视法庭而受到10,000 美元罚金的工会无权要求陪审团裁决。）

76. Taylor v. Louisiana, 419 U. S. 522(1975); Apodaca v. Oregon, 406 U. S. 404(1972).

77. Alexander v. Louisiana, 405 U. S. 625 (1972); Turner v. Fouche, 396 U. S. 346 (1970); Whiters v. Georgia, 385 U. S. 545 (1967); see also Castaneda v. Partida, 430 U. S. 482 (1977). 美国联邦最高法院最近在陪审团选择程序中作了另一改进。Batson v. Kentucky, 106 S. Ct. 1712(1986); Turner v. Murray, 106 S. Ct. 1683(1986).

78. Taylor v. Louisiana, 419 U. S. 522(1975); see also Duren v. Missouri, 439 U. S. 357(1979).

79. See Hankerson v. North Carolina, 432 U. S. 233(1977); Mullaney v. Wilbur, 421 U. S. 684 (1975); cf. Patterson v. New York, 432 U. S. 197(1977); see also Sandstrom v. Montana, 442 U. S. 510(1979).

80. 在"福尔曼案"中,首席法官伯格在得到布莱克门、鲍威尔、恩奎斯特赞同的反对意见中,发表了同样的观点:"表明死刑在久远以前如何适用是不够的。我们提及的统计资料涵括了黑人被制度性地排除在陪审团服务之外的时期和种族隔离在许多州为官方政策的时期。更近时期的资料也是必不可少的。"See 408 U. S. at 390 n. 12.

在鲍威尔法官的反对意见中,他作了进一步的解释:在审判和科刑程序中种族偏见的可能性在近些年来已经消失。几十年前,我们社会中导致对种族间犯罪施以严厉刑罚的种族隔离,现在在我们国家已不再普遍。同样陪审团不代表社会中少数派团体成分的日子也已经过去了……因为刑事审判的标准已以有利于被告人的方式"进化",今天死刑的歧视适用完全不如以前那样可能了。See 408 U. S. at 450.

See also Maxwell v. Bishop, 398 F. 2d 138, 147(8th Cir. 1968)(Blackmun, J.), vacated and remanded on other grounds, 398 U. S. 262 (1970); Zeisel, "Race Bias in the Administration of the Death Penalty: The Florida Experience", 95 *Harv. L. Rev.* 456, 457, 468 (1981).

81. U. S. Department of Justice, Bureau of Justice Statistics, *Capital Punishment* 6 – 7(1984).

82. Cf. Hazelwood School Dist. v. United States, 433 U. S. 299, 308(1977). 这一谬论在民众中比在学术讨论中更经常出现。But cf. Furman v. Georgia, 408 U. S. 238, 364 – 366 (Marshall, J., concurring):"乍看一下关于死刑的统计资料,就足以看出一些歧视……与他们在人口中的比例相比,黑人比白人更经常地被执行死刑。研究表明尽管黑人中较高的死刑执行率部分上是由于较高的犯罪率,但有种族歧视的证据。"See Black, *Capital*

Punisiment: *The Inevitability of Caprice and Mistake* 94 (2nd ed. Norton 1981); Dike, "Capital Punishment in the United States, Part II: Empirical Data", 13 *Crim. J. Abstracts* 426, 440, 444, 447 (1981); Foley and Powell," The Discretion of Prosecutors, Judges, and Juries in Capital Cases", 7 *Crim. J. Rev.* 16, 16 (1982); Radelet and Pierce, "Race and Prosecutorial Discretion in Homicide Cases", 19 *Law and Soc. Rev.* 587, 588 – 589 (1985); Riedel, "Discrimination in the Imposition of the Death Penalty: A Comparison of the Characteristics of Offenders Sentenced Pre – Furman and Post – Furman", 49 *Temp. L. Q.* 261, 270 – 283 (1976); ACLU Policy #236, "Capital Punishment" (ACLU Board Minutes, October 2 – 3, 1976):

死刑的存在导致对穷困、未受教育和少数团体成员的歧视。作为种族偏见结果的死刑的适用可以由自 1930 年至现在的关于死刑的统计资料很容易地加以证明。

自 1930 年以来,在对所有因犯罪而被判处死刑的 3589 个人中,54.6% 的人是黑人或其他少数种族群体的成员;单就因强奸罪而被判处的死刑的 455 人中,89.5% 的人是有色人。正如人口普查资料清晰表明的,在美国社会中黑人一直约占美国社会人口总数的 10%。(Source; Bureau of Prisons, National Prisoner Statistics, Bulletin No. 45, Capital Punishment 1930 – 68, August 1969). 在 1977 年 8 月 1 日,在 392 名进入死刑程序的人中,50.8% 的人是有色人,继续着死刑种族歧视适用的传统模型。(Source: Death – row Census, August 1, 1977, National Coalition Against the Death Penalty).

83. Cf. State v. Jarrette, 284 N. C. 625, 661, 202 S. E. 2d 744 – 745 (1974); Ely, Democracy and Distrust, 258 – 259 n. 109 (Harvard 1980); Note, 87 *Harv. L. Rev.* 1690, 1694 n. 23 (1974); see also Furman v. Georgia, 408 U. S. at 365 n. 154 (Marshall, J.) (在主张死刑对男性歧视的观点中,承认这种不一致应当以实施杀人行为的男性而不是他们在人口中的比例来衡量).

84. See Klepper, Nagin, and Tierney, "Discrimination in the Criminal Justice System: A Critical Appraisal of the Literature", in Bernstein, Cohen, Martin, and Torny, eds., *Research on Sentencing*: *The Search for Reform*, Vol. Ⅱ (National Academic Press 1983); Berk, "An Introduction to Sample Selection Bias in Sociological Data", 48 *Am. Soc. Rev.* 386 (1983); Gross and Mauro, "Patterns of Death: An Analysis of Racial Disparities in Capital Sentencing and Homicide Victimization", 37 *Stan. L. Rev.* 27, 46 – 48 (1984); Thompson and Zingraff, "Detecting Sentencing Disparity: Some Problems and Evidence", 86 *Am. J. Soc.* 869, 873

n. 6(1981);Zeisel, supra note 80, at 459 n. 19(1981)("逮捕是此处考虑的相关统计,因为……是否适用死刑的决定可以在审前和有罪宣告前的不同时刻作出")。

85. See also Horowitz. supra note 1, at 46, 97, 268("在特定案件中真实的东西在许多案件的一般性中可能是错误的;反之亦然")。

86. 几个研究者提到了这一问题。约翰·黑根(John Hagan)教授,在批判性地评价了一般性的科刑研究后,他解释了纵向方式的重要性:"所要求的是纵向资料,这些资料基于对刑事审判制度中被告人经历的观察。"关于死刑案件,鲍威尔斯在《美国的死刑》(Executions in America)(Heath 1974)第105页说:"为全面观测死刑中歧视的程度,检验和比较在通向死刑的法律程序的每个阶段中那些继续前进的人和从程序中排除的人将是很重要的。"另外,两个报告已指出:"死刑犯罪者之罪间的不同可能在科刑前达到最大的程度……" See Johnson, "Selective Factors in Capital Punishment", 36 *Soc. Forces* 165 (1957); Wolfgang, Kelly, and Nolde, "Comparison of the Executed and Commuted among Admissions to Death Row", 53 *J. Crim. L.*, Crim. and P. S. 301, 311 (1962); see also Wolfgang and Riedel, "Race, Judicial Discretion and the Death Penalty", 407 *Annals of the Am. Acad. of Pol. and Soc. Sci.* 119, 133(1973); Chiricos and Waido, "Socioeconomic Status and Criminal Sentencing: An Empirical Assessment of a Conflict Proposition", 40 *Am. Soc. Rev.* 753, 756(1975).

87. Furman, 408 U. S. at 364 - 366 and n. 152(Marshall, J., concurring); Bowers and Pierce, "Arbitrariness and Discrimination Under Post - Furman Capital Statutes", 26 *Crime and Delinq.* 563, 575 - 586, 593 (1980); Dike, *Capital Punishment in the United States: A Consideration of the Evidence* 45 - 48(National Council on Crime and Delinquency 1982); Dike, supra note 82, at 441 - 444; Gross and Mauro, supra note 84, at 38 - 42; Kleck, "Racial Discrimination in Criminal Sentencing: A Critical Review of the Evidence with Additional Evidence on the Death Penalty", 46 *Am. Soc. Rev.* 783, 786 - 788(1981).

"福尔曼案"前的许多研究包括除了谋杀(特别是强奸)外的犯罪。一个关于1945~1965年在佐治亚州25个抽样的县适用于犯有强奸罪被告人刑罚的研究,强有力地表明被害人为白人的案件中的黑人被告人最可能被判以死刑。See Wolfgang and Riedel, "Rape, Race, and the Death Penalty in Georgia", 45 *Am. J. Orthopsychiatry* 658, 666 - 667 (1975); Wolfgang and Riedel, supra note 86, at 126 - 133.

88. See Pulley v. Harris, 104 S. Ct. 871, 887 - 888(1984)(Marshall, J., dissenting).

89. Streib, "Executions under the post – Furman Capital Punishment Statutes: The Halting Progression from 'Let's Do It' to 'Hey, There Ain't No Point in Pulling so Tight'", 15 *Rutgers L. J.* 443(1984).

90. Id. at 475 – 478.

91. Id. at 485 – 486.

92. Dix, "Appellate Review of the Decision to Impose Death", supra note 59.

93. Id. at 159.

94. Rosen, "The 'Especially Heinous' Aggravating Circumstance in Capital Cases——The Standardless Standard", 64 *N. C. L. Rev.* 94(1986).

In Prejean v. Blackburn, 743 F. 2d 1091(5th Cir. 1984), modified sub nom. Prejean v. Maggio, 765 f. 2d 482(5th Cir. 1985),美国联邦最高法院在赞同基于一个更具体的加重情节的过程中,评述了路易斯安那州"特别恶劣、残暴、残酷方式"加重情节:"在此加重情节范围内的犯罪是受个人或团体意图和偏见的支配,包括种族偏见。" See 743 F. 2d at 1102. 改良后的观点以此撤销了最初观点。

95. 64 N. C. L. Rev. at 945.

96. 1Radelet and Vandiver, "The Florida Supreme Court and Death Penalty Appeals", 74 *J. Crim. L. and Crim.* 913(1983).

97. Id. At 919 – 921.

98. Id. at 921 – 922.

99. Baldus, Pulaski, and Woodworth, supra note 61.

100. Id. at 728.

101. Id. at 681 – 683, 703; see also Baldus, Pulaski, Woodworth, and Kyle, "Identifying Comparatively Excessive Sentences of Death: A Quantitative Approach", 33 *Stan. L. Rev.* 1, 22 – 48(1980).

102. 74 J. Crim. L. and Crim. at 728.

103. Id. at 714 – 715, 728.

104. Id. at 715, 728.

105. 鲍尔达斯(Baldus)、普拉斯基(Pulaski)和伍兹沃思(Woodworth)还没有发布关于他们研究的最后报告。他们在注 61 中对此进行了讨论。Baldus, Pulaski, and Woodworth, "The Differential Treatment of White and Black Victim Homicide Cases in Georgia's

Capital Charging and Sentencing Process: Preliminary Findings"(June 1982); Baldus, Pulaski, and Woodworth, supra note 61. 另外，他们的初步研究结果在“迈克勒斯基诉赞特案”(McCleskey v. Zant, 580 F. Supp. 338, 353 – 370(N. D. Ga. 1984))中进行了讨论，affirmed sub nom. McCleskey v. Kemp, 753 F. 2d 877, 887 – 897(11th Cir. 1985); see also Gross, "Race and Death: The Judicial Evaluation of Evidence of Discrimination in Capital Sentencing", 18 *U. C. Davis L. Rev.* 1275, 1289 – 1313(1985).

106. 74 *J. Crim. L. and Crim.* at 680 n. 81.

107. 18 *U. C. Davis L. Rev.* at 1382 n. 16, 1383 n. 19.

108. Barnett, "Some Distribution Patterns for the Georgia Death Sentence", 18 *U. C. Davis L. Rev.* 1327(1985).

109. Id. at 1363.

110. Id. at 1351, 1362.

111. Bowers, *Legal Homicide* 193 – 269(Northeastern 1984); Bowers and Pierce, supra note 87.

112. Id. at 598 – 600.

113. Id. at 603 – 604.

114. Bowers, Supra note 111, at 337 – 375; Bowers, "The Pervasiveness of Arbitrariness and Discrimination Under Post – Furman Capital Statutes", 74 *J.*, *Crim. L. and Crim.* 1067 (1983).

115. Id. at 1079 n. 22, 1083.

116. Id. al 1084 – 1085.

117. Id.

118. Zeisel, supra note 80.

119. Id. at 458 – 459 nn. 18, 20.

120. Id. at 459 – 460.

121. Radelet, "Racial Characteristics and the Imposition of the Death Penalty", 46 *Am. Soc. Rev.* 918(1981).

122. Id. at 920.

123. Id. at 922, 924, 925 – 926.

124. Bentele, "The Death Penalty in Georgia: Still Arbitrary", 62 *Wash. U. L. Q.* 573(1985).

125. Id. at 589 – 591.

126. Id. at 585 – 588.

127. Foley and Powell, supra note 82.

128. Id. at 17 – 18.

129. Id. at 17.

130. Id. at 21.

131. Arkin, "Discrimination and Arbitrariness in Capital Punishment: An Analysis of Post – Furman Murder Cases in Dade County, Florida, 1973 – 1976", 33 *Stan. L. Rev.* 75(1980).

132. Id. At 86 n. 85.

133. Id. at 98 – 100.

134. Id. at 85 – 89.

135. Radelet, "Rejecting the Jury: The Imposition of the Death Penalty in Florida", 18 *U. C. Davis L. Rev.* 1409(1985).

136. Id. at 1412.

137. See also Riedel, supra note 82, at 285 – 286(tables 7 and 10).

138. Gross and Mauro, supra note 84.

139. Id. at 49 – 50.

140. Id. at 49 – 50, 53.

141. Id. at 56 – 65, 75 – 83, 93 – 96, 134 – 136.

142. Id. at 87 – 92.

143. Bowers, "The Pervasiveness of Arbitrariness and Discrimination Under Post – Furman Capital Statutes", supra note 114, at 1080.

144. Id.

145. Id.

146. Id.

147. 26 Crime and Delinq. at 612 – 614; see also Bowers, supra note 114, at 341 n. 1.

148. Radelet and Pierce, supra note 82.

149. Id. at 615.

150. Paternoster, "Prosecutorial Discretion in Requesting the Death Penalty: A Case of Victim-Based Racial Discrimination", 18 *Law and Soc. Rev.* 437 (1984); Paternoster, "Race of Victim and Location of Crime: The Decision to Seek the Death Penalty in South Carolina",

74 *J. Crim. L. and Crim.* 754(1983);see also Jacoby and Paternoster,“Sentencing Disparity and Jury Packing：Further Challenges to the Death Penalty”,73 *J. Crim. L. and Crim.* 379 (1982).

151. 18 *Law and Soc. Rev.* at 449 – 454. 469;74 *J. Crim. L. and Crim.* at 768,770 – 774,776 – 778.

152. 74 *J. Crim. L. and Crim.* at 780 – 783.

153. 18 *Law and Soc. Rev.* at 476.

154. 46 *Am. Soc. Rev.* at 921 – 923.

155. 根据北卡罗来纳州矫正部的统计,在1974年,47个人被判处死刑:14个为谋杀、11个为强奸、1个为盗窃和1个为纵火;在1975年,51人被判死刑:46个为谋杀和5个为强奸。

156. See Exum,“The Death Penalty in America”,8 *Campbell L. Rev*. 1,6 – 7(1985):

在北卡罗来纳州法律是如何起作用的?追溯至1986年3月1日,有119个案件,对于这些案件,陪审团在新死刑法律下审理并决定是适用死刑还是终身监禁,这些案件后由我们法院(北卡罗来纳州最高法院)复审。在这119个案件中,陪审团建议对48个案件适用死刑;在这48个案件中,法院决定对23个案件适用死刑。对4个案件的犯罪问题进行了新的审理;14个案件因案件的科刑阶段的错误而进行了新的科刑审理:3个案件因证据不足以支持任何加重情节而被减为终身监禁;4个案件因法院认为死刑在特定案件中过分和不相称而减为监禁刑。1个案件因为法院认为证据不支持一级谋杀的有罪宣告但仅支持对最高刑为监禁刑的从犯的定罪而被减为监禁刑。

现在没有关于因新的科刑诉讼或新的审理而被发回重审的14个案件最后是科以死刑还是终身监禁刑的准确的数据。根据全州法庭书记员办公室获得的非官方的资料,笔者认为,说这些重审中科处死刑的案件仅有2个或3个是相当准确的。大多数被科以终身监禁。

陪审团建议适用死刑和来自22个县的最后在上诉中得到处理案件31个。Cabarrus县3个,Edgecombe、Gaston、Mecklenburg 、New Hanover Robeson、Surry和Union县各2个,提出上诉的其他州各1个。这些案件中30名被告人是男性而只有1名被告人是女性;17个被告人为白人,1个被告人为印第安人,13个被告人为黑人;16个被告人为30岁以上,15个被告人在30岁以下,最年轻的为19岁。在北卡罗来纳州只有2人被执行死刑,2人均为白人。其中,1人为男性,名叫罗伯特·哈钦斯(Robert hutchins);另1人为女性,名叫西尔玛·巴菲尔德(Thelma Barfield)。

157. See Black, supra note 82, at 66; Patrick, "Capital Punishment and Life Imprisonment in North Carolina, 1946 to 1968; Implications for Abolition of the Death Penalty", 6 *Wake Forest L. Rev*, 417, 418(1970).

158. U. S. Department of Justice, Federal Bureau of Investigation, *Uniform Crime Reports* 1977 at 10(1978)(1977 年谋杀逮捕率:54% 为有色人,46% 为白人); U. S. Department of Justice, Federal Bureau of Investigation, *Uniform Crime Reports* 1978 at 13(1979)(1978 年谋杀逮捕率中: 53% 为有色人, 47% 为白人)。Blumstein, "On the Racial Disproportionality of United States' Prison Populations", 73 *J. Crim. L. & C.* 1259, 1266(1982),发现 1974 年全国因谋杀或试图谋杀而被捕的人中 59% 为黑人被告人。

159. U. S. Department of Justice, Federal Bureau of Investigation, *Uniform Crime Reports* 1977 at 12(1978); U. S. Department of Justice, Federal Bureau of Investigation, *Uniform Crime Reports* 1978 at 9(1979).

160. 一些由区法院驳回的案件,是因为发现控方没有提出充分的证据以使被告人在接下来的程序中得到处理。然而,这一驳回并不排除检察官将此案提交大陪审团以使案件重新得到处理。See N. C. Gen. Stat. § 15 – 612(b)(1983). 如果检察官不将案件提交大陪审团而对驳回表示默认,那么将这一驳回行为归责于检察官本人将是公正的。这样,以此为基础的一些被驳回案件间没有区别。

161. 参见 N. C. G. S. § 15A – 623(a):"裁定起诉……要求大陪审团成员中至少 12 人一致同意"; § 15A – 624(a): "大陪审团是关于它受理的任何事实的排他裁判者。"

162. See United States v. Dionisio, 410 U. S. 1, 17(1973)("大陪审团可能并不总是将它历史性的作用作为普通公民与过分热情的检察官之间坚定的保护性壁垒……") Id. at 23 (Douglas, J., dissenting)("实际上,曾被视为公民与政府间壁垒的大陪审团,现在是执行死刑的工具,这已是常识")。See also Frankel and Naftalis, *The Grand Jury* 21 – 22 (Hill & Wang 1977):

这是由检察官来操纵的……检察官决定调查什么、将谁提交大陪审团和——实际上和一般而言——谁应当被起诉及以何罪名起诉…… 每天,大陪审团确认检察官要求它确认什么——根据检察官的引导调查、忽略检察官没有建议注意的事项、不起诉或按照检察官"提交"给它应当如何起诉而起诉。一点也不值得惊讶的是,检察官在指控中所使用的语言有点技巧性、复杂性,有时还有点神秘,他将指控提交大陪审团的主席,以期得到大陪审团的同意,而实际上,大陪审团也总是表示同意。很少有例外。

163. N. C. G. S. § 15A – 627.

164. N. C. G. S. § 15A – 626.

(a)如本节规定,在大陪审团处理案件中,任何人无权传唤证人或作为证人出现;(b)在处理由检察官提交给大陪审团的指控清单中,书记员必须传唤作为证人的人,这些人由检察官将名字列在清单上。如果大陪审团想听取没有名列清单的任何证人的证言,大陪审团必须通过其主席要求检察官传唤此证人。检察官可以自由裁量决定传唤、拒绝传唤此证人。

165. N. C. G. S. § 15A – 644(a)(4). 法律明确规定检察官没有签名不是一个重大的缺陷。

166. N. C. G. S. § 15A – 644(a)(5).

167. See Silberman, *Criminal Violence Criminal Justice* 218 (Random House 1978); U. S. Department of Justice, Federal Bureau of Investigation, Uniform Crime Reports, *Crime in the United States* 1983 at 11, 159 – 160(1984).

168. N. C. G. S. § 130A – 383.

169. N. C. G. S. § 130A – 385(a).

170. Id.

171. Id.

172. 因为研究的目的在于检验可能为死刑案件的司法程序,而不是力图评价法医的证明程序。

173. N. C. G. S. § 20 – 141. 4 确立了以交通工具致死的重罪和轻罪。两者均被定义为从事机动车驾驶时违反规则非故意地引起另一个人的死亡,如果这一违反是造成死亡的大致原因的话。如果机动车驾驶的违反是受精神药品或酒精浓度为 0. 10 或更多的影响,则此罪为重罪;否则为轻罪。

174. N. C. G. S. § 7A – 608 规定年龄超过 14 岁而被指控为死刑之罪的人应当像成人一样受审,14 岁以下的人只能在少年法庭中处理。

175. Clark and Kurtz, "The Importance of Interim Decisions to Felony Trial Court Dispositions", 74 *J. Crim. L. and Crim.* 476(1983),在对北卡罗来纳州一些重罪案的分析中,发现了在重罪案的裁决中,聘请律师和指定律师的不同作用。对暴力得罪的科刑严厉性上没有发现什么不同。Id. at 507.

176. N. C. Const., Art. I, § 22.

177. N. C. G. S. § 15 – 144.

178. Id. ;State v. King,311 N. C. 603,608 and n. 1,320 S. E. 2d 1,5 and n. 1(1984).

179. Id.

180. See State v. Britt,285 N. C. 256,262 – 263,204 S. E. 2d 817,822(1974); see generally Geimer, "The Law of Homicide in North Carolina: Brand New Cart Before Tired Old Horse",19 *Wake Forest L. Rev.* 331(1983).

181. See State v. Goodman,298 N. C. 1,12 – 13,257 S. E. 2d 116(1979).

182. State v. Norris,303 N. C. 526,529 – 530,279 S. E. 2d 570,572 – 573(1981).

183. N. C. G. S. § 15A – 2000(a)(1).

184. N. C. G. S. § 15A – 2000(a)(2).

185. N. C. G. S. § 15A – 2000(b).

186. Id.

187. 正如我们已讨论过的,陪审团的"建议"是决定性的。

188. (e)部分规定:可能受到考虑的加重情节应当限于如下方面:(1)死刑重罪是由被合法关押的人所实施的;(2)被告人以前犯有另一个死刑重罪;(3)被告人以前犯有涉及对他人使用暴力或以暴力为威胁的重罪;(4)以逃避或防范一合法逮捕或为实现从监狱逃跑之目的而犯有死刑重罪;(5)当被告人试图犯任何杀人、抢劫、强奸或性犯罪、纵火、夜盗、绑架或劫持航行器或非法投掷、放置或释放破坏性装置或炸弹之罪时,或犯这些罪后或试图犯这些罪后逃跑时,或被告人是此类犯罪的从犯或教唆犯时,犯罪有死刑重罪;(6)为多获得金钱而犯有死刑重罪;(7)为破坏或阻碍政府功能的合法行使或法律的执行而犯有死刑重罪;(8)为对付在执行公务中或因为执行公务而不利于被告人的法律执行官、监狱管理人员、消防队员、法官或前任法官、检察官或前任检察官、陪审员或前任陪审员、证人或以前的证人,而犯有死刑重罪;(9)死刑之罪特别恶劣、野蛮或残忍;(10)被告人明知以通常危及两人或两人以上的生命的武器或装置对两人或两人以上的生命构成了威胁;(11)导致被告人定罪的谋杀行为是某行为的一部分,该行为由被告人实施,被包含在被告人其他针对他人的暴力犯罪行为的实施过程中。

本州可以依据的加重情节都在此法中作了列举。See State v. Brown,306 N. C. 151,183,293 S. E. 2d 569,589(1982).

189. (f)部分规定:可以考虑的减轻情节应当包括但不限于以下情况:(1)被告人以前没有犯罪行为的显著历史;(2)死刑重罪是在被告人精神或情感混乱影响下实施的;(3)被害人是被告人杀人行为的自愿参与者或同意此杀人行为;(4)被告人是由他人实施的

死刑重罪的帮凶或从犯,并且他的参与相对次要;(5)被告人受他人的胁迫或控制而行动;(6)被告人理解行为的犯罪性的能力或使其行为符合法律要求的能力受损;(7)犯罪时被告人的年龄;(8)被告人在抓捕另一死刑重罪犯中提供帮助或在另一重罪控诉中为控方利益真诚作证;(9)陪审团认为具有减轻价值的其他情节。

190. N. C. C. S. § 15A - 2000(b).

See Exum, supra note 156, at 7 - 8:

某些模型似乎是以陪审团决定是否适用死刑的方式形成的。在死刑法律中详细规定的加重事由中,大部分重要情节似乎是:第一,谋杀是否"特别恶劣、野蛮或残忍";第二,谋杀是否"为逃避或防止一合法逮捕而实施",例如,杀死证人的谋杀;第三,谋杀是否"为由被告人实施的针对他人的暴力犯罪的一部分";第四,被告人是否以前犯有针对他人的暴力犯罪。在由法院复审的陪审团的死刑裁决中,几乎均包括一个或更多的这些加重事由。

法律中明确列举的这些减轻情节中,最重要的似乎是谋杀"是否为被告人在精神或情感混乱的影响下实施的"和是否"被告人理解行为的犯罪性的能力或使其行为符合法律要求的能力受损"。在由法院复审的陪审团的死刑裁决中,在存在一个或更多减轻事由的情况下陪审团很少建议适用死刑,仅在一个既有加重情节又有减轻情节的案件中陪审团建议适用死刑。

191. See note 423 in Chapter Ⅱ.

192. 编码是通过附录 A 中再现的数据收集方式而完成的。该方式本身展现了该过程和策略,因此为理解定量方法是如何获得的,建议对该编码进行审查。文中的解释是为补充审查而设计的。

193. 这些案件没有提出任何因果关系问题。精神不正常没有以充足的频率或足够的严肃而作为一个辩护理由而提出,以成为一个独立的分类。

194. 杀人责任的行为因素包括由他人策划或帮助犯罪行为的实施和致命伤害的直接实行。本研究进行的这一年,没有出现这种案件,即被告人被指控仅在犯罪行为实施前参与了犯罪。因此,在所有这些案件中,控方的推论是将被告人置于犯罪现场。然后,否认在犯罪中起了任何作用的被告人要么通过辩驳控方的证据或提出自己不在犯罪现场的证据否认他们在犯罪现场,要么主张他们在现场是无辜的。研究将被告人单纯在犯罪现场的证据视为中性的,除非该证据有某些显示犯罪的证据佐证,如犯罪现场是无辜者不可能达到之处,或就在被害人死亡或消失之前被告人和被害人在一起,或证据与被告人声称他或她不在犯罪现场或犯罪发生时在别处的主张相抵触。被告人可能通过证据被确认为犯罪行为的实行者,该证据是将其与独立确定了犯罪的他人相联系的证据。这种证据在本研究的案件中没有出现。

关于被告人为犯罪人确认中最常用的证据是杀人行为或被告人可疑地出现在犯罪现场或与被害人在一起的证人证言、被告人供述、动机、预备、以前相似犯罪、事后隐匿的证据。本研究准备了一个广泛的科学证据的分类,包括身体痕迹(指纹、血迹、毛发)、物证痕迹(脚印、物的持有、受到伤害)、凶器和射击证据,但并没有多少机会使用。

对证人确认表示怀疑的证据种类包括以下事由:看见的机会;观察上的限制(如仅基于讲话的声音或脚步声音);描述的准确或不准确;证人与被告人或被害人的关系;确认程序中的暗示性,在任何确认程序中证人是否认定其他的人或没有辨认出被告人、或作出与辨认不一致的陈述;证人是否饮了酒或使用了药物。

195. 当然,涉及自卫主张的案件,如果被告人关于即将来临的危险的信念不合理,如果被告人是侵犯者,或如果被告人使用了过分的暴力,则提出一个“有瑕疵的自卫”问题。See State v. Norris,303 N. C. 526,530,279 S. E. 2d 570,573(1981).

196. 一个主张他或她因自卫或防卫他人而实施了该行为的被告人提出了以下问题:(1)被告人使用致命暴力时被告人是否为侵犯者;(2)被害人是否威胁了被告人;(3)威胁是否包括生命或严重身体伤害的危险;(4)威胁是否已由“冷却期”中断;(5)使用致命暴力是否为必要的反映,或被告人是否可以获得较轻暴力保护方式。See State v. Deck, 285 N. C. 209,214,203 S. E. 2d 830,834(1974);State v. Jones,56 N. C. App. 259,289 S. E. 2d 383,appeal dism' d,305 N. C. 762,292 S. E. 2d 578(1982). 如果事实上不存在立即的死亡或严重身体伤害的危险,或使用致命暴力实际上不必要,那么进一步的问题是,被告人是否仍然有理由相信严重威胁存在或致命暴力是必要的,这种情况下自卫的被告人与如果情况确实如此而被告人合理地相信它们如此一样。See State v. Deck, supra. 研究对这些情况均作了考虑,但在定量编码中如下面的讨论一样给予了它们的重要性。通常,关于自卫问题的事实是不明确的,证人证言也模棱两可。结果,一个没有审判的案件中的证人归于控方还是辩方通常是困难的。在定量编码方案中,证人分配问题通过限制判决用数字表示的因果关系加以解决。

在自卫案件中,相关事实不仅包括与杀人行为发生直接相关的事件,而且包括诸如策划行为、人格、事前威胁或侵犯等间接证据。某些科学证据可能支持或反驳自卫主张的方方面面,如被害人是否有凶器、射击的次数和角度的证据。所有这些都在研究中加以考虑。

197. N. C. G. S. §15A – 2000(e);State v. Brown, 306 N. C. 151, 183, 293 S. E. 2d 569, 589 (1982).

198. N. C. G. S. § 15A – 2000(e)(10) and(11). See note 188, supra.

199. All analyses are performed using the Proclogist program found in SAS Institute, Inc., *Sugi Supplemental Library User's Guide*(SAS 1983ed.).

多元回归分析在法律语境中的使用已在费希尔(Fisher)《法律程序中的多元回归》("Multiple Regression in Legal Proceedings")一文中进行了讨论, 80 *Col. L. Rev.* 702 (1980);Baldus and Cole, *Statistical Proof of Discrimination*(Shepard's 1980);Barnes, *Statistics as Proof*(Little, Brown 1983);Barnes and Conley. supra note 11;Channels, *Social Science Methods in the Legal Process*(Rowman & Allanheld 1985);Vinson and Anthony, Social Science Research Methods for Litigation(Michie 1985).

200. See Cox, Analysis of Binary Data (Methuen 1970); Theil, "On the Estimation of Relationships Involving Qualitative Variables", 76 *Am. J. of Sociology* 103 – 154(1970).

201. 因为统计的原因,回归分析中变量的总数和变量的相互作用比案件的数量少得多。关于数据的变量越多,评价就越不稳定。因此,显著性(0.05 或更多)可能更不明显。

而且,在任何统计分析中所问的问题越多,一个问题产生显得重要的多个结果的可能性就越多,尽管实际上应归因于机会。说一个结果的显著性值为 0.05 水平,意味着如果所问问题充分,结果发生概率将为 5%。正因为如此,在一分析中包括的与数据数量相关的变量的数量越多,解释上就必须越小心。

202. 为了满足关于每个变量种类(每个变量种类对产生变量效果的合理估计值而言是必不可少的)中案件最小数量的技术上的假定,研究中将 30 个司法区分为如下 10 个种类:(1)每个司法区至少有 10 个被告人——被害人单元和至少其中 3 个司法区被视为一个独立的区,有 8 个这样的区,因此有 8 个种类;(2)第 9 类称之为司法区组 A,包括一个仅有 8 个案件但对其中 3 个案件进行了审理的区和无论案件总数是多少但对 2 个案件进行了审理的所有区;(3)第 10 类称为司法区组 B,包括无论案件总数是多少但只对 1 个案件或根本没对案件进行审理的所有司法区。

因为,审判阶段,案件的总数减少如此的慢,以至本研究在排除司法区因素后做了一个补充分析。

203. 这遵循了惯常的统计节俭原则。

204. 仅仅除了多个被害人,这涉及很少的被告人。

205. 甚至在这些变量中更复杂的相互作用似乎可能被包括在一个模型中,但因为由统计假设对能包括的变量数量的必要限制,这实际上是不可能的。

206. 预测某一模型的评估系数中一特定群体结果的概率的基本公式是:

预测的概率 = $e^{(b0 + b1x1 + b2x2 \cdots bnxn)}$

其中,e 是自然对数(2.718)的基础;bi 是系数的估计值;x_i是此群体中不同变量的值。假定预测模型对数据而言是准确的,一个变量的值或几个变量值的联合的影响的大小可能作为事件发生的概率的一个乘积加以表述。这样做的原因在于,预测公式代数学上代表对数的相加,这一对数在数值上与数的相剩相等。因此,在给定值时一个变量效果的可能性(odds 也可以译作概率)乘子只是以 2.718 为底数,以给定值与变量估计系数乘积为指数的幂,在给定值时一组变量效果的可能性乘子为通过把变量值与其相关系数乘积之和作为指数,以 2.718 为底数的幂。

第四章　实证研究结果

当然,定义一级谋杀和描述加重情节、减轻情节的法律标准应当决定死刑程序多个阶段的结果。事实上,实证研究的结果表明,关于这些法律问题的基本证据一直是结果中最重要的因素。然而,同样的研究结果也表明,这些基础证据并非完全的决定性因素。司法处理结果不能单纯以法律标准加以解释。司法裁判结果中的重大差异不能完全由这些法定证据加以说明。

这种差异可能源于研究没有考虑或充分准确考虑某一法定因素或法定因素的结合,尽管本研究力图完善这一点。另外,如果证据因素和处理结果之间存在非线性关系,这种变化的产生可能是因为在所使用的统计模型中没有考虑任何非线性。否则,这种变化就只能解释为任意性(或歧视)。为判定这种变化是否可归因于方法论上的不足或任意性,本研究根据法定标准检验了所选取的本应对处理结果没有决定性影响的超法律变量,以判定这些超法律变量是否对这一变化起了作用,这些超法律变量包括案件诉讼的司法区和被告人、被害人的种族和性别。

表3　逮捕后驳回可能性之 Logistic 回归分析

数据库:所有杀人案的逮捕
489 个被告人——被害人单元
57 个被驳回

模型	模型似然	修正卡方值	模型自由度	修正自由度	概率 <	无穷系数估计数
常量	150.2	—	1	—	—	
基本证据	129.9	40.6	8	7	0.001	1

续表

模型	模型似然	修正卡方值	模型自由度	修正自由度	概率 <	无穷系数估计数
司法区	126.4	7.0	17	9	0.70	2
被告人、被害人的种族和性别	126.2	0.4	21	4	0.99	2
应罚性 · 证据	123.5	5.4	26	5	0.50	2
司法区 · 应罚性	119.5	8.0	35	9	0.70	2
司法区 · 加重情节	112.6	13.9	44	9	0.20	10
被告人的种族 · 应罚性和被告人的种族 · 加重情节	111.7	1.8	46	2	0.50	13

第一节　驳回的决定

表3展现了决定驳回的Logistic回归分析。正如应当预测到的，证据变量在P < 0.001阶段是唯一显著因素。表4说明在某案中证据越强，案件被驳回的机会就越小。表4也说明3个和罪与非罪相关的证据变量都显著。正如表4所示，被害人为一个以上的案件没有被驳回的。

表4　逮捕后案件被驳回概率（带有变量显著性分类）
最终回归模型的系数估计

数据库：所有杀人案的逮捕
489个被告人——被害人单元
57个被驳回

变量	系数	标准差	卡方值	概率 <
电子窃听证据	−0.305	0.735	0.17	0.68
被告人为犯罪人的辨认	−0.005	0.002	4.23	0.04
不存在自我防卫	−0.003	0.001	5.69	0.02
应罚性程度	−0.005	0.002	4.55	0.04
加重情节	−0.088	0.052	2.80	0.10
减轻情节	−0.023	0.059	0.16	0.70
前科记录	−0.070	0.067	1.09	0.30
多个被害人	−5.118	+	+	+

注：忽略了多个被害人这一变量但包括所有其他基本证据变量的模型的系数，就是本表所提供的这些变量的系数。

\+　系数是无限的

表 5　因被害人人数而被驳回的案件

数据库:所有杀人案的逮捕
　　489 个被告人——被害人单元

被驳回的案件	被害人数量	
	1 个	2 个或 2 个以上
否	421 88%	11 100%
是	57 12%	0 0%
总数	478 100%	11 100%

表 6　一级谋杀指控概率之 Logistic 回归分析

数据库:所有杀人案逮捕
　　489 个被告人——被害人情况
　　337 个一级谋杀指控

模型	模型似然	修正卡方值	模型自由度	修正自由度	概率 <	无穷系数估计数
常量	307.7	—	1	—		
基本证据	278.6	58.2	8	7	0.001	0
司法区	255.6	46.0	17	9	0.001	1
被告人和被害人种族和性别	252.8	5.6	21	4	0.30	1
应罚性 · 证据	250.8	4.0	26	5	0.70	1
司法区 · 应罚性	247.8	6.0	35	9	0.80	1
司法区 · 加重情节	239.6	16.4	44	9	0.10	3
被告人种族 · 应罚性和被告人种族 · 加重情节	237.6	4.0	46	2	0.20	3

第二节　一级谋杀指控决定

表 6 表明了一级谋杀指控决定的 Logistic 回归分析。同样,当 $P<0.001$ 时,基本证据因素是显著的。相应地,证据质量是一级谋杀指控可能性的一个重要决定

因素。表 8 表明有效的证据变量是应罚性程度和加重情节。

然而,在考虑基本证据变量后,在指控决定中仍有大量的变化。这种变化在图 2 的条形图中进行了描述。在图 2 中,最高的范围是 90% 以上的概率。如图 2 所示,那一范围的绝大多数案件都受到一级谋杀的指控。在 80% ~90% 和 70% ~80% 范围内,条形表明大约 1/5 的案件没有受到一级谋杀指控。在两个最低值——30% ~40% 和 40% ~50% 范围内,有不少案件受到一级谋杀指控;更确实来说,在这两个低值范围内,大约有一半案件受到一级谋杀指控。在中间范围,50% ~60% 和 60% ~70%,受到一级谋杀指控的案件与没有受到一级谋杀的案件基本上对半分。

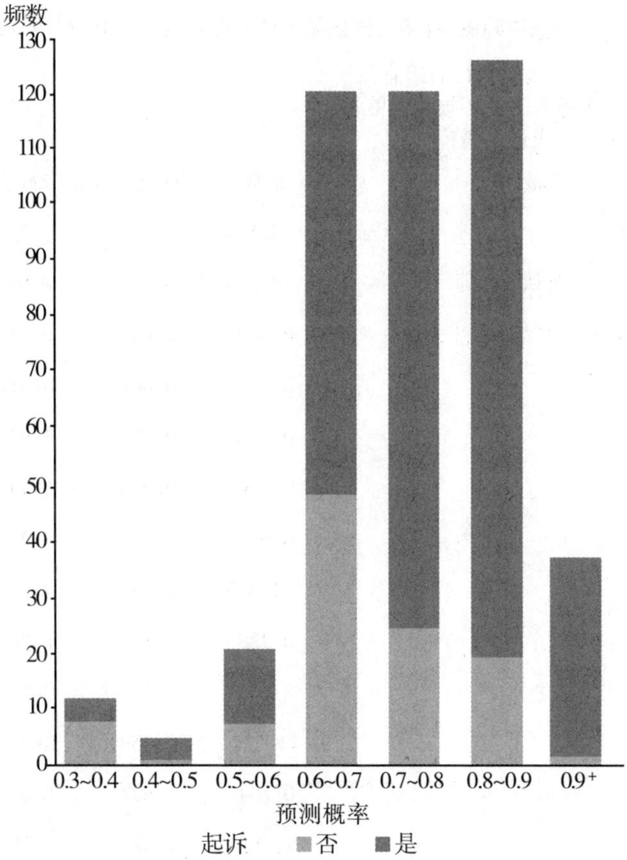

图 2　仅包括一个证据变量的预测到的一级谋杀起诉概率范围的模型

表 7　种族、性别和司法区变量对一级谋杀指控概率之意义的补充检验

数据库：所有杀人案逮捕
489 个被告人——被害人单元
331 个一级谋杀指控

模型	模型似然	修正卡方值	修正自由度	概率 <	无穷系数估计数量
基本证据加入后被告人种族加入	276.9	3.4	1	0.10	1
基本证据加入后被告人、被害人种族和性别加入	276.6	4.0	4	0.50	1
被告人、被害人种族和性别加入后司法区的加入	252.8	47.6	9	0.001	1

表 8　一级谋杀审判概率（带有变量显著性分类）最终回归模型的系数估计

数据库：所有因杀人案执行的逮捕
489 个被告人——被害人单元
331 个一级谋杀指控

变量	系数	标准差	卡方值	概率 <
电子窃听证据	-0.576	0.507	1.29	0.26
被告人为犯罪人之辨认	-0.000	0.001	0.04	0.85
不存在自我防卫	0.000	0.001	0.21	0.65
应罚性程度	0.006	0.001	16.83	0.001
加重情节	0.048	0.024	3.92	0.05
减轻情节	0.009	0.023	0.17	0.68
前科记录	0.028	0.025	1.27	0.26
多个被害人	-1.095	0.751	2.13	0.15
司法区 3	0.328	0.599	0.30	0.59
司法区 5	8.24[a]	+	+	+
司法区 12	-1.732[b]	0.469	13.63	0.001
司法区 14	0.104	0.637	0.03	0.87
司法区 16	1.108	0.827	1.80	0.18
司法区 18	0.233	0.428	0.29	0.59

续表

变量	系数	标准差	卡方值	概率 <
司法区 26	1.548[c]	0.568	7.43	0.01
司法区 27	0.555	0.498	1.24	0.27
司法区组 A	-0.504	0.275	3.37	0.07

注：+ 系数是无限的。

a 司法区 5 的无限系数表明此区所有的案件都被指控为一级谋杀。

b 司法区 12 的无限系数表明，与情况相同的司法区组 B 的被告人相比，此区的被告人被指控为一级谋杀的概率仅是前者的 2/10。

c 司法区 26 的无限系数意味着此区被告人被指控为一级谋杀的概率是司法区组 B 中相同情况的被告人被指控为一级谋杀的概率的 4.7 倍。

表 9 不同司法区的一级谋杀指控

数据库：所有因杀人案执行的逮捕
489 个被告人——被害人单元
331 个一级谋杀指控

一级谋杀指控	司法区或司法区组									
	3	5	12	14	16	18	26	27	A	B
非一级谋杀指控	5 25.0%	0 0	20 62.5%	4 26.7%	2 12.5%	10 23.8%	4 10.3%	7 26.9%	45 40.5%	61 34.7%
一级谋杀指控	15 75.0%	12 100%	12 37.5%	11 73.3%	14 87.5%	32 76.2%	35 89.7%	19 73.1%	66 59.5%	115 65.3%
总数	20 100%	12 100%	32 100%	15 100%	16 100%	42 100%	39 100%	26 100%	111 100%	176 100%

注：A 组包括司法区 7、10、11、13、20、21、22 和 29。B 组包括司法区 1、2、4、6、8、9、15、17、19、23、24、25、27、28 和 30。

表 10　不同司法区和证据质量中一级谋杀指控率情况

司法区	指控率		证据质量							
			一级谋杀指控				非一级谋杀指控			
	一级谋杀	全部杀人罪指控	1A	1B	2	3	1A	1B	2	3
8	2	19	2	0	0	0	4	2	6	5
21	5	19	3	2	0	0	5	3	4	2
25	6	22	5	1	0	0	6	0	5	8
12	12	28	5	5	1	1	2	1	6	7
13	8	14	2	3	2	1	0	0	2	4
11	11	18	7	4	0	0	3	1	2	1
9	14	18	4	4	3	3	0	1	2	1
14	11	14	1	5	3	2	0	0	1	2
10	8	10	3	2	0	3	0	0	2	0
15	8	10	2	3	2	1	0	2	0	0
18	32	40	12	9	6	5	1	1	3	3
4	19	23	6	2	7	4	0	1	1	2
17	10	12	1	4	2	3	0	1	1	0
23	5	6	2	1	0	2	0	0	1	0
3	15	17	4	3	3	5	2	0	0	0
22	7	8	3	3	0	1	0	0	0	1
29	8	9	4	0	1	3	0	0	0	1
20	9	10	1	3	2	3	0	0	1	0
27	19	21	7	5	2	5	0	0	1	1
7	10	11	6	0	1	3	0	0	0	1
16	14	15	6	4	2	2	0	0	0	1
19	15	16	3	2	4	6	0	1	0	0
26	35	36	9	8	6	12	0	0	1	0
2	1	1	0	0	1	0	0	0	0	0

续表

司法区	指控率		证据质量							
			一级谋杀指控				非一级谋杀指控			
	一级谋杀	全部杀人罪指控	1A	1B	2	3	1A	1B	2	3
1	3	3	0	1	1	1	0	0	0	0
24	4	4	2	0	0	2	0	0	0	0
30	4	4	2	1	1	0	0	0	0	0
6	11	11	6	1	1	3	0	0	0	0
5	12	12	3	3	2	4	0	0	0	0
28	13	13	0	4	3	6	0	0	0	0
总数	331		444							

为什么一级谋杀指控概率不与案件中的证据完全一致？这些差异，有的可以由司法区的差异作出解释。表6说明司法区因素与基本证据一样在同一水平($p < 0.001$)显著。没有其他因素具有显著的预测性效果。被告人种族并非显著的因素，无论是单独对其加以考虑，还是在与证据质量或加重情节互相作用的情况下对其进行考虑。表7说明无论被告人的种族是在司法区前还是在其后进入模型，结果一样。

司法区的意义值得进一步关注。表8表明司法区5、12和26指控率不正常。这种差别在表9中作了进一步的说明。大多数司法区一级谋杀指控率在60%～80%；[1]司法区5和26的指控率显著较其他区高，分别为100%和90%，而司法区12的指控率明显比其他的低，只有37.5%。表8表明，出于比较的目的以司法区组B作为参照，司法区5中的一名被告人比其他因素均相同的在司法区组B中的一名被告人受一级谋杀指控的机会高得多；实际上，在司法区26的被告人受一级谋杀指控的概率比司法区B组中的被告人大4.7倍；相反，在司法区12的被告人受一级谋杀指控的概率只有在司法区B组被告人的1/5。

表10进一步说明了司法区因素的影响。该表以充分的证据质量信息、依据编排的顺序，展现了30个司法区中每个司法区共440个案件的指控模型。大多数司法区的倾向是对大多数杀人案提出一级谋杀的指控，24个区的一级谋杀指控率超过75%，剩下的6个区指控率为100%；13个司法区除1个或2个案件外，对所有

其他案件均提出一级谋杀指控。司法区 26 对 36 个案件中的 35 个案件提出一级谋杀指控。但这并不是一致的方式。6 个司法区一级谋杀指控率明显比其他区低,在 10% ~61% 变化。在司法区 8,19 个杀人案中只有 2 个被提出一级谋杀指控;在司法区 21,19 个杀人案件中只有 5 个被提出一级谋杀指控;在司法区 25,对 22 个杀人案件中的 6 个提出一级谋杀指控;在司法区 12,对 28 个杀人案中的 12 个提出一级谋杀指控。

问题在于这种概率能否基于证据强度的不同或杀人案严重性的差异、基于检察官对同种杀人案指控政策的差异或基于其他超法律因素,作出解释。相关的 Logistic 回归分析排除了第一种解释。该分析判定司法区间的差异不能以这些案件中的证据质量加以解释。为描述这一结论中的组成部分,表 10 根据第三章表 2 中描述的四种证据种类,通过证据质量对这些指控数据进行了分类。

表 10 表明,一级谋杀指控率高的前 24 个司法区以所有四个证据种类(包括所有类 1A 案件)对这些案件提出一级谋杀指控。相反,所有一级谋杀指控率低的 6 个司法区(除 1 个司法区外)有类 1A 案件,除 2 个司法区外都有类 1B 案件,它们仅以低于一级谋杀的级别进行指控。

例如,司法区 28 对所有的 13 个杀人案提出一级谋杀指控,但这些案件中没有一个案件有类 1A 的质量:4 个为类 1B,3 个为类 2,6 个为类 3。同样,司法区 26 对其 36 个杀人案中的 35 个提出一级谋杀指控,仅有 9 个是类 1A 案件;8 个为类 1B 案件;其余的案件,超过了这里高水平指控下的所有案件的一半,其中 6 个为类 2 案件,12 个为类 3 案件。司法区 26 唯一一个非一级谋杀指控为类 2 案件。再看一下司法区 3,17 个杀人案中有 15 个被提出了一级谋杀指控,包括类 1B 案件 3 个和类 3 案件 5 个。然而仅有的 2 个非一级谋杀指控案件都是类 1A 案件。相反,在司法区 8,19 个杀人案中仅有 2 个受到一级谋杀指控,4 个类 1A 案件和 2 个类 1B 案件都没有受到一级谋杀指控。同样,在司法区 21,19 个谋杀案中 5 个受到一级谋杀指控,在起诉阶段,5 个类 1A 案件和 3 个类 1B 案件没有受到一级谋杀指控。

因此,表 10 通过基于证据质量将这些案件分成不同的类别说明:有关数据并不支持这样一种假设,即杀人案严重程度的差异说明了不同司法区在一级谋杀指控上的差异。这种假设是表 6 基于证据质量的真实值而在多元 Logistic 回归分析中得出的。

第三节　进行一级谋杀审判的决定

作出指控决定的阶段仅是检察官在杀人案司法处理过程中行使自由裁量权的第一个机会。提出指控后,检察官仍可以基于他或她自己的直觉或在与被告人交易后减轻指控或撤销一级谋杀指控。在为有效地筛选案件而运用指控程序中,一些检察官可能不如其他检察官积极。他们根据以下三种情况坚持其灵活性:(1)在此较早阶段检察官可能还没有足够的信息以对案件的严重性作出具体的评价;(2)在以后整个的司法程序中仍有对案件灵活评价的充足空间,可以相应地调整指控;和(3)作出一级谋杀指控使检察官在与被告人的辩诉交易中处于有利地位。

最终,331个一级谋杀指控的案件中只有60个案件以一级谋杀案审判,只有18个案件(5.4%)受到一级谋杀罪的有罪裁定。这不但表明在检察官指控时存在一个以最高级别的谋杀指控的倾向,而且表明在司法程序的指控后阶段存在大量的自由裁量权的运用。如果一些检察官不喜欢过早完成对案件的筛选,那么他们随后的裁量权行使则可能使司法区间保持平衡。为判定在起诉阶段确认的差异是否被后续的检察官自由裁量权决定所消除,本研究评价了所有案件的司法处理过程,以弄清一些什么样的因素决定了这些案件是否真正以一级谋杀提交法院审判。

表11　一级谋杀审判概率 Logistic 回归分析

数据库:所有因杀人案执行的逮捕
489个被告人——被害人单元
60个一级谋杀审判

模型	模型似然	修正卡方值	模型自由度	修正自由度	概率 <	无穷系数估计数
常量	182.0	—	1	—	—	
基本证据	167.5	29.0	8	7	0.001	0
司法区	154.5	26.0	17	9	0.01	0
被告人和被害人种族	151.3	6.4	21	4	0.20	0
应罚性 · 证据	146.7	9.2	26	5	0.20	0
司法区 · 应罚性	139.7	14.0	35	9	0.20	0
司法区 · 加重情节	132.3	14.8	44	9	0.10	1
被告人种族 · 应罚性和被告人种族 · 加重情节	126.0	12.6	46	2	0.01	1

表 12 一级谋杀审判概率(带有变量显著性分类)最终回归模型的系数估计

数据库:所有因杀人案执行的逮捕
489 个被告人——被害人单元
66 个一级谋杀审判

变量	系数	标准差	卡方值	概率 <
电子窃听证据	-5.096	1.371	13.92	0.0002
被告人为犯罪人之辨认	0.002	0.003	0.38	0.54
不存在自我防卫	-0.000	0.002	0.03	0.87
应罚性程度	-0.004	0.013	0.09	0.77
加重情节	0.228	0.079	8.36	0.004
减轻情节	-0.072	0.054	1.76	0.19
前科记录	-0.056	0.053	1.09	0.30
多个被害人	2.336[a]	0.900	6.74	0.01
司法区 3	3.238	1.842	3.09	0.08
司法区 5	5.060[b]	1.440	12.35	0.0004
司法区 12	-0.199	1.447	0.02	0.89
司法区 14	2.913[c]	1.070	7.42	0.007
司法区 16	1.213	1.448	0.70	0.41
司法区 18	-1.923	2.129	0.82	0.37
司法区 26	-2.087	2.856	0.53	0.47
司法区 27	2.151[d]	0.864	6.19	0.02
司法区组 A	1.297	0.755	2.95	0.09
被告人种族	1.088	0.733	2.20	0.14
被害人种族	-0.944	0.577	2.68	0.11
被告人性别	0.943	0.573	2.70	0.10
被害人性别	0.056	0.432	0.02	0.897
应罚性・被告人为犯罪人之辨认	0.000	0.000	0.31	0.58
应罚性・不存在自我防卫	0.000	0.000	3.82	0.05
应罚性・加重情节	-0.003	0.001	9.56	0.002
应罚性・减轻情节	0.001	0.001	2.50	0.12
应罚性・前科记录	0.002	0.001	5.01	0.03
司法区 3・应罚性	-0.000	0.015	0.00	0.98

续表

变量	系数	标准差	卡方值	概率 <
司法区 5 · 应罚性	0.015	0.013	1.36	0.24
司法区 12 · 应罚性	-0.010	0.017	0.33	0.57
司法区 14 · 应罚性	-0.014	0.018	0.67	0.41
司法区 16 · 应罚性	-0.012	0.009	1.64	0.20
司法区 18 · 应罚性	0.024	0.018	1.66	0.20
司法区 26 · 应罚性	0.028	0.031	0.81	0.37
司法区 27 · 应罚性	0.006	0.011	0.33	0.57
司法区组 A · 应罚性	0.005	0.007	0.48	0.50
司法区 3 · 加重情节	-0.278	0.146	3.61	0.06
司法区 5 · 加重情节	-0.249	0.116	4.62	0.04
司法区 12 · 加重情节	0.219	0.122	3.20	0.08
司法区 14 · 加重情节	0.141	0.126	1.26	0.27
司法区 16 · 加重情节	0.110	0.128	0.74	0.39
司法区 18 · 加重情节	0.076	0.112	0.47	0.50
司法区 26 · 加重情节	0.211	0.205	1.06	0.31
司法区 27 · 加重情节	-1.062	+	+	+
司法区 组 A · 加重情节	-0.006	0.064	0.01	0.94
种族 · 应罚性	0.013	0.006	5.67	0.02
被告人种族 · 加重情节	-0.154	0.049	10.02	0.002

注：+　系数是无限的。

a　多个被害人变量的系数表明，被害人为两个或两个以上的这些案件中的被告人被以一级谋杀提交审判的概率是一个被害人类似案件中的被告人的 10 倍。

b　司法区 5 的系数表明，此区的被告人被以一级谋杀提交审判的概率是司法区组 B 中被告人的 158 倍。

c　司法区 14 的系数表明，此区的被告人被以一级谋杀提交审判的概率是司法区组 B 中被告人的 18 倍。

d　司法区 27 的系数表明，此区的被告人被以一级谋杀提交审判的概率是司法区组 B 被告人的 9 倍。

表 11 展现了将案件以一级谋杀提交审判决定的 Logistic 回归分析。证据质量的显著水平维持在 0.001。表 12 表明,在此阶段有关罪与非罪的证据因素不显著。相反,与案件严重性相关的 2 个变量——加重情节的值和被告人是否非法杀死 2 个或 2 个以上被害人才是显著的证据预测变量。而涉及多个被告人的证据则有特别强的影响力。一个被指控杀死 2 个或 2 个以上被害人的被告人,以一级谋杀被提交审判的可能性是仅杀死 1 个被害人的被告人的 10 倍。

因此,在此阶段,尽管证据是被告人是否以一级谋杀被提交审判的有力的预言者,但在决定中仍存在一些差异,这些差异无法以证据加以说明。图 2 的条形图,表明了这种差异。最高的条说明基于证据而对被告人以一级谋杀审判的可能性在百分比范围中只占 40% ~50%。然而在此范围内,仅有一半的案件实际上被作为一级谋杀而提交审判。在 30% ~40% 的范围内也同样如此。尽管在 10% 或低于 10% 和 10% ~20% 的范围内,大多数案件不以一级谋杀提交审判,但仍有大量的案件是以一级谋杀提交审判的。尽管证据和处理结果间存在一般性联系,但可预见的可能性都很低。

正如表 11 所示,基于法律标准的预测缺乏可靠性的一个解释是,尽管证据是很重要的因素,但司法区也是重要的因素。在此阶段司法区因素的显著程度稍微不如其在起诉阶段令人印象深刻($P<0.01$ 比 $P<0.001$),但它仍然有实质性影响。表 12 表明,司法区 5、14 和 27 一级谋杀审判率偏高于正常水平,它与司法区组 B 相比,其对具有同样证据的案件以一级谋杀审判率要高。

表 13　不同司法区的一级谋杀审判情况

一级谋杀审判	司法区或司法区组									
	3	5	12	14	16	18	26	27	A	B
否	17	7	25	9	13	39	36	22	94	167
	85.0%	58.3%	78.1%	60.0%	81.2%	92.9%	92.3%	84.6%	84.7%	94.9%
是	3	5	7	6	3	3	3	4	17	9
	15.0%	41.7%	21.9%	40.0%	18.8%	7.1%	7.7%	15.4%	15.3%	5.1%
总数	20	12	32	15	16	42	39	26	111	176
	100%	100%	100%	100%	100%	100%	100%	100%	100%	100%

注:A 组包括司法区 7、10、11、13、20、21、22 和 29。B 组包括司法区 1、2、4、6、8、9、15、17、19、23、24、25、27、28 和 30。

Logistic 回归分析表的统计数据归纳了大量的复杂性。为解释需要,表 13 通过忽略对证据质量的控制将复杂性简单化,表明了各司法区一级谋杀的审判率。司法区 5 和 14 仍然很高;大多数司法区一级谋杀的初审率为 5% ~15% ;司法区 12 和 16 稍高,为 22% 和 19% 。然而,司法区 5 为 42% ,司法区 14 为 40% 。

在“概率”问题上,回顾一下表 12,该表确实控制了证据变量,所有其他因素都相同,与司法区组 B 相比,司法区 5 的被告人接受一级谋杀审判的概率是司法区 B 组相同情况被告人的 158 倍;是司法区 14 相同情况被告人的 18 倍;司法区 27 的被告人接受一级谋杀的概率是司法区 B 组相同情况被告人的 9 倍。通过控制这些案件证据的质量表明,在不同的司法区控诉自由裁量权行使上显著不同。

这表明,起诉阶段司法区的不同实际上并不能由随后阶段检察官的自由裁量而得到平衡。在起诉阶段,对案件进行了有意义筛选的司法区,在判定哪些被提起指控的案件应提交审判行使了选择权;没有进行的司法区也一样。但任何期望在起诉阶段几乎没有行使自由裁量权的司法区将在起诉后审判前阶段比已经在起诉阶段大范围审查案件的司法区对案件进行更大范围的审查,这是不现实的。正如表 14 所示,在起诉阶段已审查较大范围案件的司法区,在将案件提交审判前继续对他们以一级谋杀起诉的案件进行审查。因此,不同司法区间在起诉阶段审查案件方面的不同在审判阶段仍有其影响。

表 14　不同司法区和证据质量的一级谋杀审判情况

司法区	杀人案起诉总数	一级谋杀指控				一级谋杀审判				非一级谋杀审判			
		1A	1B	2	3	1A	1B	2	3	1A	1B	2	3
8	19	2	0	0	0	0	0	0	0	2	0	0	0
21	19	3	2	0	0	2	0	0	0	1	2	0	0
25	22	5	1	0	0	1	0	0	0	4	1	0	0
12	28	5	5	1	1	2	4	0	1	3	1	1	0
13	14	2	3	2	1	1	1	0	0	1	2	2	1
11	18	7	4	0	0	2	0	0	0	5	3	0	0
9	18	4	4	3	3	0	1	0	0	4	3	3	2
14	14	1	5	3	2	0	3	1	2	1	2	2	0

续表

司法区	杀人案起诉总数	一级谋杀指控				一级谋杀审判				非一级谋杀审判			
		1A	1B	2	3	1A	1B	2	3	1A	1B	2	3
10	10	3	2	0	3	1	0	0	1	2	2	0	2
15	10	2	3	2	1	0	0	0	0	2	3	2	1
18	40	12	9	6	5	1	2	0	0	11	7	6	5
4	23	6	2	7	4	0	0	0	0	6	2	7	4
17	12	1	4	2	3	0	0	0	0	1	3	2	3
23	6	2	1	0	2	1	0	0	0	1	1	0	1
3	17	4	3	3	5	0	0	2	1	4	3	1	3
22	8	3	3	0	1	2	1	0	0	1	2	0	1
29	9	4	0	1	3	1	0	0	1	3	0	1	2
20	10	1	3	2	3	1	1	0	0	0	2	2	2
27	21	7	5	2	5	1	2	0	1	6	3	2	4
7	11	6	0	1	3	2	0	0	0	4	0	1	3
16	15	6	4	2	2	2	0	0	1	4	4	2	1
19	16	3	2	4	6	1	1	0	0	2	1	4	6
26	36	9	8	6	12	1	2	0	0	7	6	6	9
2	1	0	0	1	0	0	0	1	0	0	0	0	0
1	3	0	1	1	1	0	0	0	0	0	1	1	1
24	4	2	0	0	2	2	0	0	0	0	0	0	1
30	4	2	1	1	0	0	0	0	0	2	1	1	0
6	11	6	1	1	3	0	0	0	1	6	1	1	2
5	12	3	3	2	4	3	0	1	1	0	3	1	3
28	13	0	4	3	6	0	0	0	0	0	4	3	5

总数:60 个一级谋杀审判。

表 15 加重情节值为零以及所选择的应罚性程度值不同的情况下判处有色人被告人和白人被告人一级谋杀相对比值

加重情节值	应罚性程度值	白人被告人变量组合概率乘子	有色人被告人变量组合概率乘子	有色人被告人与白人被告人概率乘子比率
0	-100	1.5	1.2	0.8：1
0	0	1.0	3.0	3：1
0	100	0.7	7.3	10：1

注：上述概率乘子四舍五入至小数点后一位数。上述比率由实际概率乘子计算出，并四舍五入至小数点后一位数。

表 11 表明了在决定一案是否以一级谋杀提交审判中一个更具显著性的因素。被告人的种族，在与应罚性程度分值相互作用下，以及在与加重情节分值的相互作用下，在决定一被告人是否因一级谋杀而提交审判中在值为 0.01 时显著。因此，尽管单纯的被告人种族在决定驳回还是起诉阶段并不是一个显著因素，但在决定被告人是否被要求接受死刑之罪的审判中，它与关于应罚性程度和加重情节的证据相互作用下，确实变成了一个显著因素。表 12 揭示出这两种相互作用在统计上都有意义。表 15 和表 16 通过比较白人被告人和有色人被告人应罚性程度和加重情节选择值的概率乘子，用图表说明了这些相互作用所具有的影响。表 15 表明，使加重情节的值定于 0 的情况下，应罚性程度值中等或高的案件中，有色人被告人被以一级谋杀提交审判的机会较白人急剧增加。尽管对应罚性程度值低的案件而言，基本上不存在相应的差异（比率为0.8：1）；对应罚性程度分值为中等水平的案件而言，这一比率为 3：1；对应罚性程度值高的案件而言，比率为 10：1。也就是说，没有加重情节但应罚性程度值中等或高的案件中的有色人被告人，受审并可能被判处死刑的机会是同样情况案件的白人被告人的 3 倍或 10 倍。

表 16 加重情节值为 10 和所选择的应罚性程度值不同的情况下有色人被告人与白人被告人在一级谋杀审判相对比值

加重情节值	应罚性程度值	白人被告人变量组合概率乘子	有色人被告人变量组合概率乘子	有色人被告人与白人被告人概率乘子比率
10	-100	14.6	2.5	0.2：1
10	0	9.8	6.2	0.6：1
10	100	6.6	15.3	2.3：1

注：上述概率乘子四舍五入至小数点后一位数。上述比率由实际概率乘子计算出，并四舍五入至小数点后一位数。

表16展现了具有一个加重情节的案件中的被告人的同样计算结果。如果一个应罚性程度值高的案件有一个加重情节，被以一级谋杀审判的概率仍对有色人被告人不利，尽管这种不利不是十分明显。然而，应罚性值低和中等的案件，相应的不利却反倒过来。假设加重情节值常量为1，对应罚性程度值低的案件而言，白人被告人被以一级谋杀审判的概率是有色人被告人的5倍；对应罚性程度值为中等的案件而言，白人被告人被以一级谋杀审判的概率是有色人被告人的不到2倍；但对于应罚性程度值为高的案件而言，被以一级谋杀审判的概率就不利于有色人的被告人，其比率为2.3∶1。

因此，对应罚性程度值高的案件，如果白人被告人和有色人被告人加重情节的值都很高，则有色人被告人被以一级谋杀审判的概率是白人被告人的2.3倍；如果两者加重情节的值都很低，那么有色人被告人被以一级谋杀审判的概率是白人被告人的10倍。这些差异是通过控制所有其他因素（包括白人和有色人案件中证据质量）而计算出来的。因此，在严重的案件中，有色人被告人更有机会受到可能判处死刑的审判，尽管如果两类案件都有一个加重情节（而非前科或多个被害人）这种不一致将会小一些。然而，即使那种情况下，有色人被告人接受死刑审判的机会仍是白人的2倍多。

第四节　将案件以一级谋杀提交陪审团的决定

表17　初审法官将一级谋杀指控提交陪审团概率 Logistic 回归分析

数据库：所有因杀人案执行的逮捕
489个被告人——被害人单元
26个一级谋杀指控被提交

模型	模型似然	修正卡方值	模型自由度	修正自由度	概率＜	无穷系数估计数
常量	101.6	—	1	—	—	
基本证据	79.9	43.4	8	7	0.001	0
被告人和被害人的种族与性别	76.3	6.6	12	4	0.20	0
应罚性·证据	70.4	11.8	17	5	0.05	0
被告人种族·应罚性和被告人种族·加重情节	66.5	7.8	19	2	0.01	0

表 18　初审法官将一级谋杀指控提交陪审团概率(带有变量显著性分类)最终回归模型的系数估计

数据库:所有因杀人执行的逮捕
489 个被告人——被害人单元
26 个一级谋杀指控被提交

变量	系数	标准差	卡方值	概率 <
电子窃听证据	-6.088	2.420	6.33	0.02
被告人为犯罪人之辨认	0.003	0.005	0.27	0.61
不存在自我防卫	0.007	0.004	2.65	0.11
应罚性程度	-0.008	0.022	0.14	0.70
加重情节	0.132	0.096	1.87	0.18
减轻情节	0.034	0.088	0.15	0.70
前科记录	-0.294	0.140	4.41	0.04
多个被害人	1.090	0.977	1.24	0.27
被告人的种族	1.965	1.163	2.86	0.10
被害人的种族	-1.518	0.795	3.65	0.06
被告人的性别	0.191	0.825	0.05	0.82
被害人的性别	-1.045	0.516	4.09	0.05
应罚性程度·被告人为犯罪人之辨认	0.000	0.000	0.01	0.92
应罚性·不存在自我防卫	0.000	0.000	1.84	0.18
应罚性·加重情节	-0.001	0.001	0.51	0.48
应罚性·减轻情节	-0.000	0.001	0.26	0.62
应罚性·前科记录	0.004	0.002	6.39	0.02
被告人的种族·应罚性	0.015	0.010	2.13	0.15
被告人的种族·加重情节	-0.154	0.060	6.52	0.02

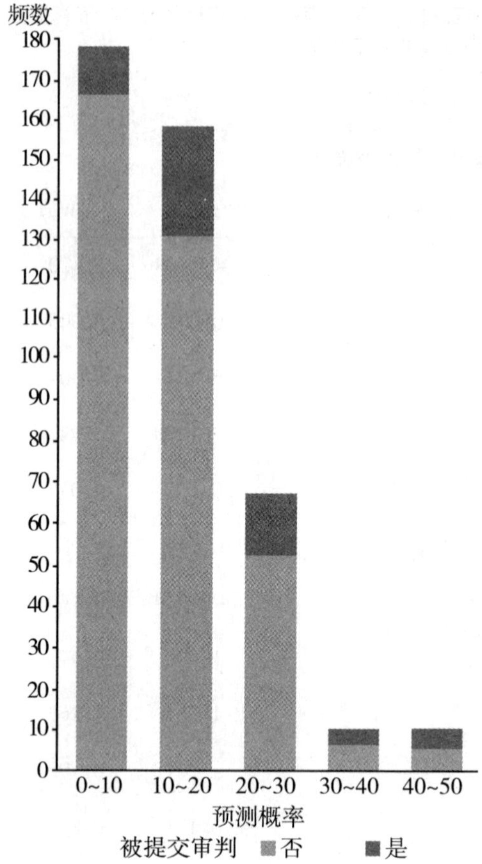

图 3　仅包括一个证据变量的预测到的一级谋杀审判概率范围的模型

表 17 表明,在初审法官决定是否将某案提交陪审团以裁定是否犯有一级谋杀罪中,基本证据再次起到重要作用。在这一阶段,基本证据变量、应罚性程度与其他基本证据变量交互项都显著(各自为 $P<0.001$ 和 $P<0.05$)。表 18 表明被的前科记录、此前科记录与应罚性程度的交互项仅是 2 个各自显著的证据变量。

在这一阶段,显著的相互作用使证据变量与处理结果间的关系比以前那些阶段中可比较的关系更复杂。然而,在控制基本证据变量的影响后,处理结果中的许多变化无法得到说明。图 3 比较了结果中预见的概率和实际结果。它表明,从证据中预见到的任何案件以一级谋杀提交陪审团的概率都相当低。然而,即使在两个最低的范围 0 ~ 10% 或较低的 10% ~ 20%;大量的案件(实际数为 17)被以一级谋杀的指控提交陪审团。

表17和表18进一步表明,此阶段预测处理结果的另一重要因素是被告人的种族。正如在审判阶段,这一事实没有独立的影响。相反,被告人的种族与加重情节值相互作用有利于此结果的预测($P<0.02$)。

表19 因前科记录值为零和所选加重情节值不同有色人被告人与白人被告人一级谋杀指控由初审法官提交陪审团相对比值

前科记录	加重情节值	白人被告人变量组合概率乘子	有色人被告人变量组合概率乘子	有色人被告人与白人被告人概率乘子比率
0	0	1.0	3.0	3:1
0	10	3.7	6.2	1.7:1
0	18	10.8	11.2	1:1

注:上述概率乘子四舍五入至小数点后一位数。上述比率由实际概率乘子计算出,并四舍五入至小数点后一位数。

表20 因前科记录值为10和所选择的加重情节值不同有色人被告人与白人被告人一级谋杀指控由初审法官提交陪审团相对比值

前科记录	加重情节值	白人被告人变量组合概率乘子	有色人被告人变量组合概率乘子	有色人被告人与白人被告人概率乘子比率
10	0	0.05	3.0	56:1
10	10	0.20	6.2	31.4:1
10	18	0.60	11.2	19.8:1

注:上述概率乘子四舍五入至小数点后一位数。上述比率由实际概率乘子计算出,并四舍五入至小数点后一位数。

三个重要变量——前科记录、被告人的种族和加重情节,一旦被告人被逮捕,它们综合作用于被告人被以一级谋杀提交陪审团裁判的可能性的影响,这在表19和表20中作了说明。表19表明,对没有前科的被告人而言,在没有加重情节或只有一个加重情节的案件中,有色人被告人相对于白人被告人而言处于不利地位。这一不利地位随着加重情节值的增加而减小,直到两个种族群体在具有两个加重情节的案件中处于平等的地位。在白人被告人案件和有色人被告人案件都没有加重情节的情况下,有色人被告人的案件以一级谋杀被提交陪审团的概率是白人被告人的3倍;但两者都只有一个加重情节时,这一概率是1.7倍;两者案件都具有两个加重情节的情况下,有色人被告人与白人被告人的概率相等。这意味着,在特别严重的案件中,没有前科的有色人被告人和白人被告人其案件被以一级谋杀提交陪审团裁决的概率是一样的。然而,如果两者的案件都没有加重情节,没有前科的有色人被告人的案件以一级谋杀被提交陪审团裁决的概率是同样情况的白人被告人的3倍。

表20表明,在被告人至少有某种前科(例如,10分)的案件中,在此阶段,有色人被告人相对于白人被告人而言处于一个极不利的地位,无论加重情节值处于何种程度。有一个前科但没有其他加重情节的有色人被告人的案件被以一级谋杀提交陪审团裁决的概率是同种情况下白人被告人的56倍;在此阶段,有一个前科并有一个其他加重情节的有色人被告人的案件以一级谋杀提交陪审团裁决的概率是同种情况下白人被告人的31倍;此阶段中,具有一个前科并具有2个加重情节的有色人被告人的案件以一级谋杀提交陪审团的概率是同种情况下白人被告人的20倍。

第五节　陪审团裁决

表21　一级谋杀有罪宣告概率之 Logistic 回归分析

数据库:所有因杀人案执行的逮捕
489个被告人——被害人单元
18个一级谋杀罪有罪宣告

模型	模型似然	修正卡方值	模型自由度	修正自由度	概率<	无穷系数估计数
常量	77.1	—	1	—	—	
基本证据	53.1	48.0	8	7	0.001	0
被告人与被害人的种族与性别	50.0	6.2	12	4	0.20	0

表22　一级谋杀有罪宣告概率(带有变量显著性分类)最终回归模型的系数估计

数据库:所有因杀人案执行的逮捕
489个被告人——被害人单元
18个一级谋杀罪有罪宣告

变量	系数	标准差	卡方值	概率<
电子窃听证据	-7.699	2.302	11.18	0.001
被告人为犯罪人之辨认	-0.001	0.002	0.05	0.83
不存在自我防卫	0.011	0.007	2.59	0.11
应罚性程度	0.022	0.007	10.41	0.002

续表

变量	系数	标准差	卡方值	概率 <
加重情节	-0.023	0.042	0.31	0.59
减轻情节	0.017	0.036	0.22	0.65
前科记录	-0.085	0.035	5.84	0.02
多个被害人	0.778	0.900	0.75	0.39

表23　包括基本证据和种族与性别变量的一级谋杀有罪宣告概率（带有变量显著性分类）最终回归模型的系数估计

数据库：所有因杀人案执行的逮捕
489个被告人——被害人单元
18个一级谋杀罪有罪宣告

变量	系数	标准差	卡方值	概率 <
电子窃听证据	-6.160	2.428	6.44	0.02
被告人为犯罪人之辨认	-0.000	0.003	0.05	0.83
不存在自我防卫	0.010	0.007	1.95	0.17
应罚性程度	0.023	0.007	11.24	0.001
加重情节	-0.032	0.042	0.58	0.45
减轻情节	0.023	0.037	0.40	0.53
前科记录	0.081	0.036	5.14	0.03
多个被害人	0.817	0.943	0.75	0.39
被告人的种族	1.311	0.811	2.61	0.11
被害人的种族	-1.826[a]	0.859	4.52	0.04
被告人的性别	0.670	0.855	0.61	0.43
被害人的性别	0.852	0.606	1.98	0.16

注：a　被害人种族的系数表明如果被害人是白人，陪审团一级谋杀的裁决的概率是如果被害人是有色人的概率的6倍。

表 24　死刑科刑概率 Logistic 回归分析

数据库:所有因杀人案执行的逮捕
489 个被告人——被害人单元
8 个科处死刑

模型	模型似然	修正卡方值	模型自由度	修正自由度	概率<	无穷系数估计数
常量	40.8	—	1	—	—	
基本证据	26.1	29.4	8	7	0.001	1
被告人与被害人的种族和性别	22.7	6.8	12	4	0.20	1

因为极少数量的被告人被定为犯有一级谋杀罪(18 人)和被判处死刑(8 人),所以对陪审团裁决和死刑决定阶段进行检测的统计模型十分简单,仅涉及两个变量集:基本证据、被告人和被害人的种族与性别(参见表 21－25)。表 21 和表 24 揭示,基本证据变量在罪与刑的判决中具有重要影响(为 0.001)。表 22 和表 25 表明,对罪与刑判断而言,应罚性程度和被告人前科记录是一系列证据变量中仅有的显著预测因子。

被告人的种族、性别因素在陪审团裁决或运用刑罚阶段没有实质影响。表 23 表明,单纯的被害人的种族因素在陪审团裁决阶段有重要影响(P<0.04),所有其他因素,包括证据质量和罪行的严重性,都是同等的。被害人为白人的案件中的被告人被定为一级谋杀罪的可能性是被害人为有色人的案件中的被告人的 6 倍。

其他没有控制证据质量或没有包括足量案件变量的研究,也发现陪审团裁决阶段被害人种族的影响。这些研究结果在考虑了所有进入死刑司法程序的案件的证据强度后,进一步确认了这一影响。本研究中的主要不足在于,陪审团裁决和后期阶段中可用以分析的案件数量太少。当司法程序将一些被告人从死刑程序中分离出去时,它也减少了可用以分析的资料。案件数量少既可能有损于本研究评价一些因素的能力,也可能有害于对其他因素评价的置信度。而且,在审判开始后的所有阶段中,本研究将不能再考虑回归分析中的司法区因素。更甚者,后阶段结果的置信度受到案件数量的限制,因为这些案件,本研究才能进行综合性资料(数据)的收集。但关于被害人种族在陪审团裁决阶段的影响,本研究与其他研究得出了一致结论,这仍是值得注意的。

表 25　死刑科刑概率(带有变量显著性分类)最终回归模型的系数估计

数据库:所有因杀人执行的逮捕

489 个被告人——被害人单元

8 个科处死刑

变量	系数	标准差	卡方值	概率 <
电子窃听证据	-7.273	2.380	9.33	0.003
被告人为犯罪人之辨认	0.001	0.004	0.03	0.87
不存在自我防卫	0.004	0.007	0.28	0.60
应罚性程度	0.024	0.009	6.50	0.01
加重情节	-0.012	0.067	0.03	0.86
减轻情节	0.003	0.055	0.00	0.96
前科记录	0.122	0.051	5.66	0.02
多个被害人	-7.356	+	+	+

注:+　该处系数是无限的。

表 26　死刑科刑

数据库:所有一级谋杀有罪宣告

18 个被告人——被害人单元

8 个科处死刑

	科刑		证据质量				加重情节数量
	死	生	1A	1B	2	3	
1	●		●				6
2	●		●				4
3	●		●				2
4	●		●				2
5	●		●				2
6	●		●				0
7	●			●			4
8	●			●			2
9		●	●				6
10		●	●				3
11		●	●				2
12		●	●				1

续表

	科刑		证据质量				加重情节数量
	死	生	1A	1B	2	3	
13		●	●				1
14		●	●				0
15		●	●				0
16		●		●			6
17		●		●			3
18		●		●			2

表 27　所有死刑科刑之州最高法院复审

数据库：所有死刑[a]

8 个被告人——被害人单元

9 个死刑科刑

有罪宣告		死刑科刑	
撤销	维持	撤销	维持
2[b]	7	6[c]	1[d]

注：a　一名被告人在对案件作出上诉判决前、在等待判决时实施了自杀行为。

b　State v. Jones, 296 N. C. 495, 251 S. E. 2d 425 (1979); State v. Spaulding, 298 N. C. 149, 257 S. E. 2d 391 (1979).

c　Statev. Goodman, 298N. C. 1, 257 S. E. 2d 116 (1979); State v. Johnson, 298 N. C. 47, 257 S. E. 2d 597 (1979); Statev. Cherry, 298 N. C. 86, 257 S. E. 2d 551 (1979); State v. Johnson, 298 N. C. 355, 259 S. E. 2d 752 (1979); Statev. Detter, 298 N. C. 604, 260 S. E. 2d 567 (1979); State v. Silhan, 302 N. C. 223, 275 S. E. 2d 450 (1981).

d　State v. Barfield, 298 N. C. 306, 259 S. E. 2d 510 (1979).

表 28　减刑

数据库：所有没有被撤销的死刑科刑

1 个被告人——被害人单元

减刑	执行死刑
0	1

第六节　初审后的决定

经过初审阶段后，在死刑程序中仍然存在的案件数量是如此的少，以致根本无法对其进行什么统计分析。因此，在表 26、表 27、表 28 中只简单列举了这些案件经过上诉和减刑阶段的情况。正如这些表格所示，北卡罗来纳州最高法院推翻了 9 个被处以死刑的案件中的 2 个案件的有罪判决；推翻了其他 6 个死刑案的死刑科刑判决；在余下的一个案件中，州长拒绝给予减刑，被告人被执行死刑。

在一案件中，维尔马 · 巴菲尔德（Velma Barfield）已是一位祖母，她是北卡罗来纳州至少是自 1910 年以来第一位被执行死刑的白人女性，也是第三名被执行死刑的女性。她被判杀死了她的男友（一个白人），她将毒蚂蚁的毒药放入他茶里和啤酒中，她的男友食后死于急性砷中毒。她承认以同样的方式杀死了另外一个白人男性和两个白人女性（包括她的母亲），并且检察官还提出证据证明在此以前，她以同样的方式杀死了另外一个白人男性（她的丈夫）。对其他的谋杀者，检察官使用了与该位犯罪人相似的犯罪证据，但没有使用和她的加重情节相似的证据。陪审团认为，作为加重情节，该罪是因为金钱利益而犯；并且是为了防止被害人告发她以被害人的账户伪造支票；再者，该谋杀十分恶劣、残忍。尽管被告人提出证据证明她有滥用医用麻醉药物的历史（这些药物是从 5 个不同的医生处获得的），并因用药过量而 4 次到医院治疗，在毒瘾发作时，被告人为获得资金购买麻醉药品而伪造了这些支票，但陪审团没有找到减轻情节。她的案件是在第 16 司法区审理的。[2]

注释

1. 司法区 16 一级谋杀指控率为 87.5%，但此区的案件数量不足以使其比率有意义。
2. 本研究进行的这一年，有两个其他案件涉及女性被告人，她们犯有毒死其丈夫之罪。这两个女性被告人和其被害人都是白人。但两个被告人都没有毒死多人。

　　在其中一个案件中，被告人是教堂一虔诚的成员。她的丈夫是一个严重酗酒者。控方证据表明被告人相信她丈夫对家庭残酷。她否认对他的死负责，但几个证人证实她曾向他们说她想杀死她的丈夫并请求他们帮助，包括购买毒蚂蚁的药。证据表明被告人在新死刑法律生效前使用了毒药，但砒霜在新法生效后不久即发作，然后她的丈夫死亡。

　　在审判时，陪审团宣告被告人有罪。在科刑诉讼后，同一个陪审团发现一个加重情节,即谋杀特别恶劣、野蛮或残忍。陪审团仅发现一个减轻情节,即被告人没有犯罪前科。陪审团建议判处死刑。在上诉中,北卡罗来纳州最高法院推翻了此死刑科刑,其理由在于,被告人是在新死刑法律生效前实施完所有的杀人行为,她不能在新死刑法律下科刑。See State v. Detter,298 N. C. 604,260 S. E. 2d 567(1979).

另一个案件中的被告人明显参与了一个使其丧失作为一商店职员工作的小小盗窃,随之而来的是一人店行窃的指控。有的人将她描述成一个卑鄙的小人。相反,她的丈夫是一个有着良好声誉的城市受雇者。他向多人表明他在此过程中与被告人不在一起。

被告人向警察供认她几天后在她丈夫的咖啡中放了毒蚂蚁的药。她说她讨厌他不回家,她只是意图使他恶心而使其待在家中。她承认她深知她丈夫投保了生命险。

检察官允许被告人承认犯有二级谋杀罪,这样她就可以被判处终身监禁。

案中的陪审团认为此投毒是一个特别恶劣、野蛮或残忍的谋杀。北卡罗来纳州最高法院后来将此案描述为"被告人经过很长的一段时间冷静地策划或计划而实行的犯罪"。See State v. Hill,311 N. C. 465,319 S. E. 2d 163,171(1984). 在另一个案件中,同一法院将案件描述成"谋杀动机在于逃避对另一案件的侦查或逮捕"。See State v. Maynard,311 N. C. 1,36 n. 3,316 S. E. 2d 197,216 n. 3(1984). 尽管陪审团也将其要求适用死刑的裁定置于其他加重情节之上,但第二个案件中的陪审团建议适用死刑仅基于被告人毒死她的丈夫是一个特别恶劣、野蛮或残忍的杀人。因此,这两个案件似乎确定两个陪审团均认为此两个投毒符合特别恶劣、野蛮或残忍的加重情节。

第三个案件与前两个案件在杀人方法上一致。但在案中检察官允许被告人承认犯有二级谋杀罪,从而避免面对陪审团并冒有被科处死刑的危险。第二个案件与第三个案件处理方式的不同似乎并没有任何有意义的基础。如果在第二个案件中的被告人与被执行了死刑的被告人一样应受死刑处罚,那么第三个案件中的被告人显得更不应得到同情。尽管两个杀人之间有可比较的二元性,但检察官宽和地对待一个谋杀了与她分居的明显稳健的公民的卑鄙被告人。然而,与此相反,另一个检察官和陪审团却对一个杀死了酗酒丈夫的具有虔诚宗教信仰的被告人判以死刑。Cf. Bentele,"The Death Penalty in Georgia: Still Arbitrary",62 *Wash. U. L. Q.* 573,585 - 586(1985). 该论文比较了佐治亚州两个投毒案,每个案件只有一个被害人。在一个案件中,一对夫妇将砒霜放入了他们雇主的咖啡中。他们正向他们的雇主买房,并在支付上迟延了,他们错误地认为雇主的死将使他们获得房子的权利。检察官要求对此丈夫判处死刑,而没有对此妻子提出这一要求,但陪审团建议对其适用终身监禁。在另一个案件中,一个妇女将毒鼠药放入她丈夫所吃的辣椒和蚕豆中。控方提供的证据表明此丈夫有一张15,000美元的保险单。但她否认自己知道有此保险单,并声称她的所作所为是为了防止她的丈夫伤害她的孩子。陪审团判处她死刑。

第五章　实证结果之法律分析

这些研究结果表明,即使是在新程序中,在北卡罗来纳州死刑程序的运用中仍存在任意性。尽管这些法律标准——由基本证据变量提供——在司法程序的所有阶段的处理结果中是最具一致性的重要因素,但在每个阶段的这些处理结果中,仍有相当部分结果与法律标准不一致。在评价这些差异时,应回顾一下与杀人案有关的资料。几乎所有的被告人在刑事审判中都是恰当的刑罚承受者。纵然检察官、法官和陪审团实行十足的种族歧视,他们仍将所有被告人作为严重的罪犯。因此,任何偏袒都将只是在一般罪犯处罚背景下处罚稍轻。在评价中也应回顾与适用死刑的程序相关的资料。尽管法律与其执行间的宪法所要求的不必是完全一致(这种一致是不可能的),但实践中实质性违反法定标准对死刑而言是不应当被允许的,尽管这种不一致对监禁刑而言可能是存在的。

第一节　检察官的自由裁量

在不考虑证据质量和案件严重性的情况下,检察官的自由裁量决定对案件是否以一级谋杀提交审判有重要影响。这一自由裁量权的行使与指控、驳回、辩诉交易决定有关。[1]如果检察官将案件提交审判,那么审判阶段的陪审团与科刑阶段的陪审团、初审法官、上诉法院和州长都可能作出重要裁量决定。然而,检察官的早期自由裁量权很可能被认为是有最广泛实践影响的裁量权。[2]

在北卡罗来纳州,检察控诉功能十分分散。该州划分为几个司法区(在研究进行的这一年分为30个司法区)每个区选出它们自己所在区的检察官,他代表本州

"负责指控所有犯罪行为"[3]。尽管每个区的检察官享有高度的自治权,但他们都代表本州利益而行动,并执行州的法律。因此,如果新程序有效地控制了杀人案件中自由裁量权的行使,使其在整个司法程序中都受法定指南的约束,那么除了那些因为证据不同而应存在的自由裁量决定的不同外,在自由裁量决定中就不应当有其他的显著差异。自由裁量决定的结果应当可以根据法律标准作出一致的解释。

然而,研究结果表明,具有同样证据质量的案件的被告人被以一级谋杀提交审判的机会及因此而产生的被判处死刑的可能性,均很大程度上($P<0.01$)取决于案件是在什么司法区进行诉讼。尽管绝大多数州仅将其杀人案件中的5%~15%以一级谋杀提交审判,但至少在两个司法区中这一比率出奇的高,一个为42%,另一个为40%。在控制这些案件中的证据质量的情况下,至少有3个司法区与由其他司法区设立的标准不一致。在其中一个司法区,被告人被以一级谋杀提交审判的概率是控制组司法区中相同情况下的被告人的158倍;在其中第二个司法区中,该概率是控制组司法区中相同情况下的被告人的18倍;在第三个司法区中,该概率是控制组司法区中相同情况下的被告人的9倍。

同样的案件在同一司法管辖区内的不同司法辖区中得到不同处理,而无法基于法律标准作出任何有意义的解释。因此州的法律在不同的司法区得到不同的执行:即使是法定标准相同的情况下,一级谋杀案因由不同司法区检察官进行控诉,其结果显著不同。新的法定程序并不明确适用于检察官,检察官们在适用这些法律的方式中存在不一致。在审判阶段,被告人们是否面临一级谋杀审判的危险,基本上取决于本州负责被告人案件的检察官,这样的事实是否为具有宪法性意义的问题?

在麦考萨案中,被告人对程序质疑的实质是将科刑陪审团视为自由裁量权违宪的核心。然而,在福尔曼案中,质疑的焦点从程序转向结果。美国联邦最高法院基于此处的死刑适用方式,认为死刑是违宪的。由于没有该方式的系统性证据,美国联邦最高法院当然也只能在不具备有关对该死刑方式适用进行责任的体系性定位的证据的情况下作出判断。斯图尔特法官认为,任意性是"法律制度的结果"。[4]然而,其他法官一般认为,决定性的自由裁量阶段是科刑阶段。因此,道格拉斯法官写道"我们知道法官和陪审团适用死刑中的自由裁量使这一刑罚可以有选择地适用……”[5]怀特法官写道：“法官们和陪审团如此稀罕地适用死刑……”[6]

我们发现，当斯图尔特法官在格雷格案中写作多数派意见时，他修改了他在“福尔曼案”中的观点，他认为他的观点是基于死刑法律的规定而非其实施情况而评价死刑法律的。他在后来还进一步修正了自己的观点。在“福尔曼案”中，斯图尔特法官意识到，死刑的任意性是“法律制度”的结果，而不是该制度的某一具体方面。在格雷格案中，他将他的批评集中于科刑阶段。[7]申诉者主张这些新程序是不充分的，因为它们没有限制起诉和辩诉交易阶段检察官的自由裁量权，或没有限制审判阶段陪审团的自由裁量权（在这一阶段，陪审团可以裁定被告人犯有非死刑的较轻的罪行），或没有限制减刑阶段执行官的自由裁量权。斯图尔特法官认为，“福尔曼案”仅涉及科刑阶段，“决定对一犯有死刑之罪的特定被告人适用死刑”。[8]他没有引用“福尔曼案”中美国联邦最高法院的判决意见书以支持此陈述。当然他引用了他自己在该案中的观点。计算死刑的处置情况，而不关注产生死刑的过程，这明显是结果导向的。“福尔曼案”中的另一观点认为科刑是犯罪者的舞台，但这并不表明，如果检察官、审判陪审团、法官或州长是自由裁量者，且他们又不是死刑的赞同者时，裁判结果就会有所不同。然而，在“格雷格案”中，斯图尔特法官仅说，在福尔曼案下“这些自由裁量阶段的存在，对我们面临的问题并无决定作用”。[9]

斯图尔特法官显然不自然地将该重要问题留在其对“福尔曼案”中的观点作出武断修改中，同时，他补充了一个脚注试图对此作出解释。通过借用“麦考萨案”“不能如此”基本原理，斯图尔特认为：

> 为弥补由申诉者表明的所谓缺陷，当可判处死刑的谋杀是否存在出现争议时，有必要要求控诉机关对死刑之罪提出指控，也有必要要求控诉机关拒绝与被告人进行辩诉交易。如果陪审团即使在证据支持指控的情况下仍然拒绝定罪，就必须撤销其裁判，而作出有罪裁决或安排新的审判，因为取消陪审团的自由裁量行为是不允许的。最后，必须禁止死刑执行者的宽恕行为。[10]

似乎令人啼笑皆非的是，在同样的判决中，美国联邦最高法院发现，一些州早在7年前就以它自己曾认为无法接受的方式约束了陪审团的自由裁量权。美国联邦最高法院也曾宣称任何对检察官起诉和辩诉交易自由裁量的立法控制是无法接受的,对陪审团审判阶段的自由裁量权的立法控制也是无法接受的。斯图尔特法官的结论(控制那些自由裁量决定的唯一方式是禁止自由裁量)可能是夸大其词。

怀特法官也集中注意力于科刑阶段,[11]但他以更为理性的方式讨论同一问题:

除非检察官们在其判断中不称职,否则他们用以判定是否进行死刑重罪指控的标准将与陪审团用以判断罪与刑问题的标准一致。这样,被告人只能因为罪行不是足够的严重或证据不足够的有力而免受检察官死刑指控。这并不会致使死刑制度比陪审团对罪行不是足够严重的被告人判以终身监禁或决定对可能有罪但其罪无法排除合理性怀疑的被告人无罪释放更无标准性。[12]

在提到为交换证据而进行自由裁量的辩诉交易这一特定问题时,怀特法官解释道,尽管辩诉交易是“可怖的交易……但它并不是非理性的;因为它的目的在于确保针对一个或更多其他被告人的一级谋杀案件的成功判决。无论辩诉交易的实践怎样,但它既非令人费解的、任意的,也没有违反美国《宪法》第 8 修正案”。[13]

在“威廉斯诉印第安那州案”中[14],美国联邦最高法院仔细考虑了由一被告人提起的死刑上诉,该被告人的两名同案犯在辩诉交易中承认有罪后被判处监禁刑。[15]被告人对检察官决定是否提出死刑指控的自由裁量权的不受限制提出了质疑。州最高法院判定“对辩诉交易中承认有罪的同案犯进行宽恕,而对此被告人不实行宽恕,这不存在宪法上的不恰当”。[16]美国联邦最高法院以缺乏实质的联邦性问题为由驳回了这一上诉。

对于“威廉斯诉印第安那州案”和斯图尔特法官在“格雷格案”中的观点,我们可以根据斯图尔特法官关于法定程序的字面分析加以理解。他不会坚持称死刑法律包括指向其他自由裁量阶段的程序,但这并不意味着,他将无视这一证据——这些阶段产生了他在“福尔曼案”谴责过的同样的不合理模式。怀特法官在这一点上十分明确:

申诉者的主张没有事实的根据,这一主张即检察官在决定哪些案件作为死刑重罪加以审判中以毫无标准的方式行事。申诉者简单地断言,既然检察官有权不作死刑重罪起诉,他们就会以毫无标准的方式行使这一权力。这是站不住脚的。

没有相反事实,就不能认为检察官在其指控决定中将受到非案件严重程度的因素的驱使,以及受到陪审团如果定罪就会适用死刑这样一种可能性的驱使。[17]

怀特法官认为,州法律通过给科刑陪审团或法官规定一些标准,也就为引导其他自由裁量者设定了一些标准。在缺乏作为他在“福尔曼案”中的立场的基础的那种经验的情况下,至少,怀特法官“不愿意设想相反的情况”。[18]新法律程序的运行产生了如“福尔曼案”以前法律同样的结果模式,这一证据应当受到怀特法官的审查。[19]

假设斯图尔特法官仍在最高法院,他将不得不同样重新审视他在“福尔曼案”中的观点。在“格雷格案”中,斯图尔特法官不愿意将特定程序强加给实施新法律的各州,正如他在以前的法律生效时的“麦考萨案”中一样,斯图尔特法官可能希望像他在“福尔曼案”中注意以前法律制度的经验一样注意关于新制度效果的资料。如果出现同样的不合理方式,斯图尔特法官几乎不能仅因为其原因可能源自检察官而不是陪审团就对之不予理睬。

另外,在“格雷格案”中,斯图尔特法官宣称,他在“福尔曼案”中的观点并不是间接地旨在“通过对死刑的适用加以完全不现实的条件”而宣布“死刑”不合法。[20]然而,在“福尔曼案”中,斯图尔特法官的观点没有就如何克服他所说的缺陷提出建议。当然,在“麦考萨案”中,他也没有坚持认为美国法学会模式就是合理的模式。在“格雷格案”中,他的观点仅以新法律的规定为基础,并未考虑这些法律的执行情况,它也没完成结果任意性的检验。

在“普罗菲特诉佛罗里达州案”中,鲍威尔法官的观点(代表了斯图尔特法官,斯特艾斯法官和他自己)也集中在科刑阶段,他写道:“当科刑当局自由裁量权受到引导和约束后,福尔曼案中的要求就得到了满足。……”[21]鲍威尔法官没有讨论其他自由裁量阶段。他强调他对这些新程序的赞同性评价是“根据它们的法律规定”而作出的。[22]因为它们“似乎弥补了“福尔曼案”中确认的宪法性缺陷”。[23]史蒂文斯法官也签署了这一法院判决意见书,并且在“朱瑞克诉得克萨斯州案”中,当轮到他写多数法官意见时,他仍然对科刑阶段表现出高度地关注。[24]

在死刑之外,美国联邦最高法院给予了各阶段检控裁量权(包括指控裁量权)以广阔的宪法性空间。美国联邦最高法院最近对此政策作了如下的描述与解释:

在我们的刑事审判制度中，政府对关于起诉谁保留了“宽广的自由裁量权”……“只要检察官有大概的理由相信被告人犯有法定之罪，他就有权裁量是否追诉，将什么样的指控提交大陪审团……”这一宽广的自由裁量权主要基于这样一种认识，即控诉决定特别不适合司法审查。例如案件严重性、追诉的一般预防效果、政府执法重点和案件与政府综合执法计划的关系等因素，法院可能没有能力承担这种分析。而且，这一领域的司法监督必须需要特别相关的系统成本。审查起诉的基础延缓了刑事程序，对检察官的动机和决定的作出进行外部调查也会挫伤他们执法的积极性，暴露政府执法政策可能会损害控诉的有效性，所有这些都是使法院不愿意审查是否起诉的决定的实质忧虑所在。[25]

美国联邦最高法院认为，宪法并不要求审前对检察官的决定进行任何日常审查以制定刑事程序。[26]然而，同时，如果在候审期间被告人被关押起来了或者在约束自由的条件下释放了，那么美国《宪法》第 4 修正案要求对检察官的可行理由进行非正式、非对抗的司法审查。[27]而且，“尽管起诉自由裁量权很广，但它并不是‘没有限制的’。刑法适用中的选择……‘受宪法约束’。……特别是，起诉的决定不得‘故意基于不公正的标准，如种族、宗教或其他任意分类’”。[28]另外，检察官不得“报复性地”[29]行使他们的自由裁量权和使用不可能履行的许诺。[30]在“巴特森诉肯塔基州案”(Batson v. Kentuchy)[31]中，美国联邦最高法院认为，尽管检察官也像辩护律师一样，在使某些陪审团成员从预期的陪审团回避中享有广泛的特权，但对检察官而言，在无因回避中出于歧视的目的，仅因为种族而要求黑人从陪审团中回避，是违宪的，法院必须调查违宪行为的任何充分的表现。

是否“死刑是不同的”这一理论要求对死刑案中起诉自由裁量权的审查比对非死刑案中起诉自由裁量权的审查更为细致？如果不能在个案基础上实现至少整体上可以如此？

自从 1976 年几个死刑判决以来，美国联邦最高法院仔细地监督[32]了死刑程序的科刑阶段。[33]美国联邦最高法院认为，科刑机构必须被允许考虑有证据支持的较轻的犯罪[34]和所有相关的减轻情节[35]。但不得考虑未向辩护人公开的信息[36]或利用不明确的加重情节[37]。美国联邦最高法院也认为双重危险条款[38]和反对强制自证其罪的权利，包括米兰达规则[39]，适用于死刑审判的科刑阶段。尽管美国联邦最高法院已宣布两种情况——强奸[40]罪和“重罪谋杀共犯”[41]下死刑不合宪，部分地因为科刑陪审团拒绝对这些罪科处死刑，[42]但美国联邦最高法院甚至不曾考虑对任何其他自由裁量阶段施以明晰的控制。[43]

在“罗伯特斯案”中，大多数法官抨击了路易斯安那州的死刑制度，因为一级谋杀案的每个陪审团被要求考虑较轻的犯罪，无论它是否有证据支持。美国联邦最高法院批评这一死刑制度的这一方面，不仅因为它缺乏标准，而且因为“它明确要求陪审员无视他们的誓言，在他们认为死刑不相称时选择一个轻罪作出裁决”。[44]当然，就辩诉交易而言，检察官总是处于这种地位。“当限制或取消科刑自由裁量权能确保那些被判处死刑的人是那些犯有死刑之罪的人的理性选择的子集合时，它不能确保那些被宣告犯有死刑之罪的人是那些能被指控犯有死刑之罪的人的理性子集。因此，限制科刑自由裁量权不能保证那些被判处死刑的人是所有死刑犯罪人的理性选择的子集”。[45]

“福尔曼案”关心的是案件的结果。[46]宪法对于死刑的态度应当受死刑程序中的任意性的充分展示之影响，而不是考虑偏误产生的程序阶段。美国联邦最高法院没有解释为什么宪法要求对科刑阶段自由裁量权的行使进行控制，但允许在其他阶段不受限制的自由裁量权具有任意性效果。美国联邦最高法院没有将自由裁量权的控制限于科刑陪审团行使的自由裁量权，它将这种对自由裁量权的限制也适用于负责判处死刑的法官。似乎没有理由不同样关注检察官在其决定中所施加的自由裁量因素。[47]正如美国联邦最高法院最近表述的：“美国《宪法》第 14 修正案对提交审判的整个程序中的被告人加以保护。”[48]

由精力更为充沛的检察官处理的被告人可能受到死刑科刑，而由精力不那么充沛的检察官处理的案件中的被告人可能不会受到死刑科刑，尽管他们的案件在法律标准中情况一样。本质上，检察官们是在适用法律标准的不同版本，被告人受制于不同的“法律”，这取决于处理他们的案件的州所在的司法区。尽管检察官们可能各自坚持一致的政策，但他们对管辖案件所起作用的差异将产生任意性。问题在于程序是否平等，而哪个自由裁量阶段或哪个决定作出者对任意性负责，这些不应当模糊死刑制度适用任意性问题的焦点。

第二节　任意性的尺度

研究结果表明,在审判和陪审团裁决阶段与审前阶段一样都存在任意性。研究结果也令人信服地确认了超法律因素和司法处理结果间紧密的联系,大量案件为此提供了充分的资料基础。

当案件的严重性受到控制时,也就是在被告人种族因素与应罚性程度因素及加重情节因素发生相互作用中,被告人的种族有显著的影响,在除被告人的种族以外的其他因素同等的情况下(包括案件中证据质量的相同),在相对不太严重的案件中,白人被告人通常较有色人被告人更可能因一级谋杀指控而被提交审判。然而,在更严重的案件中,有色人被告人却更可能因一级谋杀指控而被提交审判。例如,在应罚性程度低和加重情节值也低的案件中,白人被告人与有色人被告人的概率几乎相同,白人被告人被以一级谋杀指控的概率稍微较高;在具有一个加重情节但应罚性程度值仍然低的案件中,白人被告人被以一级谋杀提交审判的概率是相同情况的有色人被告人的5倍;相反,在具有一个加重情节且应罚性程度值高的案件中,同种情况下有色人被告人和白人被告人以一级谋杀被审判的概率之比是2.3∶1;如果他们的案件没有加重情节但应罚性程度仍很高,有色人被告人以一级谋杀被审判的概率是同等情况下白人被告人的10倍。

对提交审判的案件来说,在决定是否将一级谋杀指控提交陪审团中,在与案件严重性相关的变量相互作用下,被告人的种族仍然是一个重要的因素。在审判这一阶段,如果有色人被告人与白人被告人都没有前科,那么此阶段受陪审团谋杀裁决的概率相当接近;如果有色人被告人与白人被告人都有两个加重情节,他们的这一概率十分接近;但如果两者都有一个加重情节,则有色人被告人以一级谋杀指控被提交陪审团的概率是白人被告人的1.7倍;如果两者都没有加重情节,有色人被告人的这一概率则是白人被告人的3倍。然而,对于有前科的两种被告人而言,这种差异则更明显。如果两种被告人都有10分的前科记录,有色人被告人的指控被提交陪审团裁定的概率比相同情况的白人被告人大得多;如果两种被告人的案件都有两个加重情节,有色人被告人的这一概率是白人被告人的19.8倍;如果两种被告人的案件都只有一个加重情节,有色人被告人的这一概率是白人被告人的31.4倍;如果两种被告人案件中都没有加重情节,则有色人被告人的这一概率是白人被告人的56倍。

在陪审团裁决阶段,被告人的种族没有显著影响,但另一因素有显著影响:被害人的种族。控制除被害人种族以外的其他因素,被指控谋杀了一个白人的被告人被裁定有罪的概率是被指控谋杀了一个有色人被告人的6倍。在1975年,在美国联邦最高法院为北卡罗来纳州当时的强制死刑制度辩护时,北卡罗来纳州首席检察官办公室的一位代表告知美国联邦最高法院,有色人在死刑适用中不相称的数量,起因于本州在追诉杀害有色被害人者中的勤勉。[49]这些资料表明,事实上在其追诉有色受害人案件中远不如其在追诉白人被害人案件中有激情。

在科刑阶段,只有应罚性程度和被告人的犯罪前科是重要因素。由于达到量刑阶段的案件数量太少,以致无法证明从此阶段结果中所得结论的正当性。

"福尔曼案"的法院判决意见书没有详细说明这样一点,即反常结果的积累变得不仅在统计上而且在宪法上有意义。[50]首席法官伯格和法官布伦南可能已经注意到了这一反常。布伦南法官写道:"美国联邦最高法院面对明显以完全任意方式施加的严厉刑罚是不可能的;没有哪个州会作出这种判决。"[51]首席法官伯格赞同道:"在进入死刑审判程序的囚犯中,如果他们受不同的陪审团裁决或在不同的州审理的话,无疑有一些人可能不会进入这种程序……然而,偶然性因素既不能代表对陪审团一般功能的控诉,也不能代表对个案中陪审团裁定之正直性的控诉。"[52]

当然,美国联邦最高法院不会要求超出人类法律可以达到的尽善尽美的标准。自从"福尔曼案"以来,美国联邦最高法院已认识到死刑制度必须容忍偶不合常规的自由裁量权,以将某一被告人从死刑审判中剔除出来。在"格雷格案"中,多数法官意见认为:"对在没有形成任意性或反复无常实质性危险的制度下被科刑的被告人而言,陪审团对其施以怜悯的单个裁定,并没有作出违宪的死刑判决。"[53]在"普利诉哈里斯案"(Pulley v. Harris)[54]中,美国联邦最高法院认为:"任何死刑科刑方案都可能偶尔产生反常的结果。这些不一致与福尔曼案确认的主要制度缺陷大不相同。"[55]"格雷格案"的法院判决意见书中写道:"自由裁量权必须适当地加以指导和限制,以便使完全任意和反复无常行为的风险最小化。"[56]在"普罗菲特案"中,多数意见认为,当自由裁量符合新程序时,应较大程度地容忍死刑科刑决定中自由裁量的范围,因为这些新程序消除了"完全的任意性和反复无常"。[57]在"赞特诉斯蒂芬斯(I)案”[Zant v. Stephens(I)]中[58],美国联邦最高法院认为“格雷格案”“赞同佐治亚州的死刑法律,因为它设定的标准和程序有望显著缓和福尔曼案所忧虑情况的程度”。[59]

在“福尔曼案”中,首席法官伯格嘲讽地将占主要多数的法官意见视为对“灵活性科刑制度”的谴责,因为该制度“产生了比美国《宪法》第8修正案能容忍的更多的怜悯”。[60]后来,在“格雷格案”中,斯图尔特法官补充道:“在我们任何一个案件中,没有什么东西表明给予特定被告人怜悯的决定违反了宪法。”[61]怀特法官在“格瑞案”中写道,应当允许州容许“陪审团基于太难以确定而无法写进法律的因素施予怜悯……”[62]

当然,怜悯不公正地施予的不公正是与死刑执行的不公正不同的。然而,“福尔曼案”认为,在某些情况下这种不一致成了制度化的东西,而不仅仅是偶然性的。这样,对一些被告人而言,这种转化处理决定在实践中有效地修改了法律,但其他的被告人则仍然受到法律规定的处理。

选择性地或无规律地对一些应处以死刑的人施以怜悯,导致这一制度对那些没有受到这种怜悯的人不公平,即使他们确实应受到他们被适用的死刑,因而理论上不能抱怨死刑的适用。[63]如果司法区A适用的死刑标准不同于司法区B,如果司法区C对有色人被告人适用的标准不同于适用于白人被告人的标准,如果司法区D根据被害人是白人还是有色人而适用不同的标准,那么可以以什么尺度以判定任何一个被告人是否“适合”死刑?这些标准又是什么?

当法律中规定了一些标准时,损害这些标准的任何程度的任意性偏私都欺骗了那些没有受到这种偏私的人,尽管他们可能同样不应当不恰当地被施予他人的那些宽恕。正如约翰·梅里克(John Merrick)所说:“如果你的怜悯是如此残忍,你给予正义的是什么?”[64]因此,“福尔曼案”、“伍德森案”和“罗伯特斯案”一样,给予被判处死刑的被告人一定期间[65]以控诉判处他们死刑的制度的不公平性,但没有调查他们各自是否能表明这种不公平对他们的案件有影响。从某种意义上说,死刑被告人可能为获得有限的宽恕措施而竞争。每次不公平的施予减少了剩下用以公平分配的供给量。怀特法官(死刑)稀少理论将这种宽恕概念作为有限资源。尽管宽恕的给予并非如此有限,尽管已被执行死刑的被告人已被执行死刑,而无论另一被告人是否得到了宽恕,审判制度不能容忍任意性决定的作出。对一些被告人给予明显任意宽恕的死刑制度应对其他人的死刑任意执行负责。

一个控诉该州死刑事务的死刑犯,并不要求那些挽救了被宽恕的被告人的法律上不相关的考虑因素也同样适用于他或她的案件。被告人质疑的,不仅是他或她自己案件中的决定,而且也质疑判定谁符合死刑标准的这一制度的合法性。法定标准不规则地适用损害了这些标准的重大意义。

任意性的数学尺度没有必要精确地计算出来。1976 年美国联邦最高法院赞同死刑制度,这是因为它设想这些新程序可能能够将死刑决定限制在法定标准内,但实践中的这些任意性结果至少足以使对这一关键性的设想产生极大的怀疑。[66]因为根据研究的结果,这一设想不再有保障,美国联邦最高法院应当给予适用新程序的州下列责任:即表明他们确实可以将死刑决定限制在法定标准内,或制定另外一些有效的程序。在这些州完成此任务前,美国联邦最高法院不应当再允许在这一已被证明不可信的设想的基础之上执行死刑。

注释

1. 检察官在辩诉交易中行使的自由裁量权基本上是起诉自由裁量权的子范畴。See Abrams,"Prosecutorial Discretion",3 *Ency. of Crime and Justice* 1272,1272(Free Press 1983).
2. "在刑事执法中,检察官关于是否起诉和起诉什么的决定是最广泛的自由裁量权。" See Vorenberg,"Narrowing the Discretion of Criminal Justice Officials",1976 *Duke Law J.* 651,678;see also Jackson,"The Federal Prosecutor",24 *J. Am. Jud. Soc.* 18,18(1940)("在美国,检察官比其他任何人拥有更多的对生命、自由和名声的控制权。他的自由裁量权极大");Note,"Prosecutor's Discretion",103 *U. Pa. L. Rev.* 1057,1057(1955)("检察官在开始指控、指控中和中止指控中行使的自由裁量权使他在个人自由控制方面享有比其他任何政府官员更多的权力");Foley and Powell,"The Discretion of Prosecutors, Judges, and Juries in Capital Cases",7 *Crim. J. Rev.* 16,17(1982);see generally Miller,*Prosecution:The Decision to Charge a Suspect with Crime*(Little, Brown 1969);Goldstein,"The Passive Judiciary:Prosecutorial Discretion and the Guilty Plea", 3(Louisiana State 1981);National Commission on Law Observance and Enforcement(Wickersham Commission), Report on Prosecution 19(1931);Newman,*Conviction:The Determination of Guilt or Innocence Without Trial*(Little,Brown 1966);President's Conmmission on Law Enforcement and Administration

of Justice, *Task Force Report*: *The Courts* 5 – 13, 72 – 78 (U. S. Gov't. Printing Office 1967); Alschuller, "The Prosecutor's Role in Plea Bargaining", 36 *U. Chi. L. Rev.* 50 (1968); Baker and DeLong, "The Prosecuting Attorney", 2*J. Crim. L. and Crim.* 1025 (1934); Ferguson, "Formulation of Enforcement Policy: An Anatomy of the Prosecutor's Discretion Prior to Accusation", 11 *Rutgers L. Rev.* 507, 507 (1957); Heumann, "A Note on Plea Bargaining and Case Pressure", 9 *Law and Soc. Rev.* 515 (1976); LaFave, "The Prosecutor's Discretion in the United States", 18 *Am. J. Comp. L.* 532 (1970). Mills, "The Prosecutor: Charging and 'Bargaining'", 1966 *U. III, L. F.* 511; Vorenberg, "Decent Restraint of Prosecutorial Power", 94 *Harv. L. Rev.* 1521, 1522 (1981).

3. N. C. Const., Art. IV, § 18; N. C. G. S. § § 7A – 60 (a), 7A – 61.

4. 408 U. S. at 309; see also id. at 310.

5. Furman, 408 U. S. at 255; see also id. at 253:"我们设计了一个法律和审判制度,将判断犯有这些罪行的被告人是应当处死还是应当监禁的决定交给法官或陪审团不受约束的自由裁量。"

6. 408 U. S. at 311.

首席法官伯格承认"由陪审团(有时是法官)选择适用的死刑远远少于可以判处死刑案件的一半"。408 U. S. at 386; see also id. at 388. 389, 398,但他认为:"在适用死刑中,陪审团的选择完全被视为对法定授权适用死刑的一种改进,而不是批判。"See 4U8 U. S. at 388. 在"格瑞格案"中,斯图尔特法官对此说法表示赞同。See 428 U. S. at 182. 恩奎斯特法官也认为这一流行的观点是基于"在大多数死刑案件中,法官和陪审团实际上不愿意适用死刑"。See 408 U. S. at 465 – 466.

布伦南法官责怪州长和陪审团。408 U. S. at 299.

在"洛基特诉俄亥俄州案"中,438 U. S. 586 (1978),首席法官伯格与法官斯图尔特、鲍威尔和史蒂文斯解释道:在"福尔曼案"中三个法官"认为没有立法规定的标准引导的自由裁量科刑违反了美国《宪法》第 8 修正案……"See 438 U. S. at 599. 在"格瑞格案"中,多数意见"认为,为遵守'福尔曼案'原理,科刑程序不应当构成死刑以任意和反复无常的方式适用的重大威胁"。See 438 U. S. at 601.

7. "在'福尔曼案'中在美国联邦最高法院程序下,不是要求科刑当局注意犯罪的种类和情节或被告人的前科记录和人格。在没有引导的情况下,陪审团以一个只能称之为'畸形'的方式适用死刑"。See Gregg. 428 U. S. at 206.

在"伍德森案"中,斯图尔特法官的观点甚至更清晰:"在'福尔曼案'中,多数法官确信授予陪审团毫无标准的科刑自由裁量违反了美国《宪法》第八和第十四修正案。" See Woodson,428 U. S. at 302.

8. 428 U. S. at 199.

9. Id.

10. Id. at 199 - 200 n. 50.

11. Gregg,428 U. S. at 220(White,J. ,concurring):"在'福尔曼案'中,美国联邦最高法院认为,作为给予科刑者不受约束的自由裁量权以对谋杀适用或不适用死刑的一个结果……" See Roberts v. Louisiana,428 U. S. at 346(White,J. ,dissenting)(emphasis added):"不可否认的是,陪审团不受限制的自由裁量以将被告人从死路上挽救出来,是使我们宣告福尔曼诉佐治亚州案中死刑无效的起主要作用的因素。" See Id. at 345:在"福尔曼案"中,"美国联邦最高法院认为,实际中行使其法定自由裁量的刑事陪审团,正以如此畸形地、反复无常地和任意地适用……" see also Lockett v. Ohio,438 U. S. 586,622(1978)(White,J. ,concurring and dissenting):"'福尔曼案'认为作为允许科刑者行使不受限制的自由裁量权以对谋杀适用死刑或不适用死刑的一个结果……" See Pulley v. Harris. 104 S. Ct. 871,876(1984)(White,J. ,for the Court):"在'福尔曼案'中,美国联邦最高法院认为,当时,在陪审团和初审法官不受引导的科刑自由裁量权的法律下适用的死刑已成为不合宪的残忍和异常之刑。"

12. 428 U. S. at 225. See also Roberts,428 U. S. at 348 - 349;State v. Noland,312 N. C. 1,12 - 13,320 S. E. 2d 642,649 - 650(1984);State v. Jarrette,284 N. C. 625. 202 S. E. 2d 721,741 - 742(1974)("律师关于他将从大陪审团寻求起诉状的决定和他关于是否接受……承认较轻指控……的决定是对可得证据评估的结果,包括证据的可信度。这是人的评估。通常存在关于评估观点的差异的余地");Kamisar,LaFave,and Israel,*Modern Criminal Procedure* 924(West 1980):在一给定的案件中,尽管有充足的证据起诉,但检察官不追诉的决定通常基于他自己对犯罪特征、该罪情节、行为人的人格的评估。然而,该检察官并不是在真空中行使职责。因此,不起诉的决定通常基于尽管有罪证据排除了合理怀疑,但法官或陪审团仍可能拒绝有罪宣告的预测。

在刑事案件中,陪审团有不受约束的自由裁量权,可以无罪释放一有罪者。实证研究已经表明,陪审团无罪释放有罪者,是因为:(1)他们将被告人视为人加以同情;(2)他们根据自己的观点判断自卫何时应当承认;(3)他们考虑被害人的过错因素;(4)他们相信此罪行属于最小;(5)他们考虑违反的法律是不普及的法律这一事实;(6)他们感到被告人已受到足够的处罚;(7)他们感到被告人受到不恰当的警察或检察行为;(8)他们拒绝对疏忽行为适用严格责任的法律;(9)关于何时精神病或醉酒应当成为辩护理由,他们运用自己的标准;(10)他们认为此犯罪行为在被告人和被害人的亚文化中是可以接受的行为。See Kalven & Zeisel,*The American Jury*,chs. 15 – 27(1966).

应当提及的是,在“伍德森案”中,斯图尔特法官所写的多数意见同样谴责了北卡罗来纳州的法律,原因在于该法律没有为“各个犯罪人的人格和记录或特定犯罪的情节的相关事实”规定相应的位置,See Woodson,428 U. S. at 304,并且没有考虑,在考虑了这些因素后,将一些案件从死刑程序中筛选出来的自由裁量权是否可能挽救此强制性法律。Accord,Roberts v. Louisiana,428 U. S. at 334 – 335. 当然,在实行强制性死刑的州,这种自由裁量权的行使没有可遵循的科刑标准。

Cf. Heckler v. Chancy,105 S. Ct. 1649,1656(1985):一个不执行的行政决定通常涉及大量因素间的综合平衡,这些因素属于行政机关的专门知识和技能范畴。因此,行政机关必须不仅应估计违法行为是否已经发生,而且应判定行政资源是否最佳地花在了这一违法行为或其他行为之上,也应判断如果行政机关行动的话,是否它有可能成功,还应判定所要求的这一执行行为是否最符合行政机关的综合政策,最后还要估计行政机关有足够的资源而采取这一行动。

13. Roberts,428 U. S. at 349.

北卡罗来纳州最高法院赞同这一做法,即为了获取对某人的证据,给予死刑案件中某一被告人宽恕。See State v. Maynard. 311 N. C. 1,34,316 S. E. 2d 197,215(1984);State v. Williams II,305 N. C. 656,687,292 S. E,2d 243,cert. denied,459 U. S. 1056(1982);State v. lrwin,304 N. C. 93,104,282 S. E. 2d 439,446 – 447(1981). 另外,该法院认为:“被告人的共犯受到较轻的科刑的事实不是一个减轻情节。它没有减轻杀人行为道德上的应受谴责性,也没有使其受到比其他的一级谋杀者轻的刑罚处罚。”See State v. Williams Ⅱ,305 N. C. at 687,292 S. E. 2d at 261. 在每个案件中,该法院指出,证据表明,死刑被告人在杀人中是更应受罚的参与者。See State v. Maynard,311 N. C. at 6 – 7,316 S. E. 2d at 200 – 201;State v. Williams II,305 N. C. at 661 – 662,292 S. E. 2d at 248;State v. Irwin,304 N. C. at 104,282 S. E. 2d at 447;cf. State v. White,68 N. C. App. 671,675,316 S. E. 2d 112,115(1984)[在一个死刑案件中,赞同对分别审判的被告人分别科刑,在该案中,更具应受谴责性的被告人得到的却是更短的监禁刑(17 年对 25 年)]。

14. 459 U. S. 808(1982).

15. See Williams v. State,430 N. E. 2d 759,764(Ind. 1982).

16. Id. at 764;see also Id. at 765 – 766.

17. 428 U. S. at 225. 怀特法官也写道:"至于执行上的仁慈,我不能想象这一权力……会以无标准和任意的方式使用。"See Roberts,428 U. S. at 349.

18. 428 U. S. at 225.

19. 在"罗伯特斯案"(Roberts)中,怀特法官将陪审团描述为"在'福尔曼诉佐治亚州案'中使我们宣告死刑无效的主要促进因素",See 428 U. S. at 346,从而承认其他自由裁量阶段中的作用。

在后来的一个法院判决意见书中,怀特法官写道:"如果检察官对重罪谋杀共犯极少寻求死刑,这将是中肯的,因为它表明,在惩罚犯罪中,代表社会利益的检察官认为死刑对重罪谋杀共犯而言是过分的。"See Enmund v. Florida,458 U. S. 782,796(1982). 此话表明怀特法官所关心的问题扩大到了检察官的自由裁量。但其论点似乎与任意性或稀有理论不同。

20. 428 U. S. at 199 n. 50.

21. Proffitt,428 U. S. at 258.

22. Id. at 251,253.

23. Id. at 251.

24. Jurek,428 U. S. at 273 – 276. 表达了这样一种观点,即"任意性仍遍及得克萨斯州整个刑事审判制度中,首先从检察官决定是否提出死刑之罪的指控,到是否进行辩诉交易,再到陪审团是否考虑较轻犯罪,最后到州长对死刑判决是否减刑",See 428 U. S. at 274,史蒂文斯法官仅仅引用了斯图尔特法官在格瑞格案中所写的观点。See 428 U. S. at 274.

25. Wayte v. United. States,105 S. Ct. 1524,1531(1985);see also United States v. Goodwin,457 U. S. 368,382(1982)("检察官在审判之前仍然有行使法律赋予他的、决定控诉中社会利益程度的、广泛的、自由裁量的自由");Bordenkircher v. Hayes,434 U. S. 357,364(1978)("在我们的制度中,只要检察官有可能的理由相信被告人犯有法定的罪,是否起诉、指控何罪、是否将案件提交大陪审团这些决定通常完全掌握在他手中");United States v. Lovasco,431 U. S. 783,794 and n. 15(1977);State v. Jarrette,284 N. C. 625,202 S. E. 2d 721,741 – 743(1974);cf. Cuyahoga Valley Ry. Co. v. United Transp. Union,106 S. Ct. 286,287 – 288(1986)[认为劳动大臣(Secretary of Labor)有不受审查的自由裁量权,以撤销一个关于雇主违反了安全或健康规定的指控,可以这样做后再进行协商解决];

Heckler v. Chaney,105 S. Ct. 1649,1656(1985):“最后,我们承认,行政机关拒绝制定程序的决定一定程度上具有检察官在执行部门中作不起诉决定的特点,这种决定长期以来被视为执行部门的特定范畴,因为宪法正是要求执行者‘务必使法律得到忠实地执行。’”但是 see Batson v. Kentucky,106 S. Ct. 1712(1986)。马歇尔法官最近认为:法律史学家已表明,检察官自由裁量权在英国和美国的发展,基本上是因为当时私人控诉同样可以获得。See Langbein,“Controlling Prosecutorial Discretion in Germany”,41 *U. Chi. L. Rev.* 439. 443 – 446(1974)…

另外,学者们已提到,检察官自由裁量权的不受审查性是在所有的执行行为都曾被认为不受审查的之时形成的。在质问什么能说明这一“惯例”中,一个学者提出了下列带有修辞色彩的提问:“是因为在 19 世纪期间这一惯例固定下来了吗?这时法院普遍认为司法对任何行政管理的干涉将是不幸的。是因为最高法院受到其 1840 年‘法院对政府执行部门行使职责的干涉,不能产生别的只能产生危害’的评论促使这一惯例固定下来了吗?[citing Decatur v. Paulding,14 Pet. 497,516,I0 L. Ed. 559(1840).]是因为 20 世纪在法院发现它为防止滥用执行行为的同时能避免接管执行职责前这一惯例固定下来了吗?是因为在充分认识到受限的司法审查的现代制度成功前这一惯例固定下来了吗?”

基于当今法院所认识到的——将行政管理交与行政人员但同时规定有效的措施以防止滥用——法院不应当重新审视妨碍它们审查控诉功能的惯例?See K. Davis, Discretionary Justice 211(1969)(footnote omitted), Heckler v. Chaney, 105 S. Ct. 1649, 1665 n. 6(1985)(Marshall, J. ,dissenting).

26. Gerstein v. Pugh,420 U. S. 103,119(1975).

27. Id. at 114,120.

28. Wayte v. United States,105 S. Ct. 1524,1531(1985).

29. Bordenkircher v. Hayes. 434 U. S. 357, 365 (1978); Blackledge v. Allison. 431 U. S. 63 (1977); Thigpen v. Roberts,104 S. Ct. 2916(1984); cf. Goodwin v. United States,457 U. S. 368,378 – 380 nn. 10,11(1982).

30. Santobello v. New York,404 U. S. 257,262(1971).

31. 106 S. Ct. 1712(1986).

32. Cf. Weisberg,“Deregulating Death”,1983 *Sup. Ct. Rev.* 305,305(在 1982 年,“美国联邦最高法院宣称,告知各州如何支配谋杀案审判中适用死刑的阶段超出了美国联邦最高法院的职责范围"); Geimer, "Death at Any Cost: A Critique of the Supreme Court's Recent Retreat from Its Death Penalty Standards", 12 *Fla. St. U. L. Bev.* 737, 760 – 778(1985)(在1983年,美国联邦最高法院在死刑案中开始放弃其正当程序标准); Marshall, "Remarks on the Death Penalty Made at the Judicial Conference of the Second Circuit", 86 *Col L. Rev.* 1, 3 (1986)。("美国联邦最高法院声称,已经规定了在科刑阶段保护死刑被告人的大量权利。但同时它又限制上诉中对这些权利进行审查,也限制对科刑者决定的正确性进行审查。)

33. 这主要集中于作为自由裁量决定作出者的科刑陪审团和法官。See Pulley v. Harris, 104 S. Ct. 871, 876(1984);"在福尔曼案中,美国联邦最高法院认为,在将不受引导的科刑自由裁量权委之于陪审团和初审法官,死刑已变成不合宪的残忍和异常之刑;" see also Tichnell v. State, 297 Md. 1, 468 A. 2d 1, 17(1981)。美国联邦最高法院认为,任何陪审团自由裁量的保障措施也将在科刑中对法官的自由裁量起保障作用。尽管美国联邦最高法院并没有明确表明,作出死刑科刑决定的法官,必须像陪审团一样受到同样保障措施的引导,这一结论在普罗菲特案中十分清晰。See Richmond v. Arizona, 434 U. S. 1323, 1325(1977)(Powell, Circuit Justice). 美国联邦最高法院没有讨论程序中其他自由裁量官员(包括检察官)。
34. Beck v. Alabama, 447 U. S. 625(1980); cf. Spaziano v. Florida. 104 S. Ct. 3154, 3160 – 3161 (1984).
35. Lockett v. Ohio, supra note 6.
36. Gardner v. Florida, 430 U. S. 349(1977).
37. Godfrey v. Georgia, 446 U. S. 420(1980).
38. Bullington v. Missouri, 451 U. S. 430(1981).
39. Estelle v. Smith, 451 U. S. 454(1981).
40. Coker v. Georgia, 433 U. S. 584(1977).
41. Enmund v. Florida, 458 U. S. 782(1976).
42. Id. at 794 – 795; Coker, 433 U. S. at 596 – 597.
43. Cf. Eddmonds v. Illinois. 105 S. Ct. 271(1984)(拒绝准予诉讼文件移送命令以审查——伊利诺伊州法律,该法律规定只有当检察官要求时才进行科刑听讼).
44. Roberts, 428 U. S. at 335.
45. Note, 87 *Harv. L. Rev.* 1690, 1713 – 1714(1974).
46. Cf. Garcia v. San Antonio Metro. Transit Authority, 105 S. Ct. 1005, 1019(1985): 宪法对国

会的授权以确保州的权力其根本限制在于程序而不在于结果。

47. See DeGarmo v. Texas,106 S. Ct. 337. 338(1985)(Brennan with Marshall, JJ., dissenting from denial of certiorari):当对“格瑞格案”作出判决时,美国联邦最高法院的几个成员表达了这样一种信念,即受引导的陪审团成员的自由裁量将使死刑“反复无常适用于选择的犯罪人群体”的危险性最小化,因而使在刑事审判中的较早阶段引导自由裁量没有必要……但在死刑选择程序的较早阶段的任意性和歧视使后来控制陪审团无价值。适用死刑选择程序并不是从审判时开始的,它是从检察官的工作开始的。检察官是否寻求死刑的决定与陪审团的相同决定一样重要。正如陪审团一样,当死刑是其裁量结果时,检察官的“自由裁量必须受到恰当的引导和限制,以使完全任意和反复无常行为危险最小化。”

See also Black,“Capital Punishment:The Inevitability of Caprice and Mistake”,127(2d ed. Norton 1981);Bentele,“The Death Penalty in Georgia:Still Arbitrary”,62 *Wash. U. L. Q.* 573,611(1985);Note,“Discretion and the Constitutionality of the New Death Penalty Statutes”,87 *Harv. L. Rev.* 1690,1712 – 1719(1974).

48. Batson v. Kentucky,106 S. Ct. 1712,1718(1986).

49. Fowler v. North Carolina,428 U. S. 904(1976)(oral argument April 21,1975).

50. In Baldwin v. Alabama. 105 S. Ct. 2727(1985),美国联邦最高法院赞同亚拉巴马州以前使用的程序,这一程序是,详细规定大量“具有加重情节” 的犯罪的有罪宣告将自动地科处死刑,但在科刑听讼后实际科刑受到法官的调整。美国联邦最高法院发现导致形式地但不是实际地强制性死刑科刑的这一程序,并不产生伍德森案关心的某种任意性,因为“在1975 年法律生效期间的前50 个被告人中仅仅有2 个被无罪释放”。See 105 S. Ct. at 2737.

51. 408 U. S. at 281.

52. 408 U. S. at 389.

53. 428 U. S. at 203. 怀特法官在“格瑞格案”中写道:申诉者的观点是,在将那些被判处死刑的犯罪嫌疑人与那些判处较轻刑罚——终身监禁的犯罪嫌疑人或那些被无罪释放的犯罪嫌疑人或根本不曾受到起诉的犯罪嫌疑人区分的刑事制度中存在大量的不合宪的自由裁量。在最后分析中,这一主张似乎是对我们整个审判制度的控诉。实际上,申诉者主张,作为一种刑罚无论死刑多么有效,正如它必须由人来制定和运用一样,制定并运行这一制度的政府不可避免地无力执行它。这不能作为一个宪法命题加以接受……错误必将产生,歧视必然发生,这将难以解释。428 U. S. at 225 – 226.

54. 104 S. Ct. 871(1984).

55. Id. at 881. 这再次表明,在“福尔曼案”中并没有确认任何特定的制度性缺陷或要求任何特定的纠正程序。

56. 428 U. S. at 189.

57. 428 U. S. at 258.

58. 456 U. S. 410(1982).

59. Id. at 413(emphasis added).

60. 408 U. S. at 398.

61. 28 U. S. at 199. Cf. Williams v. State,430 N. E. 2d 759,765(Ind. 1982),(因缺乏实质联邦性问题而被驳回,459 U. S. 808(1982)“作为辩诉交易的结果,被告人的两个共犯受到严厉性明显较轻刑罚的处罚的事实,并没有影响被告人自己刑罚的合理性。被告人的刑罚必须由他自己案件中的事实而不是由与之相伴的其共犯案件事实来判定。”

62. 428 U. S. at 222.

63. Cf. Ely,Democracy and Distrust 177(Harvard 1980):“选择的自由裁量的制度总是具有不公平歧视的可能性……这样的制度等于代表制的失败,因为那些制定法律者已对确保他们和他们的愿望不会有效地受这些法律的支配而提供了一个缓冲器;” Davis, *Discretionary Justice*,170(Louisiana State University Press 1969)。“力图仁慈的自由裁量权如果没有非力图仁慈的自由裁量权相伴随是一个不可能的事。源自非力图仁慈的自由裁量权的非正义经常发生;力图仁慈的权力就是力图歧视的权力;” See Michael and Wechsler,“A Rationale of the Law of Homicide II”,37 *Colum. L. Rev.* 1261,1268(1937):“不受约束的自由裁量权,特别是如果遇到立场不坚定和不合格的陪审团成员时,将妨碍统一政策的清晰表达和形成,从而导致处遇上的不平等性;” Radin,“Proportionality, Subjectivity and Tragedy”,18 *U. C. Davis L. Rev.* 1165,1170(1985):“如果宽大的法律无法以令人满意的平等处遇选择出应判死刑者,那么在宽大的法律规则下选择的人没有应当被处死的。” See also Black,supra note 47,at 56,104,129;2 LaFave and Israel,*Criminal Procedure*,167 – 168(West 1984)(“因单纯的仁慈或恩惠而赦免一些人的必然结果是对其他人毫无标准的谴责——任意的宽大等于任意的严厉”);Bentele,supra note 47,at 611 – 612;Greenberg,“Against the American System of Capital Punishment”,99 *Harv. L. Rev.* 1670(1986);Hubbard,“Reasonable Levels of Arbitrariness' in Death Sentencing Patterns:A Tragic Perspective on Capital Punishment”,18 *U. C. Davis L. Rev.* 1113,

1127－1129(1985);Kaplan,“Administering Capital Punishment”,36 *U. Fla. L. Rev.* 177,188(1984)(“在判决谁应当受到死刑处罚中,使用的程序和产生的结果都应当增进我们的道德价值。即使陪审团的死刑裁定不能说成是错误的,但它们也不应当是任意的”);Krivosha, Copple, and McDonough,“A Historicaland Philosophical Look at the Death Penalty—Does It Serve Society's Needs?”,16 *Creighton L. Rev.* 1,36,40(1982);Radin,“Cruel Punishment and Respect for Persons”,53 *So. Cal. L. Rev.* 1143,1150,1168(1980). Contra,Heckler v. Chaney,105 S. Ct. 1649,1656(1985):“当一个行政机构拒绝作为,它通常并不对个人的自由或财产权利行使它的强制权力,因此,并没有侵犯通常要求法院保护的领域。同样,当一行政机构确实强制执行,这一行为本身为司法审查提供了评议的焦点……” Little,“Another View”,36 *U. Fla. L. Rev.* 200,202,204(1984)(“如果死刑本质上不是不道德的,那么不能仅仅因为其他应判处死刑的人没有被处死而认为对一个应当判处死刑的人执行死刑不道德”);Van den Haag,“Comment on John Kaplan's 'Administering Capital Punishment'”,36 *U. Fla. L. Rev.* 193,194－195,198－199(1984)(“我们仅仅成功地惩罚了一些应受处罚的有罪者。对已受到刑罚处罚的有罪者而言,指出其他全然或部分地逃避了他们应得之刑的人,这是在法律中还是道德中的托词?如果我们接受这样一个借口,那么没有人应当受到惩罚。”“法律能明确那些被地方法院认为最恶劣的被宣告有罪的谋杀者才被执行死刑。这使我满意”);Van den Haag,“The Death Penalty Once More”,18 *U. C. Davis L. Rev.* 957,962－964(1985);Van den Haag,“The Death Penalty Vindicates the Law”,71,*A. B. A. J.* 38,40(April 1985);Van den Haag,“The Ultimate Punishment:A Defense”,99 *Harv. L. Rev.* 1662,1662－1664(1986);see also Davis,“Sentencing:Must Justice Be Even－Handed”,1 *Law and phil.* 77(1982)(基于法律的指南讨论的是无标准的监禁刑而不是死刑).

64. Pomerance, The Elephant Man 27(Grove Press 1979). Or see Mencken, *Prejudices: The Third Series* 101(Knopf 1922):“不公正相对容易忍受,伤人的是公正。”

65. 通常,“一个公民在对于是否追诉他人缺乏司法上可以辨识的兴趣”。Linda R. S. v. Richard D.,410 U. S. 614,619(1973). 甚至因犯罪而被追诉的人通常也不能因为同样情况下的其他人没有受到追诉而抱怨。Oyler v. Boles,368 U. S. 448,456(1962)(“在执行中,某些选择的故意行为本身并不是违反联邦宪法的”);see also Standefer v. United States. 447 U. S. 10,11,25(1980).(认为:“在一联邦罪行的实施中,犯有帮助或教唆罪行的被告人可能在主犯被无罪释放后被定罪。”)然而,歧视的制度性模式提出了一个可辨识的问题,Oyler v. Boles,supra(宣称“故意基于一个诸如种族、宗教信仰或其他任意类别的不合理的标准之选择”可能构成违宪的基础);O' Shea v. Littleton,414 U. S. 488,495 - 497(1974)(尽管黑人被告人可能一直抱怨,在保释和科刑决定中,措施总是对白人被告人有利,但没有犯罪的或没有被捕过的黑人公民并不一直提出这些问题);Yick Wo v. Hopkins,118 U. S. 356(1886);see also McCleskey v. Zant,580 F. Supp. 338,346 - 349 (N. D. Ga. 1984),aff' d. sub nom. McCleskey v. Kemp,753 F. 2d 877(11th Cir. 1985),cert. granted,106 S. Ct. 1331(1986)(认为一死刑被告人一直声称州允许死刑基于被害人种族的适用);cf. Britton v. Rogers,631 F. 2d 572. 577 n. 3(8th Cir. 1980),cert. den.,451 U. S. 939(1981)(认为在非死刑的情况下,一强奸罪被告人没有立足点以声称当被害人是白人时比被害人是黑人时州惩罚强奸行为更为严厉)。

In Loving v. Virginia,388 U. S. 1(1967),and Mclaughin v. Florida,379 U. S. 184(1964),美国联邦最高法院认为,一个州禁止种族间通婚的制定法和另一个禁止种族间同居的制定法违反了平等保护条款,即使作为夫妻的黑人犯罪人和白人犯罪人被平等地处理。See 388 U. S. at 8. 这一法律中种族分类的存在使这一制定法受到最严厉的宪法审查。See 388 U. S. at 11;379 U. S. at 191 - 193. 表面上中立但不均衡地适用于白人被害人的案件的死刑法律提出了一个必然的命题。这一法律的适用主要是基于种族分类,因此应当受到宪法性怀疑。当然,在当前的学说下,平等保护主张面临着一个障碍,即证明在任何案件中基于种族的歧视是故意的。

66. See Ballew v. Georgia,435 U. S. 223,239(1978):“但积累的资料对一个关于全体陪审员少于6人的陪审团的可信度和代表的适当性提出了实质怀疑。”See also Id. at 231 - 232:“这些作品……提出了一个关于将陪审团成员减少到少于6人做法的合宪性和是否明智的重要问题。” Cf. Gregg,428 U. S. at 195 n. 47(“‘麦考萨案’认为,在死刑案件中设计引导和规范陪审团科刑程序是不可能的,这一设想已被后来的经验所打破”)。

附录 A　证据质量计分概况

被告人是否为杀人行为实行犯计分概况

Ⅰ. 控方证据

A. 目击证人证据

1. 前五个目击证人每人的最大值:50、40、30、20、10

2. 每个证人的值减少,如果他

	案发前认识被告人	案发前不认识被告人
a)他或她对被告人的辨认加以限定	-50%	-50%
b)他或她对被告人行为之描述加以限定	-50%	-50%
c)仅扫视了一下或视力差	-40%	-20%
d)在审前辨认中认成了其他人或没有认出被告人	-40%	-20%
e)关于被告人的行为,以前曾作出不一致的陈述	-40%	-40%
f)向警察提供了与被告人不合的描述	-40%	-40%
g)以前曾犯过一次罪	-20%	-20%
h)基于声音、语言或脚步声而不是面目辨认被告人	-40%	-20%
i)有作虚假辨认的动机	-40%	-40%
j)在辨认程序中被暗示	-40%	-20%
k)是小孩或精神不正常	-40%	-20%
l)杀人发生时正受酒精或毒品作用的影响	-40%	-20%
m)有证据表明有不良行为而不是犯罪前科	-10%	-10%

B. 被告人陈述

1. 陈述最大值

	向法律执行官作出	向其他官员作出
a) 书面陈述承认参与了杀人行为	75	70
b) 书面陈述否认参与了杀人行为，但承认到过犯罪现场，而该处无辜人员不可能出现	35	30
c) 书面否认参与了杀人行为，但承认帮助了实行犯	65	55
d) 书面承认参与了杀人行为，但提出这是为了防卫	75	70
e) 口头承认参与了杀人行为	65	60
f) 口头陈述中否认参与了杀人行为，但承认到过案发现场	25	20
g) 口头陈述否认参与了杀人行为，但承认帮助了实行犯	55	50
h) 口头陈述参与了杀人行为，但提出这是为了防卫	65	60

2. 值减少：无

C. 共犯证据

1. 前五个共犯每个最大值：50、40、30、20、10

2. 值减少，因为

a) 为获得证据而向共犯许诺

(1) 降低指控或缩短监禁时间 -40%

(2) 降低指控或判处非监禁刑 -60%

(3) 不确定的宽恕 -10%

(4) 其他 -10%

b) 共犯

(1) 以前作出否认被告人作用的陈述 -50%

(2) 对于被告人作用表示含糊、闪烁其词或前后不一致 -30%

D. 电子窃听或窃听证据

1. 最大值

a) 听到被告人的计划或听到被告人承认参与了杀人行为　100

b) 听到被告人承认到过犯罪行为发生现场　10

c) 事先听到被告人展现其杀人行为知识的陈述　75

d) 在行为发生后，听到被告人与犯罪事实有关但尚未公之于众的陈述　50

e) 听到被告人承认参与了该行为，但他提出这是为了防卫　100

2. 值减少：无

E. 科学证据

1. 指纹

a) 最大值

(1) 出现在犯罪现场的某一个地方，这个地方在案发前的任何合理的时间内被告人都不可能出现，除非他或她曾参与杀人行为　60

(2) 出现在犯罪现场的某一个地方，这个地方虽然被告人有时能合理接近但绝不会是在案发时　10

(3) 出现在与杀人行为发生地相关的某一地方，但并不能仅仅因此而确认被告人参与了杀人行为　40

b) 值减少

(1) 指纹鉴定有修改　-50%

(2) 受到辩护人的质疑*　-33%

2. 足迹

a) 最大值：

(1) 出现在犯罪现场的某一个地方，这个地方在案发前的任何合理的时间内被告人都不可能出现，除非他或她曾参与杀人行为　50

(2) 出现在犯罪现场的某一个地方，这个地方虽然被告人有时能合理接近但绝不会是在案发时　5

(3) 出现在与杀人行为发生地相关的某一地方，但并不能仅仅因此而

---

* 就科学证据而言，仅当科学证据不适格时，受到辩护人质疑才适用值减少。

确认被告人参与了杀人行为 40

b)值减少

(1)指纹鉴定有修改 -50%

(2)受到辩护人的质疑 -33%

3. 凶器证据

a)最大值 75

b)值减少

(1)凶器被确定在杀人行为中使用

(a)凶器鉴定有修改 -50%

(b)受到辩护人质疑 -33%

(2)在被告人家中发现其持有、所有的凶器,或在被告人的凶器上发现了其指纹

(a)凶器鉴定有修改 -50%

(b)受到辩护人质疑 -33%

(3)在杀人案发生时或相近时间被告人开了枪

(a)辨认有修改 -50%

(b)受到辩护人质疑 -33%

4. 微量物证(头发、纤维、血痕、污迹等)

a)最大值 50

b)值减少

(1)微量物证鉴定有修改 -50%

(2)受到辩护人质疑 -33%

5. 物证

a)被告人持有的从被害人处得到的物品

(1)最大值 30%

(2)如果受到辩护人质疑,值减少 -33%

b)被告人同时受到的伤害

(1)最大值

(a)关于被告人遭受来自犯罪者的伤害的或其他证据 40%

(b)关于被告人遭受与死者身上伤口相似的伤害的医疗或其他证据 20%

(2)如果受到辩护人质疑,值减少 -33%

F. 间接证据

1. 被告人被看到在犯罪发生时或犯罪发生前后,出现在犯罪现场或附近,无辜的路过者不可能在当时出现在该地

(a)前三个目击证人每人的最大值:25、15、5

(b)减少值,如果每个目击证人

	在案发前认识被告人	在案发前不认识被告人
(1)他或她对被告人的辨认加以限定	-50%	-50%
(2)只粗略地看了一眼或视力不好	-40%	-20%
(3)在审前辨认中认成了其他人或没有认出被告人	-40%	-50%
(4)向警察提供了一个与被告人不相符的描述	-40%	-40%
(5)有犯罪前科	-20%	-20%
(6)基于声音、语言或脚步声而不是面目辨认被告人	-40%	-20%
(7)有作虚假辨认的动机	-40%	-40%
(8)在辨认程序中被暗示	-40%	-20%
(9)是小孩或精神不正常	-40%	-20%
(10)杀人发生时正受酒精或毒品作用的影响	-40%	-20%
(11)有证据表明有不良行为而不是犯罪前科	-10%	-10%

2. 在被害人死或失踪之前,有人看见他或她最后曾与被告人在一起

a)前三个目击证人每人的最大值:25、15、5

b)减少值,如果每个目击证人

	在案发前认识被告人	在案发前不认识被告人
(1)他或她对被告人的辨认加以限定	-50%	-50%
(2)只粗略地看了一眼或视力不好	-40%	-20%

续表

	在案发前认识被告人	在案发前不认识被告人
(3)在审前辨认中认成了其他人或没有认出被告人	-40%	-50%
(4)向警察提供了一个与被告人不相符的描述	-40%	-40%
(5)曾被宣告有罪	-20%	-20%
(6)基于声音、语言或脚步声而不是面目辨认被告人	-40%	-20%
(7)有作虚假辨认的动机	-40%	-40%
(8)在辨认程序中被暗示	-40%	-20%
(9)是小孩或精神不正常	-40%	-20%
(10)杀人发生时正受酒精或毒品作用的影响	-40%	-20%
(11)有证据表明曾品行不端而不是有犯罪前科	-10%	-10%

3. 关于被告人杀死被害人的动机、预备或意图之证据

a)相关的第一个目击证人每人的最大值

(1)动机:20、10

(2)预备或意图:40、30、20、10

b)每个目击证人减少值,如果他或她

(1)是被害人的近亲属	-30%
(2)是被害人的朋友	-30%
(3)曾被宣告有罪	-20%
(4)有作伪证的动机	-40%
(5)是小孩或精神不正常	-40%
(6)与以前的陈述不一致	-50%
(7)有关于品格不端而不是有犯罪前科的证据	-10%

4. 被告人曾犯有相似罪的证据

a)曾实施具有相同特征的杀人行为

(1)前四个以往杀人行为中每个的最大值:40、20、10、5

(2)如果受到辩护人质疑,则值减少:-33%

b)曾实施具有相同特征上游犯罪

(1)前四个具有相同特征的上游犯罪每个的最大值:40、20、10、5

(2)如果受到辩护人质疑,则值减少:-33%

5. 有人见到被告人从事一些行为,这些行为将使他或她有机会实施犯罪行为

a)前四个目击证人每人的最大值

就杀人行为而言:40、20、10、5

就上游犯罪而言:40、20、10、5

b)减少值,如果每个目击证人

	在案发前认识被告人	在案发前不认识被告人
(1)他或她对被告人的辨认加以限定	-50%	-50%
(2)只粗略地看了一眼或视力不好	-40%	-40%
(3)在审前辨认中认成了其他人或没有认出被告人	-40%	-40%
(4)向警察提供了一个与被告人不相符的描述	-40%	-40%
(5)曾被宣告有罪	-20%	-20%
(6)基于声音、语言或脚步声而不是面目辨认被告人	-40%	-40%
(7)有作虚假辨认的动机	-40%	-40%
(8)在辨认中被暗示	-40%	-40%
(9)是小孩或精神不正常	-40%	-40%
(10)杀人发生时正受酒精或毒品作用的影响	-40%	-40%
(11)有证据表明曾品行不端而不是有犯罪前科	-10%	-10%
(12)他或她对被告人行为之描述加以限定	-50%	-50%
(13)作与以前不一致的陈述	-40%	-40%

6. 证明在案发前或案发后不久,即见到被告人与同案被告人在一起的证据(有独立的证据证明同案被告人) (没有使用)

7. 品格证据(仅当被告人提出品格问题时才使用) (没有使用)

Ⅱ. 辩护证据

A. 目击证人证据(而不是同案被告人)

1. 前五个证人每人的最大值:50、40、30、20、10

2. 每个证人的值减少，如果

	否认被告人出现在犯罪现场	否认被告人参与杀人
a)他或她对被告人的辨认或对被告人行为的描述加以限定	-50%	-50%
b)仅扫视了一下或视力差	-30%	-30%
c)以前曾辨认被告人为实行犯或共犯	-40%	-40%
d)是被害人的近亲属	-40%	-40%
e)是被害人的朋友	-40%	-40%
f)有作伪证的动机	-40%	-40%
g)是小孩或精神不正常	-40%	-40%
h)在案发前从未见过被告人	-20%	0%
i)是承认自己参与了犯罪的同案被告人	-20%	-20%
j)是否认自己参与犯罪的同案被告人	-40%	-40%
k)是被告人本人(仅当被告人没有提出不在现场的证据时可使用)	0%	-50%

B. 不在现场的证据

1. 前五个目击证人每人的最大值:50、40、30、20、10

2. 每个证人的值减少，如果他或她

	对时间和地点是确定的	对时间和地点是不确定的
a)是被告人的配偶	-50%	-50%
b)是被告人的其他近亲属	-40%	-40%
c)是被告人的雇员、同事或生意上的熟人	-20%	-20%
d)是同案被告人	-40%	-40%
e)是被告人	-50%	-50%
f)是被告人的朋友	-40%	-40%
g)有其他作伪证的动机	-40%	-40%

续表

	对时间和地点是确定的	对时间和地点是不确定的
h)作出与以前陈述不一致的陈述	-40%	-40%
i)曾被宣告有罪	-20%	-20%
j)是小孩或精神不正常	-30%	-30%
k)杀人发生时正受酒精或毒品作用的影响	-20%	-20%
l)有证据表明曾品行不端　而不是有犯罪前科	-10%	-10%

C. 品格证据

1. 前三个证人每人的最大值:25、15、5

2. 每个证人的值减少,如果他或她

a)是被告人的亲属 -40%

b)是被告人的朋友 -40%

c)是被告人的雇员、同事或生意上的熟人 -20%

D. 科学证据

1. 在杀人行为发生时,被告人没有开枪(当杀人行为是以枪完成的时)

a)最大值: 75

b)值减少,如果

(1)科学证据是有保留的 -50%

(2)科学证据受到控方的质疑(如果科学证据有保留则不使用) -33%

2. 所涉的枪或其他武器被证明是属于他人,而与被告人无关

a)最大值 75

b)如果受到控方的质疑,值减少 -33%

3. 在被害人尸体或其他犯罪场地发现的指纹、脚印或与人体相关的微量物证与被告人无关(无论是否被鉴定为属于明确的个人)

a)最大值:75

b)值减少,如果

(1)科学证据是有保留的 -50%

(2)科学证据受到控方的质疑(如果科学证据有保留则不使用) -33%

4. 尽管进行了法医搜查,但在犯罪现场没有发现指纹、脚印或其他与被告人人身有关的微量物证

a)最大值 75

b)如果受到控方的质疑,值减少 -33%

Ⅲ. 关于被告人是否为杀人凶手的最终分值

A. 分别计算控诉分值与辩护分值

1. 控诉分值 = 目击证人证据 + 被告人陈述 + 共犯证据 + 科学证据 + 间接证据

2. 辩护分值 = 目击证人证据 + 不在场证据 + 品格证据 + 科学证据

B. 从控诉分值中减去辩护分值以得到关于被告人是否是杀人凶手的最终分值

关于一级谋杀犯罪中被告人行为是否受精神因素影响的计分概况

Ⅰ. 控方证据

A. 证明被告人杀人是蓄意且经过深思熟虑或者被告人同时犯有上游重罪的目击证人

1. 前五个目击证人每人的最大值:50、40、30、20、10*

2. 每个目击证人的值减少,如果

a)作出不能有保留的或者不确定的陈述 -50%

b)只是粗略地看了一眼或视力不好 -40%

c)在事发前就认识被害人并且

(1)是受害人的家族成员 -40%

(2)是受害人家族成员的同时是被告人的家族成员或者是被告人的朋友 -10%

(3)只是被害人的朋友 -40%

(4)是被害人朋友的同时是被告人的家族成员或者是被告人的朋友 -10%

(5)是被害人的同事或生意上的熟人 -20%

(6)是被害人和被告人的同事或生意上的熟人 0%

---

* 陈述是有关杀人事件周围的环境而不是有关事件本身的,每个证人的值减5。

d)曾被宣告有罪 -20%

e)有作伪证的动机 -40%

f)未成年或精神不正常 -40%

g)作出与前面不一致的陈述 -40%

h)杀人发生时正受酒精或毒品作用的影响 -40%

i)有证据证明曾品行不端而不是有犯罪前科 -10%

B. 被告人承认杀人具蓄意性与计划性或者参与了上游重罪的陈述

1. 最大值:75

2. 值减少,如果

a)是口头陈述 -10

b)陈述并非对警方作出 -5

C. 证明被告人杀人是蓄意且经过深思熟虑或者被告人同时犯有上游重罪的共犯证据

1. 前五个共犯每人的最大值:50、40、30、20、10

2. 值减少,如果控方以以下承诺引诱共犯作证

a)减轻徒刑指控 -40%

b)减轻非徒刑指控 -60%

c)不确定的宽恕 -20%

3. 每个目击证人的值减少,如果

a)作出不能有保留的或者不确定的陈述 -50%

b)只是粗略地看了一眼或视力不好 -40%

c)在事发前就认识被害人并且

(1)是受害人的家族成员 -40%

(2)是受害人家族成员的同时是被告人的家族成员或者是被告人的朋友 -10%

(3)只是被害人的朋友 -40%

(4)是被害人朋友的同时是被告人的家族成员或者是被告人的朋友 -10%

(5)是被害人的同事或生意上的熟人 -20%

(6)是被害人和被告人的同事或生意上的熟人 0%

d)曾被宣告有罪 －20%

e)有作伪证的动机 －40%

f)未成年或精神不正常 －40%

g)作出与前面不一致的陈述 －40%

h)杀人发生时正受酒精或毒品作用的影响 －40%

i)有证据证明曾品行不端而不是有犯罪前科 －10%

D. 科学证据

1. 枪击距离不符合较轻罪责的标准

a)最大值 75

b)值减少如果辩方提出实质性质疑 －50%

2. 子弹或伤口的角度和位置不符合较轻的罪责的标准

a)最大值 75

b)值减少如果辩方提出实质性质疑 －50%

3. 子弹或伤口的数量不符合较轻罪责的标准

a)最大值 75

b)值减少如果辩方提出实质性质疑 －50%

4. 被害人其他情况方面不符合较轻罪责的标准

a)最大值 75

b)值减少如果辩方提出实质性质疑 －50%

5. 被告人武器的其他方面不符合较轻罪责的标准

a)最大值 75

b)值减少如果辩方提出实质性质疑 －50%

6. 被害人武器方面不符合较轻罪责的标准

a)最大值 75

b)值减少如果辩方提出实质性质疑 －50%

7. 被告人情况方面不符合较轻罪责的标准

a)最大值 75

b)值减少如果辩方提出实质性质疑 －50%

8. 现场方面不符合较轻罪责的标准

a) 最大值　75

b) 值减少如果辩方提出实质性质疑　－50%

E. 间接证据

1. 关于被告人先前对被害人威胁的目击证人

a) 每个明显威胁的最有力目击证人的最大值:10

b) 每个目击证人值减少,如果

(1) 在事发前就认识被害人并且

(a) 是受害人的家族成员　－40%

(b) 是受害人家族成员的同时是被告人的家族成员或者是被告人的朋友　－10%

(c) 只是被害人的朋友　－40%

(d) 是被害人朋友的同时是被告人的家族成员或者是被告人的朋友　－10%

(e) 是被害人的同事或生意上的熟人　－20%

(f) 是被害人和被告人的同事或生意上的熟人　0%

(2) 曾被宣告有罪　－20%

(3) 有作伪证的动机　－40%

(4) 未成年或精神不正常　－40%

(5) 作出与前面不一致的陈述　－40%

(6) 杀人发生时正受酒精或毒品作用的影响　－40%

(7) 有证据证明曾品行不端而不是有犯罪前科　－10%

2. 关于被告人先前对被害人的侵害行为的目击证人

a) 每个明显侵害行为的最有力目击证人的最大值:15

b) 每个目击证人值减少,如果

(1) 在事发前就认识被害人并且

(a) 是受害人的家族成员　－40%

(b) 是受害人家族成员的同时是被告人的家族成员或者是被告人的朋友　－10%

(c)只是被害人的朋友 -40%

(d)是被害人朋友的同时是被告人的家族成员或者是被告人的朋友 -10%

(e)是被害人的同事或生意上的熟人 -20%

(f)是被害人和被告人的同事或生意上的熟人 0%

(2)曾被宣告有罪 -20%

(3)有作伪证的动机 -40%

(4)未成年或精神不正常 -40%

(5)作出与前面不一致的陈述 -40%

(6)杀人发生时正受酒精或毒品作用的影响 -40%

(7)有证据证明曾品行不端而不是有犯罪前科 -10%

3. 关于被告人对另一名不同的受害者的相似的谋杀或未遂的谋杀的证据

a)前四个相似的谋杀或未遂的谋杀中每一个的最大值:40、30、20、10

b)值减少,如果

(1)有前科记录 0%

(2)辩方提出质疑 -50%

(3)辩方未质疑 -20%

4. 有关于被告人暴力性格的目击证人

a)前2个目击证人每人的最大值:20、10

b)每个事发前认识被害人的目击证人的值减少,如果

(1)是受害人的家族成员 -40%

(2)是受害人家族成员的同时是被告人的家族成员或者是被告人的朋友 -10%

(3)只是被害人的朋友 -40%

(4)是被害人朋友的同时是被告人的家族成员或者是被告人的朋友 -10%

(5)是被害人的同事或生意上的熟人 -20%

(6)是被害人和被告人的同事或生意上的熟人 0%

5. 有关于被告人平和性格的目击证人

a)前2个目击证人每人的最大值:20、10

b)每个事发前认识被害人的目击证人的值减少,如果

(1)是受害人的家族成员 -40%

(2)是受害人家族成员的同时是被告人的家族成员或者是被告人的朋友 -10%

(3)只是被害人的朋友 -40%

(4)是被害人朋友的同时是被告人的家族成员或者是被告人的朋友 -10%

(5)是被害人的同事或生意上的熟人 -20%

(6)是被害人和被告人的同事或生意上的熟人 0%

6. 有关于事发前被告人计划或准备谋杀被害人的目击证人

a)前4个目击证人每人的最大值:40、30、20、10

b)每个目击证人的值减少,如果

(1)事发前认识被害人并且

(a)是受害人的家族成员 -40%

(b)是受害人家族成员的同时是被告人的家族成员或者是被告人的朋友 -10%

(c)只是被害人的朋友 -40%

(d)是被害人朋友的同时是被告人的家族成员或者是被告人的朋友 -10%

(e)是被害人的同事或生意上的熟人 -20%

(f)是被害人和被告人的同事或生意上的熟人 0%

(2)曾被宣告有罪 -20%

(3)有作伪证的动机 -40%

(4)未成年或精神不正常 -40%

(5)作出与前面不一致的陈述 -40%

(6)杀人发生时正受酒精或毒品作用的影响 -40%

(7)有证据证明曾品行不端而不是有犯罪前科 -10%

7. 关于被告人存在谋杀被害人动机的目击证人

a)前2个目击证人每人的最大值:20、10

b)值减少:无

Ⅱ.辩方证据

A. 关于被告人杀人行为并未经预谋或深思熟虑或者被告人并未参与上游重罪犯罪或者被告人犯下的是低于一级谋杀的杀人罪的目击证人证据

1. 前5个目击证人每人的最大值:50、40、30、20、10

2. 每一个目击证人的值减少,如果

a)作出不能有保留的或者不确定的陈述 -50%

b)只是粗略地看了一眼或视力不好 -40%

c)在事发前就认识被告人并且

(1)是受害人的家族成员 -40%

(2)是被告人家族成员同时是被害人的家族成员或者是被害人的朋友 -10%

(3)只是被告人的朋友 -40%

(4)是被告人朋友同时是被害人的家族成员或者是被害人的朋友 -10%

(5)是被告人的同事或生意上的熟人 -20%

(6)是被害人和被告人的同事或生意上的熟人 0%

d)曾被宣告有罪 -20%

e)有作伪证的动机 -40%

f)未成年或精神不正常 -40%

g)作出与前面不一致的陈述 -40%

h)杀人发生时正受酒精或毒品作用的影响 -40%

i)有证据证明曾品行不端而不是有犯罪前科 -10%

j)就是被告人 -50%

B. 间接证据

1. 有关于被害人对被告人的先前威胁行为的目击证人

a)每个明显威胁行为的最有力目击证人的最大值:10

b)每个目击证人值减少,如果

(1)在事发前就认识被告人并且

(a)是被告人的家族成员 -40%

(b)是被告人家族成员的同时是被害人的家族成员或者是被害人的朋友 -10%

(c)只是被告人的朋友 -40%

(d)是被告人朋友的同时是被害人的家族成员或者是被害人的朋友 -10%

(e)是被告人的同事或生意上的熟人 -20%

(f)是被害人和被告人的同事或生意上的熟人 0%

(2)曾被宣告有罪 -20%

(3)有作伪证的动机 -40%

(4)未成年或精神不正常 -40%

(5)作出与前面不一致的陈述 -40%

(6)杀人发生时正受酒精或毒品作用的影响 -40%

(7)有证据证明曾品行不端而不是有犯罪前科 -10%

2. 有关于被害人对被告人的先前侵害行为的目击证人

a)每个明显侵害行为的最有力目击证人的最大值:15

b)每个目击证人值减少,如果

(1)在事发前就认识被害人并且

(a)是被告人的家族成员 -40%

(b)是被告人家族成员的同时是被害人的家族成员或者是被害人的朋友 -10%

(c)只是被告人的朋友 -40%

(d)是被告人朋友的同时是被害人的家族成员或者是被害人的朋友 -10%

(e)是被告人的同事或生意上的熟人 -20%

(f)是被害人和被告人的同事或生意上的熟人 0%

(2)曾被宣告有罪 -20%

(3)有作伪证的动机 -40%

(4)未成年或精神不正常 -40%

(5)作出与前面不一致的陈述 -40%

(6)杀人发生时正受酒精或毒品作用的影响 −40%

(7)有证据证明曾品行不端而不是有犯罪前科 −10%

C. 科学证据

1. 被告人情况符合较轻罪责的标准

a)最大值 40

b)值减少如果控方提出实质性质疑 −50%

2. 被告人武器情况符合较轻罪责的标准

a)最大值 40

b)值减少如果控方提出实质性质疑 −50%

3. 被害人情况符合较轻罪责的标准

a)最大值 40

b)值减少如果控方提出实质性质疑 −50%

4. 被害人武器情况符合较轻罪责的标准

a)最大值 40

b)值减少如果控方提出实质性质疑 −50%

5. 案发现场情况符合较轻罪责的标准

a)最大值 40

b)值减少如果控方提出实质性质疑 −50%

Ⅲ. 被告人的一级谋杀行为是否与精神因素相关的最后分值

A. 以如下的方式衡量控方的间接证据分值种类，以获得控诉方间接证据的综合分值

控诉方间接证据分值 = 0.67 × 先前威胁 + 0.67 × 先前攻击行为 + 0.5 × 相似的杀人行为或企图 + 0.75 × 被告人的暴力品性 + 1.0 × 计划、预备或动机

B. 分别将双方每个证据种类的分值综合起来，计算出各自的分值

控方分值 = 目击证人证据 + 被告人陈述 + 共犯陈述 + 科学证据 + 间接证据

辩方分值 = 目击证人证据 + 间接证据 + 科学证据

C. 将辩方的分值从控方的分值中减去，以获得被告人的一级谋杀行为是否与精神因素相关的最后分值

被告人是否因自我防卫或保卫他人而行动的计分概况

I. 控方证据

A. 目击证人证据

1. 前几个目击证人*每人的最大值，如果他或她

a) 否认受到被害人的任何威胁 50、40、30、20、10

b) 承认受到被害人的威胁，但否认该威胁是以身体或生命遭受威胁为内容 40、30、20、10

c) 承认受到被害人的威胁，但认为这是被告人挑起的或被告人是攻击者 40、30、20、10

d) 承认被告人没有采取退却的方法 40、30、20、10

e) 支持任何威胁都不是立即的危险的结论 40、30、20、10

f) 支持被告人使用了过度暴力的结论 30、20、10

2. 值减少，如果每个目击证人

a) 在案发前认识被害人，且

(1) 是被害人的家族成员 -40%

(2) 是被害人家族成员同时是被告人家族成员或是被告人的朋友 -10%

(3) 仅是被害人的朋友 -40%

(4) 是被害人朋友的同时是被告人的家族成员或也是被告人的朋友 -10%

(5) 是被害人的同事或生意上的熟人 -20%

(6) 是被害人和被告人双方的同事或生意上的熟人 0%

b) 曾被宣告有罪 -20%

c) 有作伪证的动机 -40%

d) 是小孩或精神不正常者 -40%

---

* 每个间接目击证人的最初最大值比每个同一情况的直接目击证人的最大值小 5 分。

e)作出与以前陈述不一致的陈述 -40%

f)杀人发生时正受酒精或毒品作用的影响 -40%

g)有证据表明曾品行不端而不是有犯罪前科 -10%

B. 被告人陈述

1. 被告人每个陈述的最大值,如果该陈述

a)包括与任何自我防卫理论不相符的事实 75

b)包括与被告人成立自我防卫所需的证据不相符的事实 60

c)遗漏了与被告人成立自我防卫所需的证据相一致的事实 50

d)承认被害人的威胁并不涉及生命或严重的人身伤害 50

e)承认被告人挑起了威胁或其是侵犯者 50

f)承认使用的暴力过度 40

2. 值减少,如果

a)以口头而不是书面所作的陈述,其值应减 10 分

b)非向警察作出的陈述,其值应减 5 分

C. 科学证据

1. 证据最大值,如果

a)枪击的距离不符合自我防卫理论 50

b)枪击或伤口的角度或地点不符合自我防卫理论 50

c)枪击或伤口的数量不符合自我防卫理论 30

d)枪击或伤口的数量表明暴力过度 40

e)被害人状况的其他方面不符合自我防卫理论 40

f)被告人武器的其他方面与自我防卫不符 40

g)被害人武器方面与被告人自我防卫行为不符 40

h)被告人的状况不符合自我防卫理论 40

i)现场特征符合自我防卫理论 40

2. 值减少:辩护人提出实质性质疑的任何证据,其值应从最大值中减去 50%

D. 间接证据

1. 关于被告人向被害人进行先期威胁的证人

a)每一次明显的威胁最有力见证人的最大值:10

b)值减少,如果每个证人

(1)在案发前认识被害人,且

(a)是被害人的家族成员 -40%

(b)是被害人家族成员同时是被告人家族成员或是被告人的朋友 -10%

(c)仅是被害人的朋友 -40%

(d)是被害人朋友的同时是被告人的家族成员或也是被告人的朋友 -10%

(e)仅是被害人的同事或生意上的熟人 -20%

(f)是被害人和被告人双方的同事或生意上的熟人 0%

(2)曾被宣告有罪 -20%

(3)有作伪证的动机 -40%

(4)是小孩或精神不正常者 -40%

(5)作出与以前陈述不一致的陈述 -40%

(6)杀人发生时正受酒精或毒品作用的影响 -40%

(7)有证据表明曾品行不端而不是有犯罪前科 -10%

2. 关于被告人向被害人实行先行侵犯行为的证人

a)每一次明显的威胁最有力见证人的最大值:15

b)值减少,如果每个证人

(1)在案发前认识被害人,且

(a)是被害人的家族成员 -40%

(b)是被害人家族成员同时是被告人家族成员或是被告人的朋友 -10%

(c)是被害人的朋友 -40%

(d)是被害人朋友的同时是被告人的家族成员或也是被告人的朋友 -10%

(e)是被害人的同事或生意上的熟人 -20%

(f)是被害人和被告人双方的同事或生意上的熟人 0%

(2)曾被宣告有罪 -20%

(3)有作伪证的动机 -40%

(4)是小孩或精神不正常者 -40%

(5)作出与以前陈述不一致的陈述 -40%

(6)杀人发生时正受酒精或毒品作用的影响 -40%

(7)有证据表明曾品行不端而不是有犯罪前科 -10%

3. 关于被告人暴力品性的证人

a)前三个证人每个证人的最大值:25、15、5

b)每个证人的减少值,如果他或她

(1)是被害人的家族成员 -40%

(2)是被害人家族成员同时是被告人家族成员或是被告人的朋友 -10%

(3)是被害人的朋友 -40%

(4)是被害人的朋友同时是被告人家族成员或被告人的朋友 -10%

(5)是被害人的同事或生意上的熟人 -20%

(6)是被害人和被告人双方的同事或生意上的熟人 0%

4. 关于被害人平和品性的证人

a)前三个证人每个证人的最大值:25、15、5

b)每个证人的值减少,如果他或她

(1)是被害人的家族成员 -40%

(2)是被害人家族成员同时是被告人家族成员或是被告人的朋友 -10%

(3)是被害人的朋友 -40%

(4)是被害人朋友的同时是被告人的家族成员或也是被告人的朋友 -10%

(5)是被害人的同事或生意上的熟人 -20%

(6)是被害人和被告人双方的同事或生意上的熟人 0%

5. 关于案发前被告人计划或准备杀害被害人的证人

a)前四个证人每个证人的最大值:40、30、20、10

b)每个证人的值减少,如果他或她

(1)在案发前认识被害人,且

(a)是被害人的家中族成员 -40%

(b)是被害人家族成员同时是被告人家族成员或是被告人的朋友 -10%

(c)是被害人的朋友 -40%

(d)是被害人朋友的同时是被告人的家族成员或也是被告人的朋友 -10%

(e)是被害人的同事或生意上的熟人 -20%

(f)是被害人和被告人双方的同事或生意上的熟人 0%

(2)曾被宣告有罪 -20%

(3)有作伪证的动机 -40%

(4)是小孩或精神不正常者 -40%

(5)作出与以前陈述不一致的陈述 -40%

(6)杀人发生时正受酒精或毒品作用的影响 -40%

(7)有证据表明曾品行不端而不是有犯罪前科 -10%

6. 关于被告人有杀死被害人动机的证人

a)前两个证人每个证人的最大值: 20、10

b)值减少:无

Ⅱ. 辩方证据

A. 关于被害人以死亡或严重身体伤害威胁被告人或其他人的目击证人

1. 前五个目击证人每人的最大值:50、40、30、20、10 *

2. 值减少

a)如果每个辩方证人的陈述并不十分肯定

(1)由被害人发出的威胁是否涉及生命或严重的人身伤害 -50%

(2)威胁是否由被告人挑起,或其是否为侵犯者 -40%

(3)被告人是否没有采取退却的方法 -40%

(4)威胁是否会立即转化为现实 -40%

(5)暴力的使用是否过度 -20%

---

* 每个间接目击证人的最初最大值比直接目击证人的最大值小 5 分。

b)每个证人的值减少,如果他或她

(1)在案发前认识被告人,且

(a)是被告人的家中族成员 -40%

(b)是被告人家族成员同时是被害人家族成员或是被害人的朋友 -10%

(c)是被告人的朋友 -40%

(d)是被害人朋友的同时是被告人的家族成员或也是被告人的朋友 -10%

(e)是被告人的同事或生意上的熟人 -20%

(f)是被告人和被害人双方的同事或生意上的熟人 0%

(2)曾被宣告有罪 -20%

(3)有作伪证的动机 -40%

(4)是小孩或精神不正常者 -40%

(5)作出与以前陈述不一致的陈述 -40%

(6)杀人发生时正受酒精或毒品作用的影响 -40%

(7)有证据表明曾品行不端而不是有犯罪前科 -10%

(8)是被告人 -50%

B. 间接证据

1. 关于被害人向被告人进行先期威胁的证人

a)每一次明显的威胁最有力见证人的最大值:20

b)值减少,如果每个证人

(1)在案发前认识被告人,且

(a)是被告人的家族成员 -40%

(b)是被告人家族成员同时是被害人家族成员或是被害人的朋友 -10%

(c)是被告人的朋友 -40%

(d)是被告人朋友的同时是被害人的家族成员或也是被害人的朋友 -10%

(e)仅是被告人的同事或生意上的熟人 -20%

(f)是被害人和被告人双方的同事或生意上的熟人 0%

(2)曾被宣告有罪 -20%

(3)有作伪证的动机 -40%

(4)是小孩或精神不正常者 -40%

(5)作出与以前陈述不一致的陈述 -40%

(6)杀人发生时正受酒精或毒品作用的影响 -40%

(7)有证据表明曾品行不端而不是有犯罪前科 -10%

(8)是被告人 -50%

2. 关于被害人向被告人实行先行侵犯行为的证人

a)每一次明显的威胁最有力见证人的最大值:30

b)值减少,如果每个证人

(1)在案发前认识被告人,且

(a)是被告人的家族成员 -40%

(b)是被告人家族成员同时是被害人家族成员或是被害人的朋友 -10%

(c)是被告人的朋友 -40%

(d)是被告人朋友的同时是被害人的家族成员或也是被害人的朋友 -10%

(e)是被告人的同事或生意上的熟人 -20%

(f)是被害人和被告人双方的同事或生意上的熟人 0%

(2)曾被宣告有罪 -20%

(3)有作伪证的动机 -40%

(4)是小孩或精神不正常者 -40%

(5)作出与以前陈述不一致的陈述 -40%

(6)杀人发生时正受酒精或毒品作用的影响 -40%

(7)有证据表明曾品行不端而不是有犯罪前科 -10%

(8)是被告人 -50%

3. 关于被害人暴力品性的证人

a)前三个证人每个证人的最大值:25、15、5

b）每个证人的减少值，如果他或她

（1）是被告人的家族成员 －40%

（2）是被告人家族成员同时是被害人家族成员或是被害人的朋友 －10%

（3）是被告人的朋友 －40%

（4）是被告人朋友的同时是被害人的家族成员或也是被害人的朋友 －10%

（5）是被告人的同事或生意上的熟人 －20%

（6）是被害人和被告人双方的同事或生意上的熟人 0%

4. 关于被告人平和品性的证人

a）前三个证人每个证人的最大值：25、15、5

b）每个证人的减少值，如果他或她

（1）是被告人的家族成员 －40%

（2）是被告人家族成员同时是被害人家族成员或是被害人的朋友 －10%

（3）是被告人的朋友 －40%

（4）是被告人朋友的同时是被害人的家族成员或也是被害人的朋友 －10%

（5）是被告人的同事或生意上的熟人 －20%

（6）是被害人和被告人双方的同事或生意上的熟人 0%

5. 关于被告人知道或有理由相信被害人计划或准备杀害他或她的证人

a）前四个证人每个证人的最大值：40、30、20、10

b）每个证人的值减少，如果他或她

（1）在案发前认识被告人，且

（a）是被告人的家族成员 －40%

（b）是被告人家族成员同时是被害人家族成员或是被害人的朋友 －10%

（c）是被告人的朋友 －40%

（d）是被告人朋友的同时是被害人的家族成员或也是被害人的朋友 －10%

（e）是被告人的同事或生意上的熟人 －20%

(f)是被害人和被告人双方的同事或生意上的熟人　0%

(2)曾被宣告有罪　-20%

(3)有作伪证的动机　-40%

(4)是小孩或精神不正常者　-40%

(5)作出与以前陈述不一致的陈述　-40%

(6)杀人发生时正受酒精或毒品作用的影响　-40%

(7)有证据表明曾品行不端而不是有犯罪前科　-10%

(8)是被告人　-50%

C. 科学证据

1. 最大值

a)被告人状况与自我防卫理论相符　35

b)被告人使用的武器特征与自我防卫理论相符　35

c)被害人的状况与自我防卫理论相符　35

d)被害人的武器状况与理论相符　35

e)现场特征与自我防卫理论相符　35

2. 减少值:如果检察官对任何种类证据提出质疑,则其中减少 20 分。

Ⅲ. 被告人是否基于自我防卫或防卫他人而行动的最后分值

A. 将控方和辩方的分值各自相加

1. 控方分值 = 目击证人证据 + 被告人陈述 + 科学证据 + 间接证据

2. 辩方分值 = 目击证人证据 + 间接证据 + 科学证据

B. 将辩方的分值从控方分值中减去,以获得被告人是否基于自我防卫或保卫他人而行动的最后分值

附录B 附加表格

表 B－1 种族、性别和司法区变量对案件驳回概率影响之补充检验

数据库：所有因杀人执行的逮捕

489 个被告人——被害人单元

57 个被驳回

模型	模型似然	修正卡方值	修正自由度	概率 <	无穷系数估计数量
被告人的种族在基本证据后加入	129.8	0.2	1	0.99	1
被害人和被告人的种族与性别在基本证据后加入	129.7	0.4	4	0.99	1
司法区在被告人和被害人种族和性别后加入	126.2	7.0	9	0.70	2

表 B－2 一级谋杀指控概率 Logistic 回归分析

数据库：所有谋杀指控

444 个被告人——被害人单元

331 个一级谋杀指控

模型	模型似然	修正卡方值	模型自由度	修正自由度	概率 <	无穷系数估计数
常量	251.9	—	1	—	—	0
基本证据	233.3	37.2	8	7	0.001	0
司法区	208.8	48.9	17	9	0.001	0
被告人和被害人的种族与性别	205.8	6.0	21	4	0.20	0
应罚性・证据	203.9	3.8	26	5	0.70	0

续表

模型	模型似然	修正卡方值	模型自由度	修正自由度	概率 <	无穷系数估计数
司法区 · 应罚性	200.8	6.2	35	9	0.80	0
司法区 · 加重情节	185.0	31.6	44	9	0.001	10
被告人的种族 · 应罚性和被告人种族 · 加重情节	182.5	5.0	46	2	0.10	10

表 B-3 一级谋杀指控概率(带有变量显著性分类)最终回归模型的系数估计

数据库:所有杀人罪指控
444 个被告人——被害人单元
331 个一级谋杀罪指控

变量	系数	标准差	卡方值	概率 <
电子窃听	1.456	0.587	6.16	0.02
被告人为犯罪人之辨认	-0.002	0.002	1.25	0.27
不存在自我防卫	-0.000	0.001	0.18	0.68
应罚性程度	0.005	0.002	12.30	0.001
加重情节	0.039	0.026	2.21	0.14
减轻情节	-0.015	0.024	0.40	0.53
前科记录	0.013	0.026	0.26	0.62
多个被害人	-1.216	0.761	2.56	0.11
司法区 1	0.903	0.809	1.25	0.26
司法区 2	7.191	19.785	0.13	0.72
司法区 3	-1.655	0.477	12.02	0.001
司法区 4	0.148	0.703	0.04	0.84
司法区 5	1.552	1.080	2.07	0.16
司法区 6	0.161	0.461	0.12	0.73
司法区 7	2.601	1.038	6.27	0.02
司法区 8	1.385	0.781	3.14	0.08
司法区 9	-0.439	0.297	2.18	0.14

表 B-4　种族、性别和司法区变量对一级谋杀审判概率影响之补充检验

数据库：所有谋杀案执行的逮捕
　　489 个被告人——被害人单元
　　60 个一级谋杀审判

模型	模型似然	修正卡方值	修正自由度	概率 <	无穷系数估计数
被告人的种族在基本证据后加入	166.5	2.0	1	0.20	0
被告人和被害人种族和性别在基本证据后加入	163.9	7.2	4	0.20	0
司法区在被告人和被害人和种族与性别后加入	151.3	25.2	9	0.01	0

表 B-5　一级谋杀审判概率 Logistic 回归分析

数据库：所有杀人罪指控
　　444 个被告人——被害人单元
　　60 个一级谋杀审判

模型	模型似然	修正卡方值	模型自由度	修正自由度	概率 <	无穷系数估计数
常量	172.7	—	1	—	—	0
基本证据	162.3	20.8	8	7	0.01	0
司法区	149.3	26.0	17	9	0.01	0
被告人和被害人的种族与性别	146.0	6.6	21	4	0.20	0
应罚性 · 证据	140.9	10.2	26	5	0.10	0
司法区 · 应罚性	132.4	17.0	35	9	0.05	0
司法区 · 加重情节	125.1	14.6	44	9	0.20	1
被告人的种族 · 应罚性和被告人种族 · 加重事	119.7	10.8	46	2	0.01	1

表 B-6　一级谋杀审判概率（带有变量显著性分类）Logistic 最终回归模型的系数估计

数据库：所有杀人罪指控
　　444 个被告人——被害人单元
　　60 个一级谋杀审判

变量	系数	标准差	卡方值	概率 <
电子窃听	-4.740	1.458	10.58	0.01
被告人为犯罪人之辨认	-0.001	0.003	0.13	0.72
不存在自我防卫	-0.001	0.002	0.35	0.55

续表

变量	系数	标准差	卡方值	概率 <
应罚性程度	-0.008	0.015	0.32	0.57
加重情节	0.219	0.080	7.44	0.01
减轻情节	-0.068	0.055	1.49	0.22
前科记录	-0.064	0.054	1.41	0.24
多个被告人	2.445	0.902	7.35	0.01
司法区 1	3.460	2.030	2.90	0.09
司法区 2	4.624	1.415	10.67	0.002
司法区 3	-0.415	1.484	0.08	0.78
司法区 4	2.955	1.119	6.98	0.01
司法区 5	0.573	1.613	0.13	0.73
司法区 6	-2.085	2.129	0.96	0.33
司法区 7	-1.987	2.853	0.48	0.49
司法区 8	2.021	0.876	5.32	0.03
司法区 9	1.238	0.760	2.65	0.11
被告人的种族	1.062	0.763	1.94	0.17
被害人的种族	-0.784	0.586	1.79	0.19
被告人的性别	1.082	0.613	3.12	0.08
被 害人的性别	0.014	0.437	0.00	0.98
应罚性 · 被告人为犯罪人之辨认	0.000	0.000	0.37	0.55
应罚性 · 不存在自我防卫	0.000	0.000	5.38	0.02
应罚性 · 加重情节	-0.002	0.001	8.75	0.004
应罚性 · 减轻情节	0.001	0.001	2.30	0.13
应罚性 · 前科记录	0.002	0.001	5.21	0.03
司法区 1 · 应罚性	-0.010	0.019	0.25	0.62
司法区 2 · 应罚性	0.016	0.013	1.57	0.22
司法区 3 · 应罚性	-0.010	0.018	0.31	0.58
司法区 4 · 应罚性	-0.009	0.018	0.29	0.60

续表

变量	系数	标准差	卡方值	概率 <
司法区 5 · 应罚性	-0.009	0.010	0.81	0.37
司法区 6 · 应罚性	0.025	0.018	1.85	0.18
司法区 7 · 应罚性	0.027	0.031	0.76	0.39
司法区 8 · 应罚性	0.007	0.011	0.46	0.50
司法区 9 · 应罚性	0.006	0.007	0.75	0.39
司法区 1 · 加重情节	-0.276	0.152	3.28	0.07
司法区 2 · 加重情节	-0.227	0.115	3.87	0.05
司法区 3 · 加重情节	0.242	0.128	3.60	0.06
司法区 4 · 加重情节	0.118	0.130	0.82	0.37
司法区 5 · 加重情节	0.132	0.137	0.93	0.34
司法区 6 · 加重情节	0.080	0.112	0.50	0.48
司法区 7 · 加重情节	0.233	0.205	1.30	0.26
司法区 8 · 加重情节	-1.066	+	+	+
司法区 9 · 加重情节	-0.004	0.065	0.00	0.95
被告人的种族 · 应罚性	0.011	0.006	3.97	0.05
被告人的种族 · 加重情节	-0.148	0.050	8.95	0.003

注：+　该处系数是无限的。

表 B-7　一级谋杀审判概率 Logistic 回归分析

数据库：所有一级谋杀指控
331 个被告人——被害人单元
60 个一级谋杀审判

模型	模型似然	修正卡方值	模型自由度	修正自由度	概率 <	无穷系数估计数
常量	155.0	—	1	—	—	
基本证据	147.7	14.6	8	7	0.10	0
司法区	132.7	30.0	17	9	0.001	0
被告人和被害人种族与性别	129.8	5.8	21	4	0.30	0
应罚性 · 证据	126.3	7.0	26	5	0.30	0

续表

模型	模型似然	修正卡方值	模型自由度	修正自由度	概率 <	无穷系数估计数
司法区 · 应罚性	120.5	11.6	35	9	0.30	0
司法区 · 加重事由	112.3	16.4	44	9	0.10	1
被告人的种族 · 应罚性和被告人的种族 · 加重情节	106.9	10.8	46	2	0.01	1

表 B－8　一级谋杀审判概率（带有变量显著性分类）最终回归模型的系数估计

数据库：所有一级谋杀指控
331 个被告人——被害人单元
60 个一级谋杀罪审判

变量	系数	标准差	卡方值	概率 <
电子窃听	－5.626	1.593	12.46	0.000
被告人为犯罪人之辨认	0.003	0.003	1.00	0.32
不存在自我防卫	0.001	0.002	0.10	0.76
应罚性程度	－0.008	0.015	0.26	0.61
加重情节	0.232	0.083	7.82	0.006
减轻情节	－0.072	0.059	1.49	0.222
前科记录	－0.109	0.064	2.85	0.10
多个被害人	2.516	0.959	6.88	0.009
司法区 3	1.183	2.462	0.23	0.64
司法区 5	4.371	1.450	9.09	0.003
司法区 12	－5.365	4.603	1.36	0.25
司法区 14	3.289	1.267	6.73	0.01
司法区 16	0.384	1.558	0.06	0.81
司法区 18	－1.046	2.183	0.23	0.64
司法区 26	－2.440	2.867	0.72	0.40
司法区 27	1.998	0.898	4.95	0.03
司法区组 A	1.541	0.772	3.98	0.05
被告人的种族	0.977	0.778	1.58	0.21

续表

变量	系数	标准差	卡方值	概率 <
被害人的种族	-0.612	0.612	1.00	0.32
被告人的性别	1.001	0.617	2.63	0.11
被害人的性别	0.366	0.495	0.55	0.46
应罚性·被告人为犯罪人之辨认	0.000	0.000	0.19	0.67
应罚性·不存在自我防卫	0.000	0.000	4.05	0.05
应罚性·加重情节	-0.002	0.001	7.06	0.008
应罚性·减轻情节	0.001	0.001	2.15	0.15
应罚性·前科记录	0.002	0.001	4.55	0.04
司法区 3·应罚性	-0.020	0.021	0.89	0.35
司法区 5·应罚性	0.014	0.014	1.07	0.31
司法区 12·应罚性	-0.105	0.052	4.01	0.05
司法 区 14·应罚性	-0.020	0.022	0.76	0.39
司法区 16·应罚性	-0.010	0.010	1.13	0.29
司法区 18·应罚性	0.027	0.020	1.80	0.18
司法区 26·应罚性	0.030	0.031	0.98	0.33
司法区 27·应罚性	0.006	0.011	0.32	0.57
司法区组 A·应罚性	0.003	0.007	0.14	0.71
司法区 3·加重情节	-0.068	0.214	0.10	0.76
司法区 5·加重情节	-0.203	0.120	2.86	0.10
司法区 12·加重情节	0.821	0.399	4.24	0.04
司法区 14·加重情节	0.130	0.147	0.78	0.38
司法区 16·加重情节	0.129	0.136	0.90	0.35
司法区 18·加重情节	0.001	0.134	0.00	0.99
司法区 26·加重情节	0.225	0.204	1.21	0.28
司法区 27·加重情节	-1.05	+	+	+
司法区组 A·加重情节	-0.007	0.067	0.01	0.92
种族·应罚性	0.012	0.006	4.07	0.05
种告人的种族·加重情节	-0.514	0.052	8.91	0.003

注：+ 该处系数是无限的。

表 B－9 初审法官将一级谋杀指控提交陪审团概率 Logistic 回归分析

数据库：所有杀人罪指控
444 个被告人——被害人单元
26 个一级谋杀指控被提交

模型	模型似然	修正卡方值	模型自由度	修正自由度	概率 <	无穷系数估计数
常量	97.7	—	1	—	—	0
基本证据	78.9	17.6	8	7	0.02	0
被告人和被害人的种族与性别	75.4	7.0	12	4	0.20	0
应罚性 ·证据	69.5	11.8	17	5	0.05	0
被告人的种族 · 应罚性和被告人的种族 · 加重情节	65.6	7.8	19	2	0.05	0

表 B－10 初审法官将一级谋杀指控提交陪审团概率（带有变量显著性分类）最终回归模型的系数估计

数据库：所有杀人罪指控
444 个被告人——被害人单元
26 个一级谋杀指控被提交

变量	系数	标准差	卡方值	概率 <
电子窃听	－5.713	2.436	5.50	0.02
被告人为犯罪人之辨认	－0.003	0.005	0.25	0.62
不存在自我防卫	0.007	0.004	2.40	0.12
应罚性程度	－0.010	0.022	0.20	0.66
加重情节	0.122	0.096	1.61	0.21
减轻情节	0.036	0.089	0.16	0.69
前科记录	－0.298	0.142	4.41	0.04
多个被害人	1.137	0.975	1.36	0.24
被告人的种族	1.904	1.164	2.68	0.11
被害人的种族	－1.487	0.792	3.52	0.06
被告人的性别	0.058	0.828	0.00	0.95
被害人的性别	－1.080	0.518	4.35	0.04
应罚性 · 被告人为犯罪人之辨认	0.000	0.000	0.01	0.95

续表

变量	系数	标准差	卡方值	概率 <
应罚性·不存在自我防卫	0.000	0.000	1.82	0.18
应罚性·加重情节	-0.001	0.001	0.40	0.53
应罚性·减轻情节	-0.000	0.001	0.25	0.62
应罚性·前科记录	0.004	0.002	6.31	0.02
被告人的种族·应罚性	0.015	0.010	2.22	0.14
被告人的种族·加重情节	-0.154	0.061	6.41	0.02

表 B-11　初审法官将一级谋杀指控提交陪审团概率 Logistic 回归分析

数据库：所有一级谋杀人指控
331 个被告人——被害人单元
26 个一级谋杀指控被提交

模型	模型似然	修正卡方值	模型自由度	修正自由度	概率 <	无穷系数估计数
常量	90.1	—	1	—	—	
基本证据	74.0	32.2	8	7	0.001	0
被告人和被害人的种族和性别	71.3	5.4	12	4	0.30	0
应罚性·证据	66.5	9.6	17	5	0.10	0
被告人的种族·应罚性和被告人的种族·加重情节	62.1	6.8	19	2	0.05	0

表 B-12　初审法官将一级谋杀指控提交陪审团概率（带有变量显著性分类）最终回归模型的系数估计

数据库：所有一级谋杀指控
331 个被告人——被害人单元
26 个一级谋杀指控被提交

变量	系数	标准差	卡方值	概率 <
电子窃听	-4.884	2.365	4.26	0.04
被告人为犯罪人之辨认	0.002	0.005	0.10	0.75
不存在自我防卫	0.007	0.004	2.67	0.11
应罚性程度	-0.019	0.024	0.62	0.44
加重情节	0.067	0.110	0.38	0.54
减轻情节	0.072	0.099	0.53	0.47

续表

变量	系数	标准差	卡方值	概率 <
前科记录	-0.231	0.150	2.36	0.13
多个被害人	1.315	1.014	1.68	0.20
被告人的种族	1.781	1.165	2.34	0.13
被害人的种族	-1.343	0.795	2.85	0.10
被告人的性别	-0.139	0.856	0.03	0.88
被害人的性别	-1.028	0.540	3.62	0.06
应罚性 · 确认	0.000	0.000	0.12	0.74
应罚性 · 自我防卫	0.000	0.000	1.71	0.20
应罚性 · 加重情节	-0.000	0.001	0.00	0.96
应罚性 · 减轻情节	-0.001	0.001	0.54	0.47
应罚性 · 前科记录	0.003	0.002	3.99	0.05
被告人的种族 · 应罚性	0.017	0.010	2.74	0.10
被告人的种族 · 加重情节	-0.163	0.061	7.02	0.01

表 B-13 一级谋杀罪有罪宣告(带有变量显著性分类)最终回归模型的补充系数估计

数据库:所有因谋杀案而执行的逮捕
489 个被告人——被害人单元
18 个一级谋杀罪有罪宣告

变量	系数	标准差	卡方值	概率 <
电子窃听	-6.160	2.428	6.44	0.02
被告人为犯罪人之辨认	-0.000	0.003	0.05	0.83
不存在自我防卫	0.010	0.007	1.95	0.17
应罚性程度	0.023	0.007	11.24	0.001
加重情节	-0.032	0.042	0.58	0.45
减轻情节	0.023	0.037	0.40	0.53
前科记录	0.081	0.036	5.14	0.03
多个被害人	0.817	0.943	0.75	0.39
被告人的种族	1.311	0.811	2 .61	0.11
被害人的种族	-1.826	0.859	4.52	0.04
被告人的性别	-.670	0.855	0.61	0.43
被害人的性别	-0.852	0.606	1.98	0.16

表 B－14　一级谋杀罪有罪宣告概率 Logistic 回归分析

数据库：所有杀人罪指控
444 个被告人——被害人单元
18 个一级谋杀罪有罪宣告

模型	模型似然	修正卡方值	修正自由度	概率 <	无穷系数估计数
常量	74.4	—	1	—	—
基本证据	52.6	43.6	8	7	0.001
被告人和被害人的种族与性别	49.6	6.0	12	4	0.20

表 B－15　一级谋杀有罪宣告概率（带有变量显著性分类）最终回归模型的系数估计

数据库：所有杀人罪指控
444 个被告人——被害人单元
18 个一级谋杀罪有罪宣告

变量	系数	标准差	卡方值	概率 <
电子窃听	-7.531	2.300	10.75	0.01
被告人为犯罪人之辨认	-0.001	0.002	0.09	0.76
不存在自我防卫	0.011	0.007	2.56	0.11
应罚性程度	0.022	0.007	9.86	0.002
加重情节	-0.024	0.042	0.32	0.57
减轻情节	0.018	0.036	0.27	0.61
前科记录	0.083	0.035	5.45	0.02
多个被害人	0.768	0.898	0.73	0.40

表 B－16　一级谋杀罪有罪宣告概率 Logistic 回归分析

数据库：所有一级谋杀指控
331 个被告人——被害人单元
18 个一级谋杀罪有罪宣告

模型	模型似然	修正卡方值	模型自由度	修正自由度	概率 <
常量	69.2	—	1	—	—
基本证据	50.2	38.0	8	7	0.001
被告人和被害人的种族与性别	47.6	5.2	12	4	0.30

表 B－17　一级谋杀有罪宣告概率（带有变量显著性分类）最终回归模型的系数估计

数据库：所有杀人罪指控
489 个被告人——被害人单元
18 个一级谋杀罪有罪宣告

变量	系数	标准差	卡方值	概率 <
电子窃听	－7.321	2.472	10.61	0.001
被告人为犯罪人之辨认	－0.000	0.002	0.00	0.97
不存在自我防卫	0.011	0.007	2.68	0.11
应罚性程度	0.019	0.007	7.76	0.006
加重情节	－0.025	0.042	0.35	0.56
减轻情节	0.027	0.037	0.52	0.48
前科记录	0.082	0.036	5.21	0.03
多个被害人	0.982	0.918	1.14	0.28

表 B－18　死刑科刑概率 Logistic 回归分析

数据库：所有杀人罪指控
444 个被告人——被害人单元
8 个死刑科刑

模型	模型似然	修正卡方值	模型自由度	修正自由度	概率 <	无穷系数估计数
常量	39.6	—	1	—	—	—
基本证据	26.0	27.2	8	7	0.001	1
被告人和被害人的种族与性别	22.6	6.8	12	4	0.20	1

表 B－19　死刑科刑概率（带有变量显著性分类）最终回归模型的系数估计

数据库：所有杀人罪指控
444 个被告人——被害人单元
8 个死刑科刑

变量	系数	标准差	卡方值	概率 <
电子窃听	－7.168	2.404	8.89	0.003
被告人为犯罪人之确认	0.001	0.004	0.02	0.89
不存在自我防卫	0.004	0.007	0.27	0.60
应罚性程度	0.023	0.009	6.25	0.02

续表

变量	系数	标准差	卡方值	概率 <
加重情节	-0.013	0.067	0.04	0.85
减轻情节	0.004	0.055	0.01	0.95
前科记录	0.120	0.052	5.44	0.02
多个被害人	-6.777	+	+	+

注：+　该处系数是无限的。

表 B-20　死刑科刑概率 Logistic 回归分析

数据库：所有一级谋杀指控
331 个被告人——被害人单元
8 个死刑科刑

模型	模型似然	修正卡方值	模型自由度	修正自由度	概率 <	无穷系数估计数
常量	37.4	—	1	—	—	—
基本证据	25.4	24.0	8	7	0.01	1
被告人和被害人的种族与性别	22.0	6.8	12	4	0.20	1

表 B-21　死刑科刑概率（带有变量显著性分类）最终回归模型的系数估计

数据库：所有一级谋杀指控
331 个被告人——被害人单元
8 个死刑科刑

变量	系数	标准差	卡方值	概率 <
电子窃听	-6.999	2.384	8.62	0.004
被告人为犯罪人之辨认	0.001	0.004	0.05	0.83
不存在自我防卫	0.004	0.007	0.30	0.59
应罚性程度	0.022	0.010	5.35	0.03
加重情节	-0.010	0.068	0.02	0.88
减轻情节	0.001	0.057	0.00	0.99
前科记录	0.114	0.052	4.74	0.03
多个被害人	-6.815	+	+	+

注：+　该处系数是无限的。

译者后记

这是一本迟到的译著。2001 年我从湘潭大学硕士毕业留校任教，恰逢邱兴隆教授从西南政法大学调任湘潭大学法学院。2002 年承蒙邱老师推荐，我考取了中国人民大学法学院刑法学专业博士研究生，师从胡云腾教授。邱老师和胡老师都是中国研究死刑问题的先行者，也是坚定、持续、深入研究死刑问题的刑法学家。2004 年邱老师组建成立了湘潭大学法学院死刑研究中心，并于当年与中国人民大学法律科学研究中心联合举办了死刑问题国际研讨会，随后也出版了《比较刑法》(第 1 卷 · 死刑专号)、《死刑的政治、哲学与法律研究》等学术专著和译著。大致是在 2004 年的时候，邱老师给我一本英文著作——*The Arbitrariness of the Death Penalty*，并叮嘱我将其翻译出来，准备出版。接到任务后，我即着手翻译。当时我正在中国人民大学攻读刑法学博士学位，学习之余，我就投入该书翻译工作。但由于该书涉及大量的统计学知识，而我对统计学一无所知，虽然请教了统计学的朋友，但仍然对翻译出来的内容没有把握，因此翻译陷入困境。后来，邱老师离开湘潭大学，湘潭大学法学院死刑研究中心也停止了运作，这本书的翻译初稿也就束之高阁了。

2017 年，我再次联系邱老师，希望将这本译稿修改后出版，并请他担任校对人。邱老师没有回复我的请求。我开始从头到尾修改译稿，并请教统计学的专家，希望翻译尽量符合统计学的概念、用语、原理。2017 年 9 月 20 日我接到胡老师的电话，说有人传邱老师去逝了，问我这是不是谣言。我打邱老师的电话，电话已经处于关机状态。我与邱老师身边的学生联系,学生确认了这个噩耗。真是晴天霹雳!一个热衷于研究死刑的学者,在中国死刑未死之先离开了这个世界!后来听说邱老师患病已有一段时间,我才明白为什么请他做译稿校对者的信息没有得到回复。

我未随邱老师修过任何学位,但他一直将我当作自己的学生,我也是读着邱老师的学术作品不断成长的。有位老师曾经对我说,学生辈对老师最好的纪念就是继承他的事业。虽然修改译稿的过程中,我遇到诸多困难,但还是坚持了下来,因为有一个信念,要将这本迟到15年的书出版。

在阅读时,读者会发现,这本书已经是一个老古董,因为它出版于30多年前。作为实证研究的书,其研究基础的数据似乎已经失去了现实意义。但这本书仍有一定的价值:一是研究的方法值得我们借鉴;二是该研究的背景是美国社会对死刑合宪性争议最大时期,与我们的现实有相似之处;三是纳入该研究的因素也是我们质疑死刑的因素。

本书翻译过程中,得到了湘潭大学商学院统计学硕士研究生导师付畅俭副教授、对外经济贸易大学应用经济学博士后张鹏在统计学专业上的指导;对外经济贸易大学法学院博士研究生罗素敏、陈颖对文稿进行了校对;硕士研究生周柳余和本科学生魏琬欣、史嘉琦对注释中的英文、数字进行了核对。在此,我对他们的智力支持和辛勤的付出致以诚挚的谢意!特别说明的是,图表保留了原著的格式。文中所有的错误、疏漏之责均由我个人承担。

感谢法律出版社谢清平、陈妮编辑,她们为本书的出版提供了宝贵的机会并付出了辛勤的劳动!

本书的出版得到了国家社科基金项目(11BFX114)和对外经济贸易大学法学院"双一流"项目资助,特此鸣谢!

赖早兴

2019年6月18日

图书在版编目(CIP)数据

死刑的任意性 / (美) 巴里·内科尔(Barry Nakell) , (美) 肯尼斯·A. 哈迪(Kenneth A. Hardy) 著 ; 赖早兴译. -- 北京 : 法律出版社, 2019

书名原文: The Arbitrariness of the Death Penalty

ISBN 978-7-5197-3359-9

Ⅰ. ①死… Ⅱ. ①巴… ②肯… ③赖… Ⅲ. ①死刑-研究 Ⅳ. ①D914.04

中国版本图书馆 CIP 数据核字(2019)第 086178 号

死刑的任意性
SIXING DE RENYIXING

[美]巴里·内科尔(Barry Nakell)
[美]肯尼斯·A. 哈迪(Kenneth A. Hardy) 著
赖早兴 译

策划编辑 陈 妮
责任编辑 陈 妮
装帧设计 马 帅

出版 法律出版社
总发行 中国法律图书有限公司
经销 新华书店
印刷 固安华明印业有限公司
责任校对 王晓萍
责任印制 吕亚莉

编辑统筹 法治与经济出版分社
开本 710 毫米×1000 毫米 1/16
印张 18.5
字数 290 千
版本 2019 年 11 月第 1 版
印次 2019 年 11 月第 1 次印刷

法律出版社/北京市丰台区莲花池西里 7 号(100073)
网址/www.lawpress.com.cn
投稿邮箱/info@lawpress.com.cn
举报维权邮箱/jbwq@lawpress.com.cn
销售热线/400-660-8393
咨询电话/010-63939796

中国法律图书有限公司/北京市丰台区莲花池西里 7 号(100073)
全国各地中法图分、子公司销售电话:
统一销售客服/400-660-8393/6393
第一法律书店/010-83938432/8433
西安分公司/029-85330678
重庆分公司/023-67453036
上海分公司/021-62071639/1636
深圳分公司/0755-83072995

书号:ISBN 978-7-5197-3359-9
定价:88.00 元
(如有缺页或倒装,中国法律图书有限公司负责退换)